Christin Löhner
Herz über Kopf

Herz über Kopf

Wie du lernst, dich selbst zu lieben und deinem Herzen zu folgen

Christin Löhner

Lektorat: Christin Löhner
Korrektorat: Christin Löhner

Verlag: BoD · Books on Demand GmbH, Überseering 33, 22297 Hamburg,
bod@bod.de

Druck: Libri Plureos GmbH, Friedensallee 273, 22763 Hamburg

ISBN: 978-3-7693-2656-7

Inhaltsverzeichnis

Warum dieses Buch... 7

Einleitung... 9

Kapitel 1: Der Anfang bist du...13

Kapitel 2: Die innere Stimme entdecken................................... 29

Kapitel 3: Alte Wunden heilen... 45

Kapitel 4: Selbstfürsorge lernen.. 59

Kapitel 5: Der innere Kritiker.. 73

Kapitel 6: Selbstwert und Selbstachtung................................... 89

Kapitel 7: Entscheidungen mit dem Herzen treffen................... 105

Kapitel 8: Beziehungen aus Liebe statt aus Mangel................... 117

Kapitel 9: Dem Leben vertrauen.. 131

Kapitel 10: Visionen und Lebenssinn..145

Kapitel 11: Alltag in Selbstliebe..161

Kapitel 12: Dein neues Leben... 179

Herz über Kopf... 195

Warum dieses Buch

In einer Welt, die oft von äußeren Erwartungen und gesellschaftlichen Normen geprägt ist, verlieren viele Menschen den Zugang zu ihrem inneren Selbst. Sie leben nach den Vorstellungen anderer, erfüllen Rollen, die ihnen zugewiesen wurden, und überhören dabei die leise, aber beständige Stimme ihres Herzens. Dieses Buch entstand aus dem tiefen Wunsch heraus, Menschen auf ihrem Weg zur Selbstliebe und Authentizität zu begleiten. Es ist eine Einladung, innezuhalten, sich selbst zu begegnen und den Mut zu finden, dem eigenen Herzen zu folgen.

Ein persönlicher Weg zur Selbstliebe

Meine eigene Lebensgeschichte ist geprägt von der Suche nach Identität und dem Ringen um Selbstakzeptanz. Geboren am 14. Juli 1972 in Berlin, erlebte ich früh eine tiefgreifende Diskrepanz zwischen meinem inneren Empfinden und den äußeren Erwartungen. Diese innere Zerrissenheit führte zu Jahren des Zweifels, der Anpassung und des Versteckens meines wahren Selbst. Erst nach Jahrzehnten des inneren Kampfes fand ich den Mut, meinen eigenen Weg zu gehen und mich selbst in meiner ganzen Authentizität anzunehmen. Diese Erfahrung lehrte mich, wie essenziell es ist, sich selbst zu lieben und den eigenen Herzensweg zu beschreiten.

Die Bedeutung von Selbstliebe in der heutigen Zeit

In unserer schnelllebigen Gesellschaft wird oft der Fokus auf Leistung, Anpassung und äußeren Erfolg gelegt. Dabei gerät das innere Wohlbefinden und die Beziehung zu uns selbst häufig in den Hintergrund. Doch wahre Zufriedenheit und Erfüllung können nur entstehen, wenn wir lernen, uns selbst bedingungslos zu akzeptieren und zu lieben. Selbstliebe ist nicht egoistisch; sie ist die Grundlage für ein authentisches Leben und gesunde Beziehungen zu anderen. Dieses Buch möchte aufzeigen, wie wir inmitten der äußeren Anforderungen den Zugang zu uns selbst wiederfinden und ein Leben führen können, das im Einklang mit unserem inneren Wesen steht.

Eine Reise zu sich selbst

"Herz über Kopf" ist mehr als nur ein Ratgeber; es ist eine Reise zu sich selbst. Jedes Kapitel lädt dazu ein, verschiedene Aspekte der Selbstliebe zu erkunden und praktische Wege zu entdecken, wie wir unser Leben bewusster und erfüllter gestalten können. Von der Auseinandersetzung mit dem eigenen Selbstbild über das Hören auf die innere Stimme bis hin zur Heilung alter Wunden – dieses Buch bietet Impulse und Übungen, die den Leser dabei unterstützen, Schritt für Schritt näher zu sich selbst zu finden.

Die Kraft der Authentizität

Authentisch zu leben bedeutet, sich selbst treu zu sein und die eigenen Werte, Bedürfnisse und Wünsche ernst zu nehmen. Es erfordert Mut, sich von äußeren Erwartungen zu lösen und den eigenen Weg zu gehen. Doch dieser Weg führt zu innerer Freiheit und echter Zufriedenheit. In "Herz über Kopf" teile ich Erkenntnisse und Erfahrungen, die dabei helfen können, die eigene Authentizität zu entdecken und zu leben. Denn nur wenn wir uns selbst erlauben, echt zu sein, können wir das volle Potenzial unseres Lebens ausschöpfen.

Ein Buch für alle, die sich selbst finden möchten

Dieses Buch richtet sich an alle, die das Gefühl haben, sich selbst aus den Augen verloren zu haben, die nach mehr Tiefe und Bedeutung in ihrem Leben suchen oder die einfach den Wunsch verspüren, sich selbst besser kennenzulernen und zu lieben. Unabhängig von Alter, Geschlecht oder Lebenssituation – die Reise zur Selbstliebe ist universell und steht jedem offen. "Herz über Kopf" möchte ein Begleiter auf diesem Weg sein und Mut machen, den ersten Schritt zu wagen.

Abschließende Gedanken

Die Entscheidung, dieses Buch zu schreiben, entspringt dem tiefen Wunsch, meine eigenen Erfahrungen und Erkenntnisse weiterzugeben und anderen Menschen auf ihrem Weg zur Selbstliebe zu unterstützen. Ich glaube fest daran, dass jeder Mensch das Recht und die Fähigkeit hat, ein erfülltes und authentisches Leben zu führen. Möge "Herz über Kopf" Inspiration und Wegweiser sein für alle, die bereit sind, sich selbst zu begegnen und ihrem Herzen zu folgen.

Einleitung

Es gibt Momente im Leben, da spüren wir, dass etwas nicht stimmt – nicht im Außen, sondern in uns selbst. Vielleicht ist es ein leises Unwohlsein, ein ständiges Gefühl der Leere trotz scheinbar erfüllter Umstände. Vielleicht ist es der ständige innere Kritiker, der uns klein hält, oder die tiefe Sehnsucht nach mehr – mehr Sinn, mehr Echtheit, mehr Verbindung. Und vielleicht, ganz vielleicht, ist es auch der zarte Ruf deines Herzens, der endlich gehört werden will.

Dieses Buch ist genau für diesen Moment geschrieben. Für dich – wenn du spürst, dass es Zeit ist, *aufzuwachen*. Zeit, nicht länger gegen dich selbst zu kämpfen, sondern **zu dir selbst zurückzufinden**. Zeit, nicht länger im Außen nach Anerkennung und Liebe zu suchen, sondern in dir selbst ein Zuhause zu schaffen, das dich trägt – durch Höhen wie durch Tiefen.

Ich habe dieses Buch nicht als Anleitung geschrieben. Es ist keine To-Do-Liste für Glück, keine Checkliste zur Selbstoptimierung. Vielmehr ist es eine Einladung – eine liebevolle, ehrliche Einladung, dich dir selbst zuzuwenden. In deinem Tempo, mit all dem, was du bist. Denn der Weg zur Selbstliebe ist keine gerade Linie. Er ist ein Tanz – mal zart und ruhig, mal wild und stürmisch, mal verwirrend, mal glasklar. Aber immer lebendig. Und immer wertvoll.

Warum „Herz über Kopf"?

Der Titel dieses Buches ist kein Zufall. Viel zu oft lassen wir uns von unserem Verstand leiten – geprägt durch Erziehung, Gesellschaft, Traumata, Erfahrungen. Der Verstand ist wichtig, ohne Frage. Doch wenn wir ihn zum einzigen Steuermann unseres Lebens machen, verlieren wir etwas Wesentliches: **unser Herz**. Unsere Intuition. Unsere Sehnsucht. Unsere Wahrheit. Dieses Buch ist ein Plädoyer für das Zusammenspiel von Herz und Kopf – mit einem klaren Fokus: **das Herz darf wieder die Führung übernehmen**.

Nicht um den Verstand zu entwerten. Sondern um dich zurückzuführen in einen inneren Zustand, in dem du wieder fühlst, was dich wirklich bewegt. Was du wirklich brauchst. Wer du wirklich bist. Und in dem du dich traust, genau diesem inneren Wissen zu folgen – auch wenn es unbequem ist. Auch wenn es Mut kostet. Auch wenn es anders ist, als das, was andere für dich vorgesehen haben.

Wer bist du – jenseits der Rollen?

Wir alle tragen Masken. Manche mehr, manche weniger sichtbar. Wir sind Tochter, Partnerin, Mutter, Kollegin, Freundin. Wir erfüllen Erwartungen, passen uns an, versuchen stark zu sein, funktionieren – manchmal jahrelang. Doch irgendwann kommt der Moment, an dem du dich fragst: **Wer bin ich eigentlich, wenn niemand hinschaut?** Was bleibt übrig, wenn alle Rollen wegfallen? Was ist mein innerster Kern?

Diese Fragen sind nicht leicht zu beantworten. Aber sie sind notwendig. Denn *Selbstliebe beginnt mit Ehrlichkeit.* Mit der Bereitschaft, sich selbst zu begegnen – mit allem Licht, aber auch mit all den Schatten. Dieses Buch begleitet dich auf genau diesem Weg. Es schenkt dir Impulse, Perspektiven, Übungen und Raum zur Reflexion. Aber vor allem: **Es erinnert dich daran, dass du genug bist – genau so, wie du bist.**

Warum Selbstliebe der Schlüssel ist

Vielleicht fragst du dich: Warum sollte ich mich überhaupt mit Selbstliebe beschäftigen? Ist das nicht egoistisch, überflüssig, esoterisch? Ich sage dir: **Es ist essenziell.** Selbstliebe ist die Wurzel von allem. Sie ist die Basis für dein Wohlbefinden, deine Beziehungen, deine Entscheidungen, dein gesamtes Leben. Ohne Selbstliebe suchst du im Außen, was du dir selbst nicht gibst. Du rennst in toxische Beziehungen. Du überforderst dich. Du verlierst dich in Perfektionismus. Du funktionierst, aber du *fühlst* nicht mehr.

Doch mit Selbstliebe – echter, tiefer, gelebter Selbstliebe – veränderst du dein Leben von innen heraus. Du beginnst, für dich einzustehen. Du setzt Grenzen, ohne Schuldgefühl. Du erlaubst dir Pausen. Du hörst auf deine Bedürfnisse. Du wählst Beziehungen, die nähren statt zehren. Und du folgst deinem Herzen – auch wenn der Kopf manchmal zögert. Genau darum geht es in diesem Buch: **Um die Rückverbindung zu dir selbst. Um den Mut, deinem Herzen zu vertrauen.**

Was dich in diesem Buch erwartet

Die Struktur dieses Buches ist bewusst so aufgebaut, dass du Schritt für Schritt tiefer eintauchen kannst – in dich selbst. Jedes Kapitel widmet sich einem zentralen Aspekt der Selbstliebe, angefangen bei deinem Selbstbild bis hin zur Frage, wie du deine Berufung findest und ein Leben aus dem Herzen führst. Du wirst eingeladen, zu reflektieren, zu fühlen, zu hinterfragen – und vor allem: zu wachsen.

Die Kapitel folgen dabei keiner strengen Reihenfolge, die du zwingend einhalten musst. Wenn du magst, kannst du auch querlesen, dort einsteigen, wo es dich gerade besonders hinzieht. Denn dein Herz weiß oft schon, was du brauchst. Und dieses Buch möchte dich darin bestärken, genau darauf zu hören.

Zu Beginn jedes Kapitels findest du eine kurze Einleitung, die dir hilft, dich auf das jeweilige Thema einzustimmen. Danach folgen einzelne Abschnitte mit tiefgreifenden Inhalten, Übungen und Fragen zur Selbstreflexion. Am Ende jedes Kapitels erwartet dich ein Fazit – eine liebevolle Zusammenfassung mit einem kleinen, inspirierenden Impuls für deinen weiteren Weg.

Von Herz zu Herz

Ich schreibe dieses Buch nicht aus der Theorie. Alles, was du hier liest, ist durchlebt, durchfühlt, durchlitten – und geheilt. Mein eigener Weg war nicht immer gerade. Ich kenne Schmerz, Ablehnung, Angst. Aber ich kenne auch Transformation, Selbstermächtigung und den unendlichen Wert, sich selbst nicht mehr im Stich zu lassen.

Dieses Buch ist keine Predigt, kein Manifest, keine moralische Belehrung. Es ist ein Gespräch – zwischen dir und mir. Zwischen Herz und Herz. Und ich hoffe, dass du beim Lesen spürst, dass du nicht allein bist. Dass du verbunden bist – mit mir, mit all den anderen, die diesen Weg ebenfalls gehen, und vor allem: mit dir selbst.

Dein Mut zählt

Vielleicht zögerst du noch. Vielleicht hast du Angst vor dem, was da in dir schlummert. Vielleicht zweifelst du, ob du es schaffst. Aber glaub mir: **Der Weg zu dir selbst ist der mutigste, den du gehen kannst – und der lohnendste.**

Selbstliebe ist keine einmalige Entscheidung, sondern ein täglicher Akt. Ein Übungsweg. Eine Haltung. Und du musst ihn nicht perfekt gehen. Es reicht, dass du beginnst. Dass du dich einlässt. Dass du offen bleibst.

Und wenn dieses Buch dich dabei ein Stück begleiten darf, dann erfüllt es seinen Sinn.

Du bist wertvoll. Du bist liebenswert. Du bist genug.

Deine
Christin

Kapitel 1: Der Anfang bist du

Selbstliebe beginnt mit Bewusstsein

Einleitung: Über die Bedeutung des ersten Schritts – sich selbst bewusst wahrzunehmen

Jede Reise beginnt mit einem ersten Schritt. Und der Weg zur Selbstliebe ist da keine Ausnahme. Doch anders als bei einer Wanderung, bei der wir die Füße bewegen und den Horizont im Blick behalten, beginnt diese Reise **nach innen**. Sie führt dich nicht hinaus in die Welt, sondern hinein in dein Innerstes – in Räume, die du vielleicht lange nicht betreten hast, in Gedanken, die du weggeschoben hast, in Gefühle, die du dir kaum erlaubt hast zu fühlen.

Und der allererste Schritt auf diesem Weg ist: **Bewusstsein**.

Nicht im Sinne eines kognitiven Verstehens, sondern im tieferen Sinn des bewussten Spürens, Wahrnehmens, Anerkennens. Denn nur was du siehst, kannst du verändern. Nur was du erkennst, kannst du annehmen. Und nur was du annimmst, kannst du lieben.

Viele von uns leben ihr Leben wie auf Autopilot. Wir stehen morgens auf, hetzen durch den Tag, erfüllen Erwartungen, funktionieren. Und am Abend fragen wir uns manchmal: *Wo bin ich eigentlich geblieben?* Wer hat heute wirklich gelebt – mein wahres Selbst oder nur meine gewohnte Rolle?

Diese Fragen markieren einen Wendepunkt. Sie sind das zarte Aufblitzen von Bewusstsein. Sie sind das Zeichen, dass du bereit bist, hinzuschauen – **wirklich hinzuschauen**. Nicht mit Verurteilung. Nicht mit Angst. Sondern mit Neugier und Mitgefühl.

Denn Bewusstsein ist kein Ziel. Es ist ein Zustand. Ein inneres Licht, das beginnt, die Schatten zu erhellen. Und genau dort beginnt die Selbstliebe.

Warum Bewusstsein der Schlüssel ist

Du kannst dich nicht selbst lieben, wenn du dich nicht kennst.
Du kannst dich nicht annehmen, wenn du dich nicht fühlst.
Und du kannst dir selbst nicht vertrauen, wenn du dir selbst nie wirklich begegnet bist.

Bewusstsein ist der Boden, auf dem alles andere wächst. Es ist das Fundament, auf dem du dein inneres Zuhause bauen kannst – stabil, ehrlich, echt. Doch dieser

Boden muss vorbereitet werden. Du darfst ihn betreten, begutachten, vielleicht sogar aufwühlen. Es ist ein Prozess des Wahrnehmens – nicht des Bewertens.

Oft glauben wir, Selbstliebe beginne mit Affirmationen, positiven Gedanken oder Selbstfürsorge-Routinen. Doch all das bleibt oberflächlich, wenn du nicht vorher den Blick nach innen wagst. Wenn du nicht verstehst, **wo du gerade stehst**, **wie du über dich denkst**, **was du fühlst** – und vielleicht sogar, was du über dich selbst glaubst.

Dieses Kapitel ist eine Einladung, genau damit zu beginnen.

Vom Autopiloten zur bewussten Gegenwart

Wir sind Meister*innen darin, uns selbst zu vermeiden. Wir scrollen durch soziale Medien, wir lenken uns ab, wir rationalisieren unsere Gefühle weg. Alles, was unangenehm ist, wird ausgeblendet oder mit Aktionismus überdeckt. Und doch: Der Körper spricht. Die Seele flüstert. Das Herz sehnt sich.

Bewusstsein bedeutet, wieder **präsent zu sein**. Nicht nur im Moment, sondern in dir selbst. Es bedeutet, wieder wahrzunehmen, was in dir lebendig ist – auch wenn es unbequem ist. Vielleicht ist da Traurigkeit. Vielleicht Angst. Vielleicht Wut. Vielleicht aber auch eine tiefe Sehnsucht nach Nähe, nach Freiheit, nach Frieden.

All das darf da sein. Und mehr noch: All das **will gesehen werden**.

Sich selbst ehrlich begegnen

Es braucht Mut, ehrlich zu sein – vor allem sich selbst gegenüber. Denn Bewusstsein bedeutet auch, sich einzugestehen, wo man sich selbst verleugnet hat. Wo man klein geblieben ist, um anderen zu gefallen. Wo man sich selbst verurteilt hat, statt Mitgefühl zu zeigen. Wo man Gefühle unterdrückt hat, weil sie unbequem waren.

Aber weißt du was? Genau in dieser Ehrlichkeit beginnt etwas Magisches: **Verbindung**. Die Verbindung zu dir selbst. Und sie ist der Ursprung von allem. Denn wenn du dir selbst begegnest, so wie du bist – roh, ungeschönt, verletzlich – dann erkennst du vielleicht zum ersten Mal: *Ich bin da. Ich bin spürbar. Ich bin lebendig.*

Und das ist der Anfang von allem.

Im weiteren Verlauf dieses Kapitels wirst du drei zentrale Bereiche kennenlernen, die dich dabei unterstützen, dein Bewusstsein für dich selbst zu vertiefen:

- **Wer bist du wirklich?** – eine Einladung, hinter Masken und Rollen zu blicken

- **Selbstbild vs. Fremdbild** – ein ehrlicher Blick auf die Diskrepanz zwischen Innen und Außen

- **Die Macht der Selbstbeobachtung** – konkrete Schritte, wie du dir selbst näherkommen kannst

Jeder dieser Abschnitte ist mehr als nur ein Text. Er ist eine Tür – und du entscheidest, ob du hindurchgehst. Mit Neugier. Mit Mut. Und mit der leisen Gewissheit, dass hinter dieser Tür **du selbst** auf dich wartest.

Der Anfang bist du. Und du bist bereit.

Wer bist du wirklich?

Diese Frage klingt zunächst simpel. Sie ist kurz, geradeheraus, fast unscheinbar. Doch in ihrer Tiefe hat sie die Kraft, dein ganzes Leben zu verändern – wenn du es zulässt.

Denn „Wer bist du wirklich?" ist keine Frage nach deinem Namen, deiner Herkunft oder deinem Beruf. Sie zielt nicht auf dein Alter, dein Geschlecht oder deinen Familienstand. Sie fragt auch nicht, ob du erfolgreich bist, beliebt oder schön. Vielmehr ist sie eine Einladung, alle diese äußeren Merkmale für einen Moment beiseitezulegen und den Blick nach innen zu wenden. Zu spüren, was bleibt, wenn all das wegfällt. Wenn du nicht mehr funktionierst, nicht mehr genügst, nicht mehr gefallen musst.

Wer bist du – ganz ohne Maske, ganz ohne Rolle?
Was macht dein Wesen aus – jenseits von Erwartungen, Prägungen und Strategien?

Die meisten Menschen können diese Fragen nicht sofort beantworten. Und das ist vollkommen in Ordnung. Denn wir leben in einer Welt, in der wir von klein auf lernen, uns anzupassen – an Normen, an Regeln, an das, was „richtig" ist. Wir werden gelobt, wenn wir still sind, bestraft, wenn wir laut sind. Wir lernen, dass wir für Zuneigung etwas leisten müssen, dass wir „gut" sein müssen, um gesehen zu werden. So beginnen wir früh, unser wahres Selbst zu verstecken – nicht aus Bosheit, sondern aus einem tiefen Wunsch nach Zugehörigkeit.

Im Laufe der Jahre wird aus dieser Anpassung ein Schutzpanzer. Eine Hülle, die uns sicher erscheinen lässt. Doch je mehr wir uns anpassen, desto weiter entfernen wir uns von uns selbst. Und irgendwann – oft schleichend – verlieren wir den Kontakt zu unserem wahren Kern. Zu dem Teil in uns, der nicht auf Leistung angewiesen ist. Der nicht perfekt sein muss. Der einfach *ist*.

Dieser Abschnitt ist eine Rückkehr zu dir. Eine Rückkehr zu deiner Wahrheit.

Die Identität, die du glaubst zu sein

Wenn du jemanden kennenlernst und er dich fragt: „Wer bist du?", wirst du vielleicht antworten mit: „Ich bin Lehrerin. Ich bin Mutter. Ich bin 43 Jahre alt. Ich wohne in Konstanz." Das sind Informationen – zweifellos – aber sie beschreiben nicht, **wer du in deinem innersten Wesen bist**. Sie beschreiben dein Außen, nicht dein Innen. Sie sagen etwas über deine Umstände, aber nichts über dein Herz.

Oft verwechseln wir Identität mit Rollen. Mit Etiketten. Mit Biografie. Doch Identität ist nicht, was du *tust* – sondern wer du *bist*, wenn du nichts tust. Wenn du still wirst. Wenn du aufhörst, dich zu präsentieren. Wenn niemand etwas von dir will. Wenn du einfach nur mit dir bist.

Was spürst du dann? Was taucht auf, wenn du nicht mehr abgelenkt bist?

Vielleicht kommt da eine tiefe Traurigkeit. Oder Leere. Vielleicht auch Sehnsucht, Scham, Angst. Vielleicht spürst du dich gar nicht – und genau das ist schon eine wertvolle Erkenntnis.

Denn du kannst dich nicht selbst lieben, wenn du dich selbst nicht einmal *fühlst*.

Deshalb beginnt Selbstliebe mit genau diesem ersten, mutigen Schritt: **Hinzusehen. Hinzuspüren.** Bereit zu sein, dich mit all dem zu konfrontieren, was du bislang vielleicht erfolgreich verdrängt hast. Nicht, um dich zu quälen – sondern um endlich **du selbst zu sein**.

Deine Wahrheit unter den Schichten

Stell dir vor, du bist eine Zwiebel. Schicht für Schicht hast du im Laufe deines Lebens etwas angelegt, um dich zu schützen, um zu überleben, um dazuzugehören. Da ist vielleicht die Schicht des Perfektionismus, die dich davor bewahrt,

Fehler zu machen. Die Schicht der Hilfsbereitschaft, mit der du dir Liebe erkaufst. Die Schicht der Stärke, hinter der sich deine Angst verbirgt.

All diese Schichten hatten ihren Sinn. Sie haben dir geholfen, durchzukommen. Doch sie sind **nicht du**. Sie sind Strategien. Programme. Schutzmechanismen.

Und nun darfst du beginnen, diese Schichten behutsam zu lösen. Nicht gewaltsam, nicht überstürzt – sondern liebevoll, Schritt für Schritt. Denn darunter liegt deine Essenz. Deine Wahrheit. Dein echtes Selbst.

Und dieses Selbst ist weder perfekt noch makellos. Es ist nicht immer stark, nicht immer mutig, nicht immer gut gelaunt. Aber es ist **echt**. Und das ist das Kostbarste, was du dir selbst schenken kannst.

Denn in dem Moment, in dem du dich in deiner Wahrheit anerkennst – mit all deinen Widersprüchen, Zweifeln und Eigenheiten – beginnst du, dich selbst zu lieben.

Identifikation loslassen

Einer der stärksten Schritte in Richtung Bewusstsein ist das Erkennen: **Ich bin nicht meine Gedanken. Ich bin nicht meine Gefühle. Ich bin nicht meine Geschichte.**

Das klingt vielleicht spirituell, ist aber zutiefst menschlich. Denn wir sind oft so sehr mit unseren inneren Stimmen identifiziert, dass wir sie für unsere Wahrheit halten. Doch das bist nicht du.

Du *denkst* vielleicht: „Ich bin nicht gut genug." Aber das ist kein Fakt. Es ist ein Gedanke – einer, der vielleicht aus deiner Kindheit stammt, aus früher Ablehnung, aus einer verletzenden Erfahrung. Und diesen Gedanken hast du irgendwann übernommen, verinnerlicht, geglaubt. Doch er ist **nicht dein Wesen**.

Du *fühlst* dich vielleicht wertlos. Doch dieses Gefühl ist das Ergebnis von Erfahrungen – nicht dein natürlicher Zustand.

Wenn du beginnst, dich von diesen Identifikationen zu lösen, entsteht Raum. Raum für dich selbst. Für das, was du *wirklich* bist: ein fühlendes, liebendes, lebendiges Wesen.

Die Rückverbindung zu deinem inneren Kern

In der Tiefe bist du mehr als deine Prägungen. Mehr als dein Schmerz. Mehr als deine Anpassung.

Du bist Bewusstsein. Du bist Gefühl. Du bist Menschlichkeit in ihrer reinsten Form.

Und dieses wahre Selbst ist nie verschwunden. Es war nur überlagert. Vergraben unter all dem, was du meintest sein zu müssen. Nun darfst du zurückkehren. Heimkehren. Dich erinnern.

Und du darfst diese Frage nicht ein für alle Mal beantworten – sondern immer wieder neu stellen:

Wer bin ich heute?
Wer bin ich, wenn ich ehrlich bin?
Wer bin ich, wenn ich mich nicht mehr verstecke?

Die Antworten werden sich verändern, wachsen, vertiefen. Denn du bist ein Prozess. Kein fertiges Produkt. Kein statisches Ich.

Selbstliebe bedeutet nicht, ein „besseres Ich" zu erschaffen. Es bedeutet, zu entdecken, **wer du immer schon warst** – unter all den Schichten, hinter all den Geschichten.

Selbstbild vs. Fremdbild

Wenn wir beginnen, uns selbst bewusst wahrzunehmen, tauchen wir fast automatisch in einen zentralen inneren Konflikt ein – den zwischen dem Bild, das wir von uns selbst haben, und dem Bild, das andere von uns zeichnen. **Selbstbild und Fremdbild** – zwei Realitäten, die sich überschneiden, widersprechen oder ergänzen können. Und doch sind sie entscheidend für unsere Selbstwahrnehmung, unser Selbstwertgefühl und die Fähigkeit, uns wirklich zu lieben.

Doch wie entsteht überhaupt unser Selbstbild? Wie sehr ist es geprägt von außen? Und wie gelingt es uns, die eigene Wahrheit vom fremden Blick zu trennen?

Dieser Abschnitt nimmt dich mit auf eine Reise zu den vielen Spiegeln deines Lebens – zu jenen, die du selbst geschaffen hast, und jenen, in denen du dich vielleicht fremd fühlst. Es geht darum zu erkennen, **wie du dich selbst siehst, wie du gesehen werden möchtest, wie du gesehen wirst**, und vor allem: **wie du wieder zu deinem echten Selbstbild findest** – jenseits aller verzerrten Reflexionen.

Das Selbstbild – ein Puzzle aus Erfahrungen

Dein Selbstbild ist nicht angeboren. Es ist das Ergebnis unzähliger Erfahrungen, Rückmeldungen und innerer Bewertungen, die sich im Laufe deines Lebens angesammelt haben. Bereits in der frühen Kindheit beginnst du, aus dem Verhalten deiner Bezugspersonen Rückschlüsse über dich selbst zu ziehen: Bin ich liebenswert? Bin ich gut genug? Bin ich willkommen?

Ein Kind, das oft getadelt wird, wenn es laut ist, kann beginnen zu glauben, dass seine Lebendigkeit zu viel ist. Ein Kind, das vor allem für Leistung gelobt wird, verknüpft seinen Wert mit Erfolg. So entstehen die ersten Bausteine deines Selbstbilds – und oft sind sie nicht das Ergebnis bewusster Selbstbeobachtung, sondern **Spiegelungen durch andere**.

Im Erwachsenenalter setzen sich diese Muster fort. Du erhältst Feedback von Kolleg*innen*, Partner*innen*, Freund*innen – und oft verknüpfst du diese Rückmeldungen direkt mit deinem Wert. Lob wird zur Bestätigung deines Selbstbilds. Kritik hingegen kann dich zutiefst erschüttern, wenn du sie als Angriff auf dein Wesen empfindest.

Das Problem dabei: **Was du über dich denkst, ist nicht zwangsläufig wahr.** Und was andere über dich denken, schon gar nicht.

Doch wenn du dir dieser Dynamiken nicht bewusst bist, lässt du zu, dass sie dein Leben bestimmen. Dann bist du nicht du selbst – sondern das Produkt fremder Meinungen.

Das Fremdbild – wie andere dich sehen (wollen)

Das Fremdbild ist die Vorstellung, die andere von dir haben – und es basiert auf ihrer Wahrnehmung, ihren Erwartungen, ihren Prägungen. Es ist nicht objektiv. Es ist ein Konstrukt, das aus ihrer Perspektive heraus entsteht. Doch oft geschieht etwas folgenschweres: **Du übernimmst dieses Bild – still, unbemerkt, schleichend.**

Vielleicht kennst du Sätze wie:

- „Du bist immer so sensibel."

- „Du bist eben keine Führungspersönlichkeit."

- „Du warst schon immer schwierig."

- „Du bist so stark – du brauchst doch keine Hilfe."

All diese Aussagen sind Interpretationen. Sie sagen mehr über die sprechende Person aus als über dich. Und doch wirken sie in dir. Vor allem, wenn du sie häufig hörst – und besonders dann, wenn sie von Menschen stammen, die dir nahe stehen oder standen.

Oft beginnen wir, unsere Identität nach diesen Vorstellungen auszurichten. Wir versuchen, dem Bild zu entsprechen, das andere von uns haben – aus dem Wunsch heraus, dazuzugehören, geliebt zu werden, akzeptiert zu bleiben. Doch der Preis dafür ist hoch: **Du entfernst dich von dir selbst.**

Du wirst zur Projektionsfläche. Zum Abbild fremder Ideale. Und irgendwann fragst du dich: *Bin ich das wirklich – oder spiele ich nur eine Rolle, die man mir zugeschrieben hat?*

Die gefährliche Kluft zwischen Selbst- und Fremdbild

Je größer der Abstand zwischen deinem Selbstbild und dem Fremdbild wird, desto größer wird der innere Schmerz. Du fühlst dich nicht verstanden, nicht gesehen, vielleicht sogar falsch oder verloren. Und oft versuchst du, diese Lücke zu überbrücken, indem du dich noch mehr anpasst, dich noch besser erklärst, dich noch mehr verbiegst.

Doch das funktioniert nur kurzfristig. Auf Dauer führt es zu innerer Entfremdung, Erschöpfung – und Selbstablehnung.

Denn tief in dir spürst du, dass das, was andere sehen, **nicht alles ist, was du bist.**

Selbstliebe aber braucht Ehrlichkeit. Und Ehrlichkeit beginnt mit dem Mut, die Kluft zwischen Selbst- und Fremdbild zu erkennen – und **dein eigenes Bild wieder in die Hand zu nehmen.**

Wie du zu deinem echten Selbstbild findest

Der Weg zurück zu dir beginnt mit Achtsamkeit. Mit Fragen, die dich einladen, genauer hinzusehen:

- **Wie denke ich über mich – wirklich?**
- **Welche Etiketten trage ich, die nicht von mir stammen?**
- **Welche Bewertungen habe ich übernommen, ohne sie zu hinterfragen?**

- **In welchen Momenten fühle ich mich ganz ich selbst – frei, lebendig, echt?**

- **Wo spiele ich eine Rolle, um dazuzugehören oder Konflikten auszuweichen?**

Diese Fragen sind keine Schnelltests. Sie brauchen Raum, Stille und Bereitschaft zur Selbstbegegnung. Doch sie führen dich zu einem Bild von dir, das auf innerer Wahrnehmung basiert – nicht auf fremden Urteilen.

Ein kraftvoller Schritt auf diesem Weg kann das Schreiben sein: Führe ein Selbstbild-Tagebuch. Notiere dir regelmäßig, wie du dich in verschiedenen Situationen erlebst. Wann fühlst du dich stimmig? Wann verbogen? Welche Gedanken über dich tauchen immer wieder auf – und woher könnten sie stammen?

Ebenso hilfreich kann es sein, mit Menschen zu sprechen, die dich wirklich sehen – nicht durch die Brille ihrer Erwartungen, sondern mit offenem Herzen. Menschen, die dir einfühlsam, ehrlich und liebevoll spiegeln, **wer du in ihren Augen bist** – jenseits von Rollen oder Funktionen.

Doch die wichtigste Instanz bleibt immer: **du selbst**. Du bist die Einzige, die spüren kann, ob dein Selbstbild sich echt anfühlt – oder wie ein Korsett.

Selbstbildarbeit als Weg zur Selbstliebe

Wenn du beginnst, dein Selbstbild bewusst zu hinterfragen, zu klären und neu zu formen, stärkst du etwas Fundamentales in dir: deine innere Integrität. Du wirst kongruenter. Klarer. Wahrhaftiger. Und das ist die Basis für tiefe Selbstannahme.

Denn Selbstliebe heißt nicht, sich schönzureden, was schmerzt. Es heißt, sich **ehrlich zu sehen – und dennoch Ja zu sich zu sagen**.

Ein selbstbestimmtes Selbstbild erlaubt dir, Grenzen zu setzen, dich authentisch zu zeigen, deinen Weg zu gehen. Es macht dich weniger abhängig vom Urteil anderer. Es befreit dich von der ständigen Suche nach Bestätigung. Und es öffnet dir die Tür zu deinem inneren Zuhause – dort, wo du einfach sein darfst.

Vielleicht ist dein Selbstbild im Moment noch verschwommen. Vielleicht ist es verletzt oder verzerrt. Das ist nicht schlimm. Denn du bist auf dem Weg. Und jeder ehrliche Blick in den Spiegel bringt dich näher zu dir selbst.

Nicht, um perfekt zu sein. Sondern um **ganz zu sein**.

Die Macht der Selbstbeobachtung

Es gibt eine Fähigkeit, die uns allen innewohnt, die jedoch nur selten in ihrer Tiefe kultiviert und gepflegt wird: **Selbstbeobachtung.** Sie ist nicht nur eine wichtige Grundlage für innere Entwicklung, sondern auch ein Schlüssel zur Selbstliebe. Denn wie willst du dich lieben, wenn du dich nicht wirklich kennst? Und wie willst du dich kennen, wenn du dich nie ehrlich und achtsam beobachtest?

Selbstbeobachtung bedeutet, in einem bewussten Moment innezuhalten und zu erkennen, was in dir geschieht – ohne Urteil, ohne Drama, ohne Flucht. Es ist ein stiller, klarer Blick nach innen. Kein Analysieren, kein Zerpflücken, kein Verstehen-Wollen. Einfach nur: **Wahrnehmen.**

In einer Welt, die von Reizüberflutung, Ablenkung und äußerer Orientierung geprägt ist, ist das ein radikaler Akt. Denn es bedeutet, **dich dir selbst zuzuwenden** – mit all dem, was du bist, mit allem, was du fühlst, denkst, tust, vermeidest. Es bedeutet, dir selbst nicht länger auszuweichen. Und das erfordert Mut.

Warum Selbstbeobachtung so schwerfällt

Selbstbeobachtung klingt zunächst einfach. Doch sobald du beginnst, dich wirklich mit dir selbst zu beschäftigen, merkst du schnell: Es ist gar nicht so leicht, einfach nur dazusitzen und zu beobachten, was gerade in dir geschieht.

Denn sobald es still wird, melden sich Stimmen. Alte Gedankenmuster, innere Kritiker, Ängste, Zweifel. Und oft versuchen wir reflexhaft, das Unangenehme wegzudrücken – mit Ablenkung, Aktionismus, Grübeln oder innerem Rückzug.

Viele von uns wurden nicht darin geschult, mit sich selbst in liebevoller Präsenz zu sein. Wir haben gelernt zu funktionieren, zu leisten, zu kontrollieren – aber nicht zu spüren. **Wir haben nie gelernt, Zeuginnen und Zeugen unseres eigenen Innenlebens zu sein.**

Dabei ist genau das der Anfang von Bewusstsein – und damit der Anfang von Selbstliebe.

Die Beobachterin in dir – ein innerer Perspektivwechsel

Stell dir vor, in dir gäbe es eine stille Instanz, die einfach nur beobachtet. Die nicht urteilt. Die nicht eingreift. Die einfach nur wahrnimmt, was geschieht. Diese Instanz ist real. Sie ist dein innerer Beobachter – ein Teil deines Bewusstseins, der immer da ist, auch wenn du ihn selten nutzt.

Diese Beobachterin in dir sieht deine Gedanken, ohne sich mit ihnen zu identifizieren. Sie spürt deine Gefühle, ohne von ihnen überschwemmt zu werden. Sie registriert deine Handlungen, ohne sie zu rechtfertigen. Sie ist wie ein Spiegel – klar, unbestechlich, freundlich.

Und je öfter du in diese Haltung gehst, desto freier wirst du. Denn du beginnst zu verstehen: **Ich bin nicht meine Gedanken. Ich bin nicht meine Gefühle. Ich bin nicht mein Verhalten.** Ich *habe* Gedanken, Gefühle, Verhaltensweisen – aber ich *bin* sie nicht.

Diese Unterscheidung ist transformierend. Sie schafft Raum zwischen Reiz und Reaktion. Sie gibt dir die Möglichkeit, innezuhalten. Zu spüren. Neu zu wählen.

Und genau dieser Raum ist der Ort, an dem Selbstliebe wachsen kann.

Achtsamkeit als Form der Selbstbeobachtung

Selbstbeobachtung ist eine Form von gelebter Achtsamkeit. Sie geschieht im Jetzt – nicht in der Vergangenheit, nicht in der Zukunft. Sie fragt nicht nach dem „Warum", sondern bleibt beim „Was ist".

Was spüre ich gerade in meinem Körper?
Welche Gedanken ziehen durch meinen Geist?
Welche Emotionen sind präsent?
Wie reagiere ich in dieser Situation – und warum?

All diese Fragen kannst du dir stellen – aber nicht, um dich zu analysieren, sondern um dir näherzukommen. Um dich zu spüren. Um dich nicht mehr zu verlieren im Außen.

Dabei ist es wichtig, dass du in der Beobachtung **freundlich** bleibst. Nicht bewertend. Nicht strafend. Es geht nicht darum, Fehler zu finden oder dich zu optimieren. Es geht darum, dich zu erkennen – und das mit liebevoller Präsenz.

Ein Beispiel: Du merkst, dass du in einem Gespräch ausweichst, statt ehrlich zu sagen, was du denkst. Früher hättest du dich vielleicht dafür verurteilt – oder es gar nicht bemerkt. Jetzt hältst du inne und sagst dir innerlich: *„Aha. Ich habe gerade Angst, abgelehnt zu werden. Deshalb schweige ich. Das ist okay. Ich sehe dich, Angst."*

Allein diese innere Anerkennung ist ein Akt der Selbstliebe. Denn du bist präsent mit dir – genau so, wie du gerade bist.

Selbstbeobachtung im Alltag üben

Selbstbeobachtung ist keine Technik, die du einmal lernst und dann „kannst". Es ist eine Praxis. Eine Haltung. Und sie wächst mit jeder bewussten Minute, die du dir selbst schenkst.

Du kannst beginnen, sie ganz sanft in deinen Alltag einzuladen. Zum Beispiel so:

- **Beim Zähneputzen:** Spüre deine Hand, dein Gesicht, deine Atmung. Bist du präsent oder schon im nächsten Termin?

- **In Gesprächen:** Beobachte, wann du dich öffnest – und wann du dich verschließt. Was macht dir Angst? Wo fühlst du dich sicher?

- **In Konflikten:** Halte inne. Was ist dein erster Impuls? Weggehen, angreifen, rechtfertigen? Kannst du stattdessen einfach nur beobachten?

- **Beim Essen:** Schmeckst du wirklich? Oder isst du automatisch? Wie fühlt sich dein Körper danach an?

- **Beim Arbeiten:** Was treibt dich an? Druck? Freude? Pflichtgefühl? Was brauchst du gerade?

Du brauchst keine zusätzlichen Stunden am Tag – nur Momente der Achtsamkeit. Kleine Fenster der Präsenz, in denen du dich wieder spürst. **Und je öfter du das tust, desto mehr wächst deine innere Verbindung zu dir selbst.**

Die heilsame Kraft der Ehrlichkeit

Selbstbeobachtung führt dich unweigerlich in die Begegnung mit deiner Wahrheit. Und manchmal tut das weh. Denn du siehst Anteile in dir, die du lieber verdrängt hättest: Angst, Neid, Scham, Groll, Abwehr.

Doch genau hier geschieht Heilung. Denn was du anschaust, kann sich wandeln. Was du vermeidest, bleibt bestehen.

Wenn du lernst, dir ehrlich zu begegnen, wächst dein inneres Vertrauen. Du wirst dir selbst zur Verbündeten. Du verstehst: *Ich kann mir selbst begegnen, auch wenn es unangenehm ist. Ich halte das aus. Ich wachse daran.*

Diese innere Stärke ist unbezahlbar. Sie macht dich unabhängig vom Urteil anderer. Sie gibt dir Halt – in dir selbst.

Selbstbeobachtung als Grundlage für Veränderung

Manchmal möchten wir Dinge in unserem Leben verändern – aber es gelingt nicht. Wir wollen mutiger sein, gelassener, klarer. Doch wir merken: Wir wiederholen alte Muster, obwohl wir es besser wissen.

Der Grund: **Ohne Beobachtung keine echte Veränderung.**

Denn du kannst nur das verändern, was du erkennst. Und du kannst nur erkennen, was du dir zu beobachten erlaubst.

Selbstbeobachtung bringt Licht in die dunklen Ecken deiner inneren Welt. Sie macht unbewusste Muster sichtbar. Und damit eröffnet sie dir neue Handlungsspielräume.

Wenn du sie regelmäßig praktizierst, wirst du merken: Du reagierst anders. Du atmest, bevor du antwortest. Du erkennst, wenn dein inneres Kind gerade spricht. Du nimmst wahr, wann du dich selbst verlassen willst – und kehrst zu dir zurück.

Du wirst bewusster. Klarer. Wahrhaftiger.

Und das ist der Boden, auf dem Selbstliebe gedeihen kann.

Selbstbeobachtung ist ein Liebesdienst

In einer Welt, die dich ständig drängt, etwas zu *tun*, ist es ein Akt der Revolution, einfach nur *zu sein*. Dich selbst zu beobachten – achtsam, ehrlich, liebevoll – ist ein stiller Akt der Selbstermächtigung.

Es ist, als würdest du dir selbst sagen: *Ich bin es mir wert, mich zu sehen. Ich bin es mir wert, präsent zu sein. Ich bin es mir wert, mit mir in Beziehung zu treten.*

Du wirst dadurch kein anderer Mensch. Aber du wirst mehr du selbst. Und das ist das Kostbarste, was du dir schenken kannst.

Denn Selbstliebe beginnt nicht mit großen Gesten. Sie beginnt mit einem einfachen Blick. Mit dem Entschluss, dich nicht länger zu übersehen. Mit dem Mut, Zeugin deines eigenen Lebens zu sein.

Und aus diesem Blick erwächst nach und nach ein tiefes inneres Ja. Ein Ja zu dir. Ein Ja zu deiner Geschichte. Ein Ja zu deiner Gegenwart.

Ein Ja zu deiner Wahrheit.

Fazit

Der erste Schritt auf dem Weg zur Selbstliebe ist der schwierigste – und der wertvollste. Denn er bedeutet, dass du dich dir selbst zuwendest. Dass du innehalten willst inmitten eines oft fordernden Alltags. Dass du bereit bist, hinzuschauen, auch wenn du nicht weißt, was du finden wirst. Und dass du den Mut aufbringst, deine eigene Wahrheit nicht länger zu übergehen, sondern **anzuerkennen – mit offenem Herzen.**

In diesem ersten Kapitel haben wir uns drei wesentlichen Schlüsseln gewidmet, die dich dabei unterstützen, deine innere Reise zu beginnen: dem mutigen Blick auf die Frage „Wer bin ich wirklich?", der ehrlichen Auseinandersetzung mit deinem Selbstbild im Kontrast zum Fremdbild – und der bewussten Praxis der Selbstbeobachtung. Alle drei führen dich zu einem tieferen Bewusstsein für dich selbst. Nicht als Idealbild, nicht als perfektionierte Version deiner selbst, sondern als das, was du wirklich bist: ein Mensch mit Licht und Schatten, mit Sehnsüchten, Geschichten, Hoffnungen – und einem Herz, das gehört werden will.

Was du in dir entdeckst, mag dir zunächst fremd oder unbequem erscheinen. Vielleicht wird dir bewusst, wie sehr du dich an Erwartungen angepasst hast. Vielleicht spürst du zum ersten Mal deine tiefe Müdigkeit vom Funktionieren. Oder du merkst, wie schwer es dir fällt, einfach mit dir selbst zu sein – ohne etwas zu leisten, zu tun oder darzustellen. All das ist Teil des Erwachens. **Teil des Bewusstwerdens.**

Wenn du dich in diesen Momenten nicht abwendest, sondern bleibst – sanft, achtsam, liebevoll –, dann wächst etwas in dir heran, das keine äußere Bestätigung braucht. **Ein inneres Zuhause.** Ein Raum in dir, der dir erlaubt, einfach zu sein. Und in diesem Raum beginnt die Selbstliebe ganz leise, aber spürbar zu atmen.

Du wirst mit der Zeit klarer sehen, wer du bist – nicht nur durch die Brille der Vergangenheit oder der Ansprüche anderer, sondern durch den wachen Blick deiner inneren Präsenz. Du wirst lernen, dich zu beobachten, ohne dich zu verurteilen. Und du wirst erleben, dass du nicht mehr fliehen musst – weder vor deinen Gedanken noch vor deinen Gefühlen.

Stattdessen beginnst du, dich **zu halten.**

Selbstbeobachtung wird dann nicht mehr zu einer lästigen Pflicht, sondern zu einem liebevollen Akt. Sie wird zu einer Form von innerer Fürsorge. Sie macht dich frei, weil du dich nicht mehr in Rollen oder Zuschreibungen verlierst. Sie macht dich stark, weil du dich immer wieder selbst findest – egal, wie laut es draußen ist.

Was dir in diesem Kapitel begegnet ist, ist kein Abschluss, sondern ein Beginn. Ein Aufbruch. Und vielleicht auch ein stilles Versprechen an dich selbst: *Ich will mich sehen. Ich will mich verstehen. Ich will mir selbst ein sicherer Ort sein.*

In den kommenden Kapiteln wirst du entdecken, wie du dieser inneren Stimme – deinem Herzen – immer besser lauschen kannst. Wie du alte Wunden heilst, dir selbst vergibst und lernst, dich zu nähren, zu schützen und zu lieben.

Doch all das baut auf dem Fundament auf, das du hier gelegt hast: **Bewusstsein.** Und dieses Bewusstsein wird dich tragen – auf deinem ganz eigenen Weg zurück zu dir selbst.

🌱 Möge dieser erste Schritt dich ermutigen, weiterzugehen.

🌙 Möge dein Herz dir ein verlässlicher Kompass sein.

🔥 Mögest du nie wieder vergessen, dass der Anfang – immer du bist.

Kapitel 2: Die innere Stimme entdecken

Dein Herz spricht – hörst du zu?

Einleitung: Warum Intuition ein Wegweiser zur Selbstliebe ist

Es gibt eine Stimme in dir, die leiser ist als all die anderen. Sie drängt sich nicht auf, sie schreit nicht, sie argumentiert nicht mit Fakten. Sie meldet sich nicht in Aufzählungen oder analytischen Gedankengängen. Und doch ist sie da – beständig, klar, manchmal fast unmerklich: **deine Intuition**. Sie ist wie ein warmer Strom, der dich trägt, wenn du dich traust, ihm zu folgen. Wie ein leiser Windhauch, der dir ins Ohr flüstert, was du längst weißt. Sie ist deine innere Weisheit. Und sie ist tief verbunden mit deinem Herzen.

Viele Menschen suchen Orientierung im Außen. Sie fragen nach Meinungen, folgen Regeln, befolgen Pläne. Sie wälzen Bücher, vergleichen sich, kalkulieren Risiken. Dabei übersehen sie oft die wichtigste Instanz überhaupt: **die eigene innere Führung**. Die intuitive Kraft, die jenseits des Verstandes liegt. Und genau diese Kraft ist ein fundamentaler Bestandteil echter Selbstliebe.

Denn um dich selbst lieben zu können, musst du dich nicht nur sehen und verstehen – du musst dir auch **vertrauen**. Und Vertrauen beginnt dort, wo du dich von deiner inneren Stimme leiten lässt, anstatt dich von äußeren Stimmen steuern zu lassen. Es bedeutet, **dich ernst zu nehmen**. Deine Empfindungen nicht abzutun, deine Wahrnehmungen nicht zu relativieren. Es bedeutet, in einem tiefen Kontakt mit dir selbst zu sein – so tief, dass du lernst, zwischen Angst und Intuition zu unterscheiden. Zwischen innerer Wahrheit und erlerntem Muster. Zwischen deinem Herzen und deinem Kopf.

Diese Einleitung ist eine Einladung, der Stimme in dir Raum zu geben, die vielleicht lange überhört wurde. Vielleicht, weil man dir beigebracht hat, nur das Zählbare und Nachvollziehbare sei gültig. Vielleicht, weil du gelernt hast, dass du dich nicht auf dein Gefühl verlassen kannst. Vielleicht, weil du dir selbst nicht zugetraut hast, den richtigen Weg zu kennen. Doch tief in dir war diese Stimme nie still. Sie hat gewartet – auf einen Moment wie diesen.

Intuition ist kein Luxus, kein spiritueller Zusatz für besonders sensible Menschen. Intuition ist ein Grundrecht deiner Seele. Ein angeborenes, tief verankertes Navigationssystem, das dich immer wieder an deinen inneren Ursprung erinnert. Und sie ist – wenn du lernst, ihr zuzuhören – **eine der kraftvollsten Verbündeten auf deinem Weg zur Selbstliebe.**

Denn Intuition kennt kein Urteil. Sie sagt dir nicht, was du tun musst, sondern was dich ganz macht. Sie bewertet nicht, sondern weist dir den Weg zu dem, was dich heilt, nährt und wachsen lässt. Sie führt dich dorthin, wo du dich nicht länger verstellst, sondern **du selbst sein darfst**. Und das ist der Kern jeder echten, tiefen, gelebten Selbstliebe.

Im zweiten Kapitel wirst du dich mit dieser inneren Stimme vertraut machen. Du wirst erforschen, was Intuition eigentlich ist, wie sie sich äußert und worin sie sich von Angst unterscheidet. Du wirst lernen, ihre Sprache zu entschlüsseln, ihr wieder Raum zu geben – auch wenn der Kopf laut protestiert. Und du wirst konkrete Wege kennenlernen, wie du in deinem Alltag wieder in Kontakt mit ihr treten kannst.

Vor allem aber wirst du erfahren: **Dein Herz spricht. Jeden Tag. Und es hat dir etwas zu sagen.** Vielleicht ist es Zeit, ihm endlich zuzuhören.

Was ist Intuition?

Wenn wir über Selbstliebe sprechen, denken viele zuerst an Selbstfürsorge, an Selbstakzeptanz oder an den liebevollen Umgang mit sich selbst. Doch all das basiert auf einem entscheidenden Fundament: **der Fähigkeit, dich selbst zu spüren und deiner inneren Stimme zu vertrauen.** Diese innere Stimme hat viele Namen – Bauchgefühl, Herzstimme, innere Weisheit – doch in ihrer Essenz sprechen wir von Intuition. Aber was genau ist Intuition eigentlich? Woher kommt sie, wie zeigt sie sich, und was unterscheidet sie von bloßer Eingebung oder emotionaler Reaktion?

Intuition ist keine Magie und auch keine übernatürliche Gabe. Sie ist eine tief in dir verankerte, natürliche Fähigkeit, die jeder Mensch besitzt. Du hast sie von Anfang an in dir getragen. Sie war da, bevor du sprechen konntest, bevor du gelernt hast, dich in dieser Welt zurechtzufinden. Deine Intuition ist dein angeborenes Navigationssystem – sie ist verbunden mit deinem Körper, deinem Herzen, deinen Erfahrungen, deinem Unterbewusstsein. Sie ist nicht laut, aber beständig. Nicht logisch, aber weise. Und sie ist **immer auf deiner Seite**.

Intuition als inneres Wissen ohne Beweis

Intuition ist Wissen ohne Denken. Sie ist ein unmittelbares Verstehen, das nicht aus dem rationalen Verstand kommt. Sie braucht keine Argumente, keine Beweise, keine Begründung – und genau das macht sie für viele Menschen so schwer greifbar. Denn in einer Welt, die Logik über alles stellt, wirkt Intuition oft wie ein vager Hauch, dem man besser nicht trauen sollte. Doch wer einmal eine intuitive Entscheidung getroffen hat, die sich tief stimmig angefühlt hat, der weiß: *Diese Stimme weiß, wohin du gehörst.*

Intuition tritt nicht immer dramatisch auf. Sie zeigt sich häufig in kleinen Momenten – ein Ziehen im Bauch, ein plötzliches Innehalten, ein kurzer innerer Impuls, der dir sagt: *Hier stimmt etwas nicht.* Oder: *Hier darf ich hin.* Manchmal ist es ein Satz, der dir im Kopf herumspukt, obwohl er gar nicht zu deinen bewussten Gedanken passt. Manchmal ein inneres Bild, ein Gefühl der Klarheit – auch wenn du es nicht erklären kannst. **Intuition ist die Sprache deiner inneren Welt.** Sie ist verbunden mit deinem tiefsten Selbst, mit deinem Körper, deinem Nervensystem, deinem emotionalen Gedächtnis.

Die leise Stimme unter dem Lärm

Intuition ist nicht der lauteste Impuls. Im Gegenteil: Sie ist oft sehr leise, besonders wenn dein inneres System von Lärm, Stress oder Angst überlagert ist. Der Verstand will kontrollieren, erklären, analysieren. Die Angst will dich schützen. Die alten Muster wollen dich auf bekannten Wegen halten. Die Intuition hingegen spricht nur dann deutlich zu dir, wenn du ihr Raum gibst. Wenn du still wirst. Wenn du dir erlaubst, zu fühlen, statt zu funktionieren.

Daher wird sie so oft überhört. Gerade in Momenten, in denen wir sie am meisten bräuchten – bei wichtigen Entscheidungen, in Beziehungen, in Umbruchphasen – übertönen wir ihre feinen Hinweise mit dem Getöse des Verstandes oder dem Lärm der Gewohnheit. Dabei ist sie da. Immer. Bereit, gehört zu werden.

Ein Schlüssel zur Intuition ist also Präsenz. **Nur wenn du in dir ankommst, kannst du überhaupt wahrnehmen, was deine Intuition dir sagen will.**

Intuition ist kein Gegenspieler des Verstandes

Ein weitverbreitetes Missverständnis besteht darin, Intuition und Verstand als Gegensätze zu betrachten. Doch sie sind keine Gegner – sie sind zwei unterschiedliche Werkzeuge, zwei verschiedene Formen des Wissens. Der Verstand analysiert, plant, strukturiert. Die Intuition spürt, ahnt, weiß. Wenn beide im

Einklang arbeiten, entsteht etwas sehr Kraftvolles: ein Denken, das mit dem Herzen verbunden ist. Ein Handeln, das sowohl durchdacht als auch stimmig ist.

Selbstliebe bedeutet nicht, den Verstand abzuwerten. Es bedeutet, ihm **nicht die alleinige Führung zu überlassen.** Denn der Verstand kann dich in rationale Konstrukte führen, aber nicht in die Wahrheit deines Herzens. Er kann planen, aber nicht fühlen. Er kann kalkulieren, aber nicht wissen, was dich heilt. **Nur die Intuition kennt deinen inneren Weg.**

Deshalb geht es in diesem Kapitel auch darum, diese beiden Kräfte wieder in Beziehung zueinander zu bringen – damit du Entscheidungen triffst, die nicht nur sinnvoll sind, sondern sich auch *richtig* anfühlen.

Intuition als Spiegel deines inneren Zustands

Ein wichtiger Aspekt der Intuition ist, dass sie nicht aus dem luftleeren Raum kommt. Sie ist nicht unabhängig von deinem inneren Zustand. Sie ist ein Spiegel – und was sie dir zeigt, hängt davon ab, wie sehr du mit dir selbst verbunden bist. Wenn du in Angst bist, wird deine Intuition schwer zu erreichen sein – oder sie wird von der Angst gefärbt. Wenn du in Verbindung mit dir bist, wird deine Intuition klarer, direkter, vertrauenswürdiger.

Deshalb ist es wichtig, sich selbst gut zu kennen, um die Stimme der Intuition von der Stimme der Angst unterscheiden zu können. Dazu später mehr im nächsten Abschnitt. An dieser Stelle genügt die Erkenntnis: **Je verbundener du mit dir selbst bist, desto zuverlässiger wird deine Intuition.** Und je mehr du deiner Intuition folgst, desto tiefer wird deine Verbindung zu dir selbst. Es ist ein Kreis, der sich gegenseitig nährt.

Intuition und Körperwahrnehmung

Intuition ist keine rein geistige Angelegenheit – sie ist zutiefst körperlich. Sie spricht durch deinen Körper. Der berühmte Satz *„Ich habe ein schlechtes Bauchgefühl"* ist keine Floskel. Dein Bauch, dein Herz, deine Haut – sie alle nehmen Informationen auf, bevor dein Verstand sie verarbeitet. Dein Nervensystem scannt permanent dein Umfeld und deine innere Welt. Intuition ist also auch ein Ausdruck deiner Körperintelligenz.

Deshalb lohnt es sich, wieder mit deinem Körper in Kontakt zu kommen. **Was spürst du, wenn du an eine bestimmte Entscheidung denkst?** Wird dein Atem flacher oder weiter? Ziehst du dich innerlich zusammen oder fühlst du dich geöffnet? Entsteht ein innerer Druck oder eine sanfte Weite? Diese körperlichen Reaktionen sind kein Zufall. Sie sind **Botschaften.**

Ein achtsamer Zugang zum eigenen Körper ist somit ein direkter Weg, die Stimme deiner Intuition wieder klarer zu hören. Und damit auch ein Weg zur Selbstliebe – denn Selbstliebe bedeutet auch, deinem Körper zu vertrauen, ihn als weise Quelle zu ehren, anstatt ihn ständig zu kontrollieren oder zu ignorieren.

Intuition ist die Sprache deiner Seele

Vielleicht ist das der schönste und zugleich tiefste Gedanke: **Intuition ist die Sprache deiner Seele.** Sie spricht nicht laut, nicht mit Argumenten oder langen Erklärungen. Sie flüstert. Sie berührt. Sie erinnert dich daran, wer du bist. Sie führt dich zurück zu deinem inneren Kompass – und damit zu deinem wahren Selbst.

Wenn du deiner Intuition folgst, beginnst du, dir selbst wirklich zuzuhören. Du nimmst deine Wahrheit ernst, auch wenn sie unbequem ist. Du hörst auf, dich zu verraten, nur um zu gefallen. Du fängst an, Entscheidungen zu treffen, die dir entsprechen – auch wenn sie nicht logisch erscheinen oder nicht dem entsprechen, was andere von dir erwarten.

Du beginnst, dir selbst zu glauben. Und genau das ist gelebte Selbstliebe.

Die Entscheidung, hinzuhören

Am Ende ist es immer eine Entscheidung: **Höre ich auf mein Herz – oder ignoriere ich es wieder?** Glaube ich meinem inneren Wissen – oder lasse ich mich wieder von Angst, Gewohnheit oder Kontrolle lenken? Es braucht Mut, deiner Intuition zu folgen. Manchmal führt sie dich aus alten Sicherheiten heraus. Manchmal zeigt sie dir unbequeme Wahrheiten. Manchmal fordert sie dich heraus, größer zu denken, ehrlicher zu leben, tiefer zu fühlen.

Aber sie führt dich **immer zu dir.**

Und genau deshalb ist sie ein so kraftvoller Wegweiser zur Selbstliebe. Denn sie zeigt dir nicht nur, wohin du gehen kannst – sie erinnert dich auch daran, **wer du bist.**

Wenn du bereit bist, ihr zuzuhören, wird sie dich nicht im Stich lassen. Denn deine Intuition ist nichts anderes als deine eigene, innere Wahrheit – in Bewegung. Und Wahrheit kennt keine Irrwege. Sie kennt nur **Heimwege.**

Intuition vs. Angst

Die wohl häufigste Frage, die Menschen sich stellen, wenn sie beginnen, auf ihre innere Stimme zu hören, lautet: *„Ist das gerade meine Intuition – oder meine Angst?"* Diese Frage ist nicht nur berechtigt, sie ist entscheidend. Denn während Intuition uns liebevoll und klar auf unserem Herzensweg leiten möchte, will Angst uns oft in alten Mustern halten, uns schützen – auch vor Wachstum. Beide Stimmen sind in uns. Beide wollen uns dienen. Doch sie sprechen eine ganz unterschiedliche Sprache.

Um dich selbst lieben zu lernen, musst du lernen, **zu unterscheiden, welche dieser beiden Kräfte in dir gerade das Steuer übernimmt.** Denn Selbstliebe ist nicht nur das weiche Umsorgen, das dich beruhigt – sie ist auch der klare, mutige Blick auf das, was dich zurückhält. Und oft ist es die Angst, die sich als Fürsorge tarnt. Als Vernunft. Als Vorsicht. Und manchmal sogar – als Intuition.

Deshalb ist es so wichtig, dass du lernst, genau hinzuhören. Dass du die feinen Unterschiede erkennst. Dass du deiner Intuition vertraust – und deiner Angst mit Mitgefühl begegnest, ohne ihr die Führung zu überlassen.

Angst ist laut, Intuition ist still

Ein erster Unterschied liegt im Ton der beiden inneren Stimmen. Die Angst ist laut, aufgeregt, drängend. Sie hat ein starkes Bedürfnis nach Kontrolle. Sie argumentiert, warnt, droht. Sie malt Worst-Case-Szenarien aus. Sie ist das Echo vergangener Erfahrungen und projiziert diese in die Zukunft. Sie möchte Sicherheit, um jeden Preis – auch wenn das bedeutet, dich kleinzuhalten oder zu begrenzen.

Intuition hingegen ist ruhig. Sie drängt nicht. Sie flüstert. Sie fühlt sich oft wie ein stilles inneres Wissen an, wie ein ganz klares „Ja" oder ein eindeutiges „Nein", ohne dass du genau erklären kannst, warum. **Intuition hat keine Angst davor, nicht verstanden zu werden.** Sie ist unabhängig von deinem Ego, sie hat keinen Beweisdrang.

Wenn du also vor einer Entscheidung stehst und innerlich Chaos herrscht, frage dich: *Welche Stimme ist gerade laut?* Und dann lausche: *Welche ist still – aber eindeutig?*

Angst verkrampft, Intuition weitet

Ein zweiter Hinweis liegt in deinem Körper. Dein Körper reagiert auf Angst anders als auf Intuition. Angst zieht dich zusammen. Dein Atem wird flach, dein Bauch eng, deine Schultern hart. Du wirst kleiner, vorsichtiger, unsicherer. Dein Nervensystem geht in Alarmbereitschaft – Kampf, Flucht oder Erstarrung. Du funktionierst nicht mehr frei, sondern reaktiv.

Intuition hingegen macht dich weich. Selbst wenn sie dich vor einer Gefahr warnt, tut sie das mit Klarheit – nicht mit Panik. Wenn du ihr folgst, spürst du eine innere Weite, einen Frieden, ein Aufatmen. Selbst wenn sie dich zu einem mutigen Schritt auffordert, fühlt sich dieser Schritt irgendwie „richtig" an – sogar wenn er dich herausfordert.

Der Körper lügt nicht. Wenn du aufmerksam bist, wirst du spüren, ob dich etwas aus der Angst oder aus der Wahrheit heraus bewegt.

Angst will verhindern, Intuition will führen

Ein weiterer wesentlicher Unterschied liegt in der Ausrichtung. Angst ist rückwärtsgewandt. Sie will verhindern, dass sich alte Wunden wiederholen. Sie ist ein Wächter, der dich schützen will, aber dabei häufig auf Vergangenes zurückgreift – oft, ohne zu bemerken, dass du heute ein anderer Mensch bist als damals.

Intuition hingegen ist gegenwartsbezogen und zukunftsoffen. Sie führt dich dorthin, wo du wachsen kannst. Sie sagt nicht: *„Tu das lieber nicht, du wirst verletzt."* Sie sagt: *„Da geht dein Weg weiter."* Auch wenn dieser Weg durch Unsicherheiten führt, bleibt sie klar. Nicht weil sie Risiken ignoriert, sondern weil sie **dein inneres Potenzial sieht.**

Angst hält fest. Intuition führt weiter.

Angst spricht in Geschichten, Intuition in Impulsen

Wenn du innerlich debattierst, abwägst, dir Argumente zurechtlegst, Szenarien entwirfst – dann ist fast immer die Angst am Werk. Sie liebt es, sich in endlosen Gedankenstrudeln zu verlieren. Sie möchte sicher sein, bevor du einen Schritt gehst. Doch diese Sicherheit wird nie kommen – weil sie nicht existiert.

Intuition hingegen spricht in klaren Impulsen. Oft sehr kurz. Manchmal ist es nur ein Gedanke, der dir kommt und sofort wieder geht. Oder ein inneres Bild, eine Geste, ein Gefühl. Kein langer innerer Monolog. Kein Drama. Keine Angst vor Konsequenzen. Einfach ein Wissen, das auftaucht, als wäre es schon immer da gewesen.

Lerne also, diese leisen Impulse nicht zu übergehen. Auch wenn sie dir unlogisch erscheinen. Auch wenn sie dich herausfordern. Gerade dann. **Denn Intuition braucht deinen Mut, nicht deine Absicherung.**

Angst schützt dein altes Ich, Intuition ruft dein wahres Selbst

Einer der tiefsten Unterschiede zwischen Angst und Intuition liegt in ihrer Zielrichtung. Angst möchte dein Überleben sichern – emotional, sozial, physisch. Sie ist geprägt von alten Erfahrungen, von gesellschaftlichen Erwartungen, von Glaubenssätzen. Sie bewacht dein gewohntes Selbstbild, damit nichts erschüttert wird.

Intuition aber ruft dein wahres Selbst. Sie interessiert sich nicht für deine Komfortzone. Sie will, dass du ganz wirst. Dass du dich entfaltest. Dass du dich erinnerst, wer du wirklich bist – jenseits deiner Verletzungen, deiner Anpassung, deiner Schutzmechanismen.

Das ist der Grund, warum sich intuitive Impulse oft so unbequem anfühlen: **Sie führen dich nicht zu dem, was sicher ist – sondern zu dem, was wahr ist.**

Was, wenn ich mich irre?

Viele Menschen haben Angst davor, ihrer Intuition zu folgen – aus Angst, sich zu täuschen. *Was, wenn ich mich irre? Was, wenn ich nur auf eine Illusion hereinfalle? Was, wenn das gar nicht mein innerer Ruf ist, sondern nur ein Reflex?*

Diese Zweifel sind normal – und sie gehören dazu. Sie zeigen, dass du ernsthaft hinschauen willst. Doch erinnere dich: Intuition ist ein Muskel. Du musst ihn üben, trainieren, kennenlernen. Und wie bei allem, was du neu lernst, wird es auch mal Unsicherheiten geben. Vielleicht sogar Fehler.

Doch genau darin liegt das Geschenk: **Du lernst dich kennen.** Du sammelst Erfahrung. Du wirst differenzierter. Du spürst immer genauer, was wahr ist und was nicht. Und mit jedem Mal wächst dein Vertrauen in dich selbst – **und damit deine Selbstliebe.**

Denn letztlich ist es nicht die perfekte Entscheidung, die dich weiterbringt, sondern der Schritt, **dir selbst zu vertrauen.** Auch wenn du dich irrst. Auch wenn du wieder neu wählen musst. Es geht nicht darum, nie falsch zu liegen – sondern darum, dich nicht länger zu verleugnen.

Intuition und Angst – beide wollen dich schützen

Zum Schluss ist es wichtig, zu betonen: Die Angst ist kein Feind. Sie ist nicht dein Gegner. Sie ist Teil deiner inneren Welt – und sie hat ihren Platz. Sie will dich beschützen. Sie hat dir vielleicht sogar das Leben gerettet. Sie verdient Mitgefühl, nicht Ablehnung.

Doch sie darf nicht das Ruder übernehmen. Sie darf dich warnen – aber sie darf dich nicht lähmen. **Sie darf dich erinnern – aber nicht beherrschen.**

Intuition und Angst sind wie zwei Stimmen in deinem inneren Rat. Es ist an dir, zu entscheiden, wem du die Führung überträgst. Und wenn du dich für dein Herz entscheidest, für deine Wahrheit, für deinen inneren Ruf – dann entscheidest du dich gleichzeitig für dich selbst.

Für deine Freiheit.
Für deinen Weg.
Für deine Liebe zu dir.

Und genau das ist es, worum es hier geht. Du lernst nicht nur, deiner Intuition zu folgen – du lernst, **dir selbst zu vertrauen.** Und das ist der Anfang von allem.

Übungen zum Lauschen

Intuition ist keine mystische Eingebung, die nur in außergewöhnlichen Momenten zu uns spricht. Sie ist vielmehr eine alltägliche, tiefmenschliche Fähigkeit, die in jedem von uns lebt – oft jedoch verschüttet, überlagert oder ignoriert. Die Herausforderung liegt nicht darin, Intuition zu „bekommen", sondern darin, ihr wieder zuzuhören. Sie war immer da. Doch wir haben verlernt, ihre Sprache zu verstehen.

Dieser Abschnitt widmet sich ganz der Praxis: **Wie lernst du wieder, deiner inneren Stimme zu lauschen?** Wie erkennst du, wann deine Intuition spricht – und wann nicht? Wie schaffst du die innere Stille, die es braucht, um sie überhaupt wahrzunehmen? Und wie kannst du diese Verbindung im Alltag stärken?

Denn so sehr es um Erkenntnis und Bewusstsein geht – **Selbstliebe ist auch eine Übungssache.** Du lernst sie durch Wiederholung, durch Aufmerksamkeit, durch bewusstes Erleben. Und genauso verhält es sich mit der Intuition. Sie wird mit der Zeit klarer, verlässlicher, lauter – wenn du beginnst, ihr Raum zu geben. Diese Übungen laden dich ein, genau das zu tun.

Die Stille einladen – Raum schaffen für die innere Stimme

Intuition spricht am klarsten in der Stille. Nicht unbedingt in der äußeren, sondern in der inneren. Es ist schwer, sie zu hören, wenn dein Kopf voll ist, wenn du dich hetzt, vergleichst, kritisierst. Deshalb ist der erste Schritt immer, dich zu entschleunigen.

Setze dich an einen ruhigen Ort. Schließe die Augen. Spüre deinen Körper. Atme bewusst ein und aus – nicht, um etwas zu erreichen, sondern um da zu sein. Beobachte, wie deine Gedanken kommen und gehen. Ohne sie festzuhalten. Ohne ihnen zu folgen. Einfach nur: ankommen.

Diese Praxis des Stillwerdens ist keine Meditation im klassischen Sinn – sondern eine Einladung zur Präsenz. Es geht nicht darum, etwas zu kontrollieren oder zu erreichen. Es geht nur darum, **dir selbst zu begegnen**.

Bleibe fünf bis zehn Minuten in dieser stillen Beobachtung. Vielleicht wird es unruhig. Vielleicht fühlst du Widerstand. Das ist normal. Wichtig ist nur: **Bleib.** Lass dich nicht ablenken. Lass die Welt draußen. Spüre dich. Höre hin.

Und dann stelle dir innerlich eine einfache Frage. Zum Beispiel:

- *Was ist heute wichtig für mich?*

- *Was brauche ich gerade wirklich?*

- *Wovor verschließe ich mein Herz?*

Warte auf die Antwort. Dränge sie nicht. Vielleicht kommt ein Bild. Ein Gefühl. Ein Gedanke. Vielleicht bleibt es still. Das ist in Ordnung. Es geht nicht darum, sofort „Ergebnisse" zu bekommen. Es geht um Beziehung – und Beziehungen brauchen Zeit.

Wenn du diese Übung regelmäßig machst, wirst du spüren: Deine Intuition meldet sich immer schneller. Immer klarer. Sie vertraut dir, weil du ihr zuhörst.

Die Körpersprache der Intuition entdecken

Wie bereits erwähnt, ist Intuition zutiefst körperlich. Dein Körper ist wie ein Resonanzraum für deine innere Wahrheit. Deshalb ist es wichtig, seine Sprache wieder zu lernen. Eine einfache Übung kann dir dabei helfen:

Denke an zwei Entscheidungen oder Situationen. Eine, bei der du spürst: „*Das fühlt sich richtig an.*" Und eine, bei der du merkst: „*Das stimmt für mich nicht.*"

Rufe dir beide innerlich ins Gedächtnis – nacheinander. Spüre dabei ganz bewusst in deinen Körper:

- Was passiert in deinem Bauch?

- Wie verändert sich dein Atem?

- Wie fühlt sich dein Brustraum an?

- Gibt es ein Gefühl von Enge oder Weite?

- Entsteht Wärme oder Kälte?

Halte das nicht fest, sondern beobachte. Vielleicht entdeckst du eine Art Körpersignatur deiner Intuition. Für viele Menschen fühlt sie sich wie ein leichtes Aufatmen an. Oder wie eine plötzliche Klarheit im Nebel. Bei anderen ist es ein Ziehen in der Herzgegend, ein inneres Knistern, ein Impuls, dem sie nicht erklären können – aber vertrauen.

Mach dir diese Signale bewusst. Schreibe sie dir auf, wenn du möchtest. So entsteht mit der Zeit ein inneres Repertoire, auf das du zurückgreifen kannst, wenn du Entscheidungen triffst. **Je besser du deinen Körper verstehst, desto besser verstehst du deine Intuition.**

Das intuitive Tagebuch – eine Beziehung aufbauen

Ein wundervolles Werkzeug, um in Kontakt mit deiner inneren Stimme zu kommen, ist ein *intuitives Tagebuch*. Anders als ein klassisches Tagebuch geht es hier nicht darum, deinen Tag zu reflektieren, sondern darum, in einen Dialog mit deiner Intuition zu treten.

Setze dich an einen ruhigen Ort. Nimm Stift und Papier – oder ein Notizbuch, das sich gut anfühlt. Dann beginne mit einer offenen Frage an deine innere Stimme. Zum Beispiel:

- *Was will mir mein Herz heute sagen?*

- *Wovor habe ich Angst – und was liegt dahinter?*

- *Was versuche ich zu vermeiden – und warum?*

Schließe kurz die Augen. Atme tief durch. Und dann schreibe – ohne zu überlegen. **Lass die Worte fließen.** Zensiere nichts. Analysiere nichts. Vertraue dem, was kommt.

Vielleicht schreibst du nur wenige Zeilen. Vielleicht eine ganze Seite. Vielleicht wirkt es wirr, vielleicht klar. Es spielt keine Rolle. Wichtig ist nur: Du gibst deiner Intuition Raum, sich auszudrücken. Und du beginnst, ihr zuzuhören.

Wenn du diese Praxis regelmäßig pflegst, entsteht ein Gefühl von Vertrautheit. Die Stimme wird klarer, die Verbindung tiefer. Es ist, als würdest du eine Freundschaft pflegen – und genau das ist es auch. **Eine Freundschaft mit dir selbst.**

Entscheidungen üben – mit Herz und Verstand

Eine sehr praktische Möglichkeit, deine Intuition zu stärken, ist das Üben von Entscheidungen. Und zwar bei den kleinen Dingen des Alltags – denn dort fällt es leichter, mutig zu sein.

Stelle dir bewusst Fragen wie:

- *Was esse ich heute – worauf habe ich wirklich Lust?*

- *Gehe ich diesen Weg oder jenen?*

- *Sage ich Ja oder Nein zu dieser Einladung?*

Halte kurz inne, bevor du antwortest oder handelst. Lausche. Was ist dein erster, stiller Impuls? Nicht das, was du „solltest" oder „normalerweise" tust – sondern das, was sich **ehrlich** stimmig anfühlt.

Auch hier gilt: Du wirst nicht immer „richtig" liegen. Und das ist gut so. Denn es geht nicht darum, perfekte Entscheidungen zu treffen, sondern darum, den Dialog mit dir selbst zu üben. **Es geht darum, dich wieder ernst zu nehmen.**

Je öfter du diese Momente bewusst gestaltest, desto natürlicher wird es. Intuition wird kein fremdes Konzept mehr sein – sondern ein vertrauter Teil deines Alltags.

Die innere Stimme stärken durch bewussten Rückblick

Ein häufig unterschätzter Weg, um deine Intuition zu trainieren, ist der Rückblick. Nimm dir am Ende des Tages fünf Minuten Zeit. Frage dich:

- *Gab es heute Situationen, in denen ich meiner Intuition gefolgt bin?*

- *Was hat sich dabei bestätigt – oder auch nicht?*

- *Gab es Momente, in denen ich sie übergangen habe?*

- *Wie habe ich mich danach gefühlt?*

Schreibe diese Gedanken auf. Nicht, um dich zu bewerten – sondern um dich kennenzulernen. Du wirst mit der Zeit Muster erkennen. Vielleicht wirst du staunen, wie oft du eigentlich schon intuitiv gehandelt hast – ganz ohne es zu merken. Oder du wirst erkennen, wo du noch zurückschreckst. Beides ist wertvoll. Beides bringt dich weiter.

Intuition kultivieren – ein lebenslanger Weg

Diese Übungen sind keine Checkliste. Sie sind Einladungen. Rituale. Werkzeuge für deinen eigenen inneren Raum. Sie helfen dir, **dein Herz wieder als Kompass zu nutzen**. Und wie bei jedem Kompass brauchst du Zeit, um ihn zu verstehen. Manchmal zeigt er nach Norden, und du denkst, es sei Süden. Doch je öfter du ihn zur Hand nimmst, desto vertrauter wird er dir.

Intuition ist nichts, das du dir erarbeiten musst. Sie ist da. Jetzt. In diesem Moment. **Was du übst, ist nicht das Finden – sondern das Lauschen.** Und dieses Lauschen ist vielleicht die zärtlichste Form von Selbstliebe, die es gibt.

Denn wenn du dir selbst zuhörst, sagst du dir: *„Du bist mir wichtig.“* Wenn du deinen Impulsen folgst, sagst du dir: *„Ich vertraue dir.“* Und wenn du still wirst und wartest, was in dir aufsteigt, sagst du dir: *„Ich bin bereit, dich wirklich zu sehen.“*

Mehr braucht es nicht, um mit dir selbst wieder in Kontakt zu kommen. Und weniger darf es auch nicht sein.

Fazit

Am Ende dieses zweiten Kapitels stehst du an einem Punkt, der weniger ein Abschluss als vielmehr eine Einladung ist. Du hast begonnen, deine Intuition wieder zu entdecken – diese leise, innere Stimme, die nicht argumentiert, sondern *fühlt*. Die nicht analysiert, sondern *weiß*. Und die vielleicht schon lange darauf wartet, dass du ihr wieder zuhörst.

Du hast erfahren, was Intuition ist: eine feine, kraftvolle Verbindung zu deiner inneren Wahrheit. Kein plötzlicher Geistesblitz von außen, sondern ein tief verankertes inneres Wissen, das in jedem Moment darauf wartet, von dir bemerkt zu werden. Du hast verstanden, dass Intuition nicht laut sein muss, um wahr zu sein – und dass sie oft genau dann erscheint, wenn du bereit bist, still zu werden und zu lauschen. Und du hast begonnen, sie zu unterscheiden: von der Angst, die sich oft wie Fürsorge tarnt, und von all den Stimmen, die aus deiner Vergangenheit stammen, aber nicht deine Wahrheit sind.

Vielleicht hast du in den letzten Seiten gespürt, wie wohltuend es ist, wenn du dich nicht mehr übergehen musst. Wenn du dir selbst erlaubst, hinzuhören, statt zu funktionieren. Vielleicht war da auch Skepsis – oder Unsicherheit, wie du inmitten deines Alltags überhaupt die Zeit, den Mut oder die Kraft aufbringen sollst, wirklich auf dich selbst zu hören. Auch das ist verständlich. Denn es braucht Übung, Geduld, Sanftheit – und vor allem: einen liebevollen Blick auf dich selbst.

Doch genau hier beginnt Selbstliebe. Nicht in den großen Gesten, sondern in den kleinen Momenten, in denen du dich entscheidest, dir selbst zuzuhören. In denen du deinem Körper vertraust, deinen Gefühlen Raum gibst, deinen Impulsen nachspürst. In denen du dir nicht sofort erklärst, was du empfindest, sondern es einfach zulässt. **In denen du deinem Herzen erlaubst, dir den Weg zu zeigen.**

Vielleicht ist dein Herz noch leise. Vielleicht hast du gelernt, es zu übertönen – mit Vernunft, mit Anpassung, mit Lärm. Doch dein Herz spricht. Und es wird immer sprechen. Auch wenn du es lange ignoriert hast. Auch wenn du es nicht verstehst. Es ist geduldig. Es wartet. Und wenn du es einmal wirklich gehört hast, wirst du seine Stimme nie wieder mit etwas anderem verwechseln.

Du hast in diesem Kapitel Werkzeuge kennengelernt, mit denen du diese Stimme wiederfinden kannst: das Innehalten in der Stille, das Spüren im Körper, das Schreiben als Dialog, das Üben kleiner Entscheidungen. All das sind keine Techniken, die du „perfekt" beherrschen musst. Sie sind keine Disziplin, sondern eine Form der liebevollen Aufmerksamkeit. **Ein Ritual der Rückverbindung.**

Denn in der Tiefe geht es nicht darum, alles richtig zu machen. Es geht darum, *dir selbst treu zu sein.* Es geht darum, den Mut zu entwickeln, dich nicht länger von äußeren Erwartungen steuern zu lassen – sondern von deiner inneren Wahrheit. Es geht darum, dein Leben nicht länger aus der Angst heraus zu gestalten, sondern aus der Liebe.

Und genau das ist es, was Intuition letztlich ist: **eine Sprache der Liebe.** Eine Sprache, in der dein Herz zu dir spricht. Eine Sprache, die dich nicht antreibt, sondern einlädt. Die dich nicht bewertet, sondern begleitet. Die dich erinnert: *Du weißt, wer du bist.* Auch wenn du es vergessen hast. Auch wenn du gezweifelt hast. Auch wenn du lange gegen dich selbst gelebt hast.

Intuition ist nicht perfekt. Sie ist menschlich. Und sie ist dein Wegweiser – nicht nur zur Selbstliebe, sondern zu einem Leben, das wirklich *dein* Leben ist. Nicht das, das andere für dich vorgesehen haben. Nicht das, das sich gut verkauft oder sicher anfühlt. Sondern das Leben, das dich nährt, erfüllt, heilt.

🌿 Mögest du immer wieder still werden, wenn es laut wird.

🌙 Mögest du die Stimme deines Herzens erkennen – auch in der Unsicherheit.

🔥 Mögest du den Mut finden, ihr zu folgen – einen Schritt nach dem anderen.

Denn dein Herz spricht. Und in dem Moment, in dem du ihm zuhörst, beginnt ein neuer Weg – **dein Weg.**

Kapitel 3: Alte Wunden heilen

Ohne Heilung keine Selbstliebe

Einleitung: Warum wir uns selbst oft im Weg stehen – und wie wir beginnen, zu heilen

Es gibt einen Punkt auf dem Weg zur Selbstliebe, an dem bloßes Verstehen nicht mehr ausreicht. An dem Achtsamkeit allein nicht genügt, um sich wirklich mit dem eigenen Herzen zu verbinden. Ein Punkt, an dem uns die Vergangenheit einholt – nicht in Form von Erinnerungen allein, sondern in Form von inneren Mauern, verschlossenen Räumen, unbewussten Mustern. Dieser Punkt ist schmerzhaft, aber er ist auch kraftvoll: **Es ist der Moment, in dem du erkennst, dass du dich selbst immer wieder blockierst.** Und dass der Ursprung dieser Blockade tiefer liegt, als es dein heutiges Denken fassen kann.

Vielleicht hast du schon gespürt, wie oft du dir im Weg stehst – mit deinen Zweifeln, deiner Angst vor Ablehnung, deiner übermäßigen Anpassung, deiner Härte mit dir selbst. Vielleicht hast du dich gefragt, warum es dir so schwerfällt, dich anzunehmen, dich zu zeigen, dich zu fühlen. Warum du dich manchmal zurückziehst, wo du dich eigentlich zeigen willst. Warum du dich selbst kritisierst, wo du eigentlich Mitgefühl bräuchtest. Warum du dir Liebe wünschst – und sie doch nicht wirklich annimmst, wenn sie da ist.

All diese Fragen führen zu einem zentralen Punkt: **Zu deinen inneren Wunden.** Zu dem, was einmal war – und immer noch wirkt. Denn Selbstliebe ist nicht nur eine Entscheidung im Jetzt. Sie ist auch eine Einladung, dorthin zu schauen, wo du dich selbst verloren hast. Wo du dich verbogen hast, angepasst, klein gemacht. Wo du nicht gesehen wurdest, wo du verletzt, beschämt oder verlassen wurdest. Und wo du begonnen hast, dich selbst zu schützen – auf eine Weise, die dir heute mehr schadet als nützt.

Heilung beginnt in der ehrlichen Anerkennung dessen, was war. Nicht, um in alten Geschichten zu verharren. Nicht, um Schuldige zu suchen oder dich in Schmerz zu verlieren. Sondern, um wieder ganz zu werden. **Denn alles, was du verdrängst, bleibt mächtig. Alles, was du anerkennst, kann sich wandeln.**

Viele Menschen scheuen diesen Weg. Sie fürchten, der Schmerz sei zu groß. Dass sie überfordert sein könnten. Dass sie zu schwach sind, sich dem zu stellen, was sie lange überdeckt haben. Doch das Gegenteil ist der Fall: **Gerade weil du**

bereit bist hinzusehen, bist du stark. Gerade weil du den Mut findest, dein Innerstes zu erforschen, wächst deine Kraft. Es ist kein Zeichen von Schwäche, zu fühlen. Es ist ein Zeichen von Reife. Es ist ein Schritt in die Freiheit.

Wir stehen uns selbst oft im Weg, weil wir unbewusst an einem alten Selbstbild festhalten – einem Bild, das sich in früheren Beziehungen, in frühen Erfahrungen, in Momenten von Schmerz oder Scham geformt hat. Wir halten fest an Glaubens-sätzen wie *„Ich bin nicht gut genug"*, *„Ich muss stark sein"*, *„Ich darf keine Schwäche zeigen"*, *„Ich muss leisten, um geliebt zu werden"*. Diese Sätze sind nicht die Wahrheit – aber sie haben sich in unser System eingeprägt wie unsicht-bare Tattoos auf der Seele. Und solange sie in uns wirken, können wir uns selbst nicht wirklich lieben.

Heilung bedeutet, diese inneren Muster zu erkennen – und sie sanft zu lösen. Es bedeutet, **Verantwortung zu übernehmen – nicht Schuld.** Es bedeutet, dich deiner Vergangenheit zuzuwenden, ohne dich von ihr definieren zu lassen. Es bedeutet, Mitgefühl zu entwickeln für das Kind in dir, das sich einst allein, verletzt oder überfordert fühlte. Und es bedeutet, heute als Erwachsene zu sagen: *„Ich sehe dich. Ich halte dich. Ich lasse dich nicht mehr allein."*

Dieser Weg ist kein Sprint. Er ist eine Reise. Manchmal schmerzhaft, manchmal langsam. Aber immer lohnend. Denn mit jedem Schritt der Heilung wächst deine innere Freiheit. Mit jeder Träne, die du annimmst, wächst dein Selbstmitgefühl. Mit jedem Schatten, den du beleuchtest, wächst dein Licht. **Und genau dieses Licht ist die Grundlage für echte Selbstliebe.**

In diesem Kapitel wirst du drei zentrale Themen erforschen: Wie du deine alten Verletzungen erkennen kannst, ohne dich in ihnen zu verlieren. Wie du lernst, dir selbst und anderen zu vergeben – nicht, um etwas ungeschehen zu machen, sondern um dich zu befreien. Und wie du emotionale Blockaden löst, die dich daran hindern, wirklich zu fühlen, zu vertrauen, zu empfangen.

Heilung ist kein Ziel, das du erreichen musst. Sie ist ein Zustand, den du dir erlaubst. Nicht perfekt. Nicht vollständig. Aber echt. **Und in dieser Echtheit liegt deine größte Kraft.**

Möge dieses Kapitel dich ermutigen, dich nicht länger von deinem Schmerz abzu-wenden.
Möge es dich begleiten, wenn du dich selbst in den Arm nimmst – vielleicht zum ersten Mal wirklich.
Möge es dir zeigen: Du bist nicht dein Schmerz.
Du bist das Licht, das ihn jetzt liebevoll durchdringen kann.

Verletzungen erkennen

Wenn du auf dem Weg bist, dich selbst zu lieben, wirst du früher oder später an einem Punkt ankommen, an dem du innehältst und dich fragst: *Was hält mich eigentlich davon ab, mich ganz anzunehmen? Warum zweifle ich so oft an mir? Warum wiederholen sich bestimmte schmerzhafte Muster immer wieder?* Und du wirst spüren, dass die Antworten auf diese Fragen nicht an der Oberfläche deines Alltags liegen. Sie liegen tiefer. Vergraben unter Jahren von Anpassung, Funktionieren, Kontrolle oder Ablenkung. Dort – genau dort – beginnen die alten Wunden zu wirken.

Verletzungen zu erkennen bedeutet, bereit zu sein, dich selbst mit einem neuen Blick zu sehen. Einem Blick, der nicht bewertet, sondern versteht. Nicht urteilt, sondern bezeugt. Es bedeutet, die Masken abzunehmen, die du dir aus Notwendigkeit angeeignet hast, und den Menschen dahinter zu betrachten: **verletzlich, menschlich, wertvoll.**

Verletzungen zeigen sich nicht immer als klare Erinnerungen. Manchmal sind es nur Fragmente – ein Gefühl der Enge, das dich überkommt, wenn du Kritik hörst. Ein innerer Rückzug, wenn dir jemand zu nahe kommt. Ein übertriebener Wunsch, zu gefallen. Oder das ständige Gefühl, nie genug zu sein. All das sind Spuren deiner Geschichte. Hinweise auf Erlebnisse, in denen du dich ungeschützt, nicht gesehen oder abgelehnt gefühlt hast.

Diese Erlebnisse müssen nicht spektakulär gewesen sein. Es müssen keine großen Traumata sein – obwohl auch sie dazugehören können. Viel häufiger jedoch sind es die *kleinen, stillen Schmerzen*, die sich tief in unser System graben: das ständige Gefühl, nicht ernst genommen zu werden. Der Mangel an emotionaler Nähe. Die subtilen Abwertungen. Die nicht geweinten Tränen. Die Zurückweisungen, die nie ausgesprochen wurden, aber doch deutlich spürbar waren.

Ein Kind, das sich in seinem Kummer allein gelassen fühlt, lernt nicht: *Ich bin traurig.* Es lernt: *Ich bin falsch.*
Ein Kind, das sich nur durch Leistung Zuwendung verdient, lernt nicht: *Ich kann viel leisten.* Es lernt: *Ich muss leisten, um geliebt zu werden.*
Ein Kind, das seine Wut nicht zeigen darf, lernt nicht: *Ich bin wütend.* Es lernt: *Meine Gefühle sind gefährlich.*

Diese inneren Schlussfolgerungen sind es, die zu unseren tiefsten Wunden werden. **Nicht das Ereignis selbst verletzt uns dauerhaft – sondern das, was wir über uns selbst daraus ableiten.** Diese Überzeugungen begleiten uns durch das Leben, oft unbemerkt, oft unbewusst. Doch sie wirken. Und sie halten uns davon ab, uns selbst zu lieben.

Denn wie kannst du dich lieben, wenn du – irgendwo in dir – glaubst, nicht liebenswert zu sein?

Der erste Schritt zur Heilung besteht darin, diese inneren Überzeugungen überhaupt erst sichtbar zu machen. Und das ist ein Prozess. Ein liebevoller, mutiger und achtsamer Prozess, der dich dazu einlädt, deine eigene Geschichte nicht länger zu verdrängen, sondern zu würdigen. Nicht um darin stecken zu bleiben – sondern um dich aus ihr zu befreien.

Vielleicht spürst du, dass du lange Zeit deine Verletzungen „wegerklärt" hast. Vielleicht hast du dir gesagt: *„So schlimm war das doch gar nicht."* Oder: *„Meine Eltern haben ihr Bestes gegeben."* Oder: *„Andere haben es viel schlimmer gehabt."* Und vielleicht stimmt das sogar. Aber darum geht es hier nicht. **Es geht nicht um objektive Schwere. Es geht um deine innere Wahrheit.** Um das, was in dir geblieben ist. Um das, was dich immer noch beeinflusst, blockiert, schmerzt.

Deine Verletzungen zu erkennen, bedeutet nicht, dich als Opfer zu sehen. Es bedeutet, *dich ernst zu nehmen.* Es bedeutet, dir selbst zuzuhören. Es bedeutet, nicht mehr an dir vorbeizuleben. Sondern anzuhalten, hinzuspüren, zu fragen: *Was habe ich damals gebraucht? Und was brauche ich heute noch immer?*

Manchmal reicht ein einziger Satz, um eine Wunde zu benennen. Ein Satz wie:
„Ich habe mich nie sicher gefühlt."
„Ich wurde nie wirklich gesehen."
„Ich musste immer stark sein."
„Ich durfte nicht ich selbst sein."

Wenn du den Mut hast, solche Sätze zuzulassen – ohne sie sofort zu relativieren oder zu beschwichtigen – dann öffnet sich etwas in dir. Dann entsteht Raum. Raum für Tränen, für Trauer, für Wut. Raum für das Kind in dir, das endlich gehört werden will. **Und erst wenn dieses innere Kind sich sicher fühlt, gesehen und gehalten, kann wirkliche Heilung beginnen.**

Verletzungen zu erkennen bedeutet auch, die Schutzstrategien zu erkennen, die du entwickelt hast, um mit ihnen zu leben. Vielleicht hast du dich perfektioniert – um Kritik zu vermeiden. Vielleicht hast du dich angepasst – um nicht verlassen zu werden. Vielleicht hast du dich abgehärtet – um nie wieder so tief zu fühlen. All das waren einst schlaue Strategien. Sie haben dir geholfen, zu überleben. Aber heute verhindern sie vielleicht, dass du wirklich lebst.

Es braucht Mut, diese Schutzmechanismen zu entlarven. Denn sie geben dir Sicherheit. Und sie aufzugeben, fühlt sich an wie ein Kontrollverlust. Doch in Wahrheit ist es ein Schritt zurück zu dir selbst. **Denn wer du wirklich bist, liegt unter der Maske. Unter dem Panzer. Unter der Anpassung.**

Und genau deshalb beginnt wahre Selbstliebe dort, wo du dich traust, hinzusehen. Wo du bereit bist, dich zu fragen: *Was in mir tut noch weh? Wo trage ich noch etwas mit mir herum, das nicht gesehen wurde? Welche Gefühle habe ich nie wirklich gefühlt?*

Die Antworten auf diese Fragen wirst du nicht immer im Kopf finden. Oft kommen sie aus deinem Körper. Aus dem Gefühl in der Brust, wenn du ein bestimmtes Thema ansprichst. Aus dem Kloß im Hals, wenn du deinen Namen sagst. Aus der Spannung im Bauch, wenn du Nähe zulässt. Dein Körper erinnert sich – auch wenn dein Verstand vergessen hat. **Deshalb ist der Körper ein wichtiger Verbündeter auf dem Weg, alte Verletzungen zu erkennen.**

Vielleicht hilft es dir, bestimmte Situationen aus deiner Kindheit oder Jugend aufzuschreiben. Ohne Bewertung. Ohne Erklärung. Einfach nur: Was ist passiert? Wie hast du dich gefühlt? Was hast du gebraucht? Was hast du stattdessen gelernt? Diese Fragen führen dich zurück zu deinem Ursprung. Und sie führen dich nach vorn – denn sie ermöglichen dir, heute neue Entscheidungen zu treffen. Entscheidungen, die dich nicht mehr kleinhalten, sondern heilen.

Verletzungen zu erkennen ist ein Akt der Liebe. Es ist der Moment, in dem du dir selbst sagst: *„Ich bin bereit, mich wirklich zu sehen."* Nicht nur das Schöne, das Starke, das Erfolgreiche. Sondern auch das, was zerbrechlich ist. Was sich schämt. Was verletzt wurde. Denn nur wenn du **alle** Anteile in dir integrierst, kannst du ganz werden.

Vielleicht wirst du feststellen, dass es nicht nur um einzelne Wunden geht – sondern um ein ganzes Gewebe innerer Narben. Und das ist okay. Es zeigt, dass du gelebt hast. Dass du gefühlt hast. Dass du geliebt hast – auch wenn es wehgetan hat. **Diese Narben sind kein Zeichen von Schwäche. Sie sind der Beweis, dass du überlebt hast.** Und dass du jetzt bereit bist, mehr zu tun als nur zu überleben: *Du willst heilen. Du willst leben. Du willst lieben – zuerst dich selbst.*

Und genau hier beginnt der Wandel. Denn wenn du deine Verletzungen erkennst, beginnst du, dich selbst mit Mitgefühl zu betrachten. Nicht mit Selbstmitleid – sondern mit Liebe. Und aus dieser Liebe heraus kannst du dich fragen: *Was brauche ich heute? Was hilft mir, mich sicher zu fühlen? Wie kann ich dem Teil in mir, der verletzt wurde, heute etwas geben, was er damals gebraucht hätte?*

Vielleicht ist es Ruhe. Vielleicht Nähe. Vielleicht ein Nein. Vielleicht ein Ja. Vielleicht das einfache, stille Anerkennen: *„Ja, das hat wehgetan."* Und: *„Ich bin trotzdem hier."*

Verletzungen erkennen heißt nicht, in der Vergangenheit zu leben. Es heißt, **sie nicht länger leugnen zu müssen**, damit du in der Gegenwart frei sein kannst. Es heißt, dich von innen heraus neu zu bewohnen. Und es ist der erste Schritt auf einem Weg, der dich Stück für Stück zurückführt – **zu deinem Herzen.**

Denn nur was du annimmst, kannst du heilen.
Nur was du siehst, kannst du loslassen.
Nur was du liebst, kann sich verwandeln.

Und du bist es wert, genau das zu erleben. Von ganzem Herzen. Jetzt. Und in jedem Moment, den du dir dafür erlaubst.

Vergebung – dir selbst und anderen

Vergebung ist ein Wort, das so oft verwendet und so selten wirklich verstanden wird. Es klingt nach Größe, nach Frieden, nach Spiritualität – und doch ist es für viele ein Thema, das mit Widerstand, innerem Schmerz und Missverständnissen behaftet ist. Denn was bedeutet es wirklich, zu vergeben? Bedeutet es, das Unrecht gutzuheißen, das uns angetan wurde? Bedeutet es, zu vergessen, was war? Bedeutet es, sich mit Menschen zu versöhnen, die uns verletzt haben – selbst wenn sie kein Bedauern zeigen?

Vergebung ist nichts, was man beschließen oder einfach „tun" kann. Sie ist ein innerer Prozess – tief, langsam, persönlich. Und vor allem: **Sie beginnt immer bei dir selbst.**

Wenn wir über Heilung sprechen, über das Erkennen alter Verletzungen, über den Wunsch, uns selbst zu lieben, dann kommen wir um das Thema Vergebung nicht herum. Denn so lange wir Groll in uns tragen – gegen andere oder gegen uns selbst – binden wir unsere Energie an die Vergangenheit. So lange wir innerlich noch kämpfen, noch recht haben wollen, noch warten, dass jemand anders uns heilt oder sich endlich entschuldigt, sind wir nicht frei. **Und Selbstliebe braucht Freiheit.**

Vergebung bedeutet nicht, das Geschehene zu relativieren. Es bedeutet nicht, eine Grenze zu überschreiten, die du für dich gesetzt hast. Und es bedeutet ganz sicher nicht, dass du deine Erfahrungen in Frage stellen oder deine Gefühle unterdrücken sollst. **Vergebung bedeutet, dich selbst aus dem inneren Gefängnis zu entlassen, in dem dich der Schmerz hält.**

Beginnen wir bei der vielleicht schwersten Form der Vergebung: **der Selbstvergebung.**

Viele Menschen tragen tiefe Schuldgefühle in sich. Sie schämen sich für Dinge, die sie getan haben – oder unterlassen haben. Für Entscheidungen, die sie getroffen haben, für Worte, die sie gesagt haben, für Wege, die sie gegangen sind, obwohl sie gespürt haben, dass sie nicht richtig waren. Vielleicht hast du selbst Dinge getan, die du dir bis heute nicht verzeihen kannst. Vielleicht trägst du eine leise, aber stetige Stimme in dir, die sagt: *„Ich hätte es besser wissen müssen."* *„Ich war nicht stark genug."* *„Ich habe mich selbst verraten."*

Diese innere Schuld ist oft die tiefste Wunde. Und sie verhindert, dass du dich annehmen kannst. Denn wie solltest du dich selbst lieben, wenn du im Innersten glaubst, dass du es nicht verdient hast?

Doch Schuld ist selten so einfach, wie sie scheint. Sie ist oft ein Deckmantel für tieferliegende Gefühle: Scham, Angst, Einsamkeit. Und sie entsteht oft in Momenten, in denen wir schlicht nicht anders handeln konnten – weil uns die Reife, die Sicherheit, das Mitgefühl oder das Bewusstsein fehlte.

Du kannst nur so handeln, wie es deinem damaligen Bewusstseinszustand entspricht. Du kannst heute Dinge sehen, die du damals nicht sehen konntest. Und das ist kein Grund für Verurteilung – das ist ein Zeichen von Wachstum.

Selbstvergebung bedeutet, dir selbst mit einem neuen Blick zu begegnen. Nicht mit Ausreden, nicht mit Bagatellisierung – sondern mit radikaler Ehrlichkeit und gleichzeitig radikaler Liebe. Es bedeutet, anzuerkennen, was war. Es bedeutet, Verantwortung zu übernehmen – und gleichzeitig anzuerkennen, dass du ein Mensch bist, kein fehlerfreies Wesen. Es bedeutet zu sagen: *„Ja, ich habe Fehler gemacht. Ja, ich habe mich selbst verletzt. Ja, ich habe anderen wehgetan. Aber ich bin bereit, mich damit auszusöhnen."*

Diese Haltung ist keine Schwäche. Sie ist pure Stärke. Denn sie bringt dich zurück in deine Selbstachtung. Nicht in eine oberflächliche Selbstbestätigung – sondern in eine tiefe innere Würde, die aus deiner Bereitschaft zur Wahrheit erwächst.

Ein Weg zur Selbstvergebung kann darin bestehen, das Gespräch mit deinem inneren Kind zu suchen. Stell dir vor, du begegnest dir selbst als Kind – verletzlich, neugierig, voller Hoffnung. Würdest du dieses Kind für seine Fehler verurteilen? Oder würdest du es in den Arm nehmen und sagen: *„Du hast dein Bestes gegeben. Und du darfst trotzdem geliebt werden."* Genau diese Liebe brauchst du – und nur du kannst sie dir geben.

Neben der Selbstvergebung steht die Vergebung gegenüber anderen Menschen. Und auch hier ist es wichtig, den Prozess nicht zu überstürzen. **Vergebung ist keine Pflicht. Sie ist eine Einladung.** Und du entscheidest, ob und wann du sie annimmst.

Vielleicht gibt es Menschen in deinem Leben, die dich zutiefst verletzt haben. Vielleicht war da emotionale Kälte, Gewalt, Verrat, Missbrauch. Vielleicht wurdest du ignoriert, manipuliert, zurückgewiesen. Es gibt Dinge, die kann man nicht „vergeben", weil sie tief gegen deine Integrität, deine Unversehrtheit, deinen Wert als Mensch verstoßen haben. Und dennoch – irgendwann spürst du vielleicht: *Ich will mich lösen.* Nicht für den anderen. **Für mich.**

Denn so lange du innerlich festhältst – an der Wut, am Schmerz, an der Erwartung einer Entschuldigung – so lange bleibst du emotional gebunden. Vergebung bedeutet nicht, dass du in Beziehung mit dem Menschen trittst, der dich verletzt hat. Es bedeutet nicht, dass du vergisst. Es bedeutet, **dass du dich entscheidest, dich nicht länger vom Vergangenen bestimmen zu lassen.**

Ein kraftvoller Satz in diesem Zusammenhang kann sein:
„Ich vergebe dir – nicht, weil du es verdienst. Sondern weil ich mich befreie."

Vergebung heißt nicht, dass alles wieder gut ist. Es heißt, dass du das Gute in deinem Leben nicht länger davon abhängig machst, dass die Vergangenheit sich anders verhält. Es heißt, dass du *heute* entscheidest, deinen eigenen inneren Frieden wichtiger zu nehmen als den Wunsch nach Gerechtigkeit.

Oft ist der erste Schritt zur Vergebung nicht ein großes Ritual, sondern ein inneres Zurechtrücken. Ein Loslassen. Ein Stillwerden. Ein *Nicht-mehr-Kämpfen-müssen.* Und manchmal ist Vergebung keine Entscheidung, sondern ein leiser Prozess, der mit einem einzigen Gedanken beginnt: *„Ich will frei sein."*

Vergebung ist nicht linear. Sie verläuft in Wellen. Es kann sein, dass du glaubst, vergeben zu haben – und Jahre später kommt die Wut wieder. Das ist kein Rückschritt. Es ist ein Teil des Weges. Denn jede neue Lebensphase bringt neue Perspektiven, neue Ebenen deiner Geschichte zum Vorschein. Und jede davon darf noch einmal gesehen, betrauert und befreit werden.

Manchmal hilft ein Brief – an dich selbst oder an jemanden, dem du vergeben möchtest. Ein Brief, den du nicht abschickst. In dem du alles sagst, was noch in dir ist. Deine Wut. Deinen Schmerz. Deine Trauer. Dein Vermissen. Dein Zorn. Und dann: deine Wahrheit. Deine Entscheidung, dich nicht länger zu binden. Dich nicht länger kleinzuhalten. Dich nicht länger definieren zu lassen.

Vergebung ist nicht das Ende der Heilung – aber sie ist ein Tor. **Ein Tor zu dir selbst.** Wenn du dir selbst vergibst, findest du den Weg zurück in deine Würde. Wenn du anderen vergibst, findest du den Weg zurück in deine Freiheit.

Und genau darum geht es in diesem Buch, in diesem Kapitel, in deinem Weg:
Nicht darum, perfekt zu sein.
Nicht darum, alles zu vergessen.
Sondern darum, **ganz zu werden.**

Vergebung ist der Schritt, der dich daran erinnert:
Du bist nicht deine Wunden.
Du bist nicht dein Schmerz.
Du bist nicht das, was dir passiert ist.

Du bist der Mensch, der daraus erwächst – mit jedem Schritt mehr bei sich, mehr im Herzen, mehr in Liebe. Und das ist der größte Akt der Selbstliebe, den du dir selbst schenken kannst.

Emotionale Blockaden lösen

Heilung ist kein linearer Prozess. Sie ist nicht das Ziel einer klaren Route, auf der du Station für Station abhaken kannst. Sie ist eher wie eine Landschaft, die du durchwanderst – manchmal im Licht, manchmal im Nebel, manchmal mit schwerem Gepäck. Und manchmal stößt du dabei auf Stellen, an denen du nicht weiterkommst. **Es sind die inneren Blockaden – die unsichtbaren Mauern, die du in dir selbst errichtet hast, um dich zu schützen, und die dich heute daran hindern, dich ganz zu entfalten.**

Emotionale Blockaden entstehen nicht zufällig. Sie sind Antworten deines Systems auf Erfahrungen, die zu schmerzhaft, zu überfordernd oder zu beschämend waren, um sie vollständig zu verarbeiten. Damals hattest du vielleicht nicht die Kraft, nicht die Sprache, nicht die Unterstützung, um diese Erfahrungen in dein Bewusstsein zu integrieren. Also hat dein Inneres eine Lösung gefunden: Es hat dich abgespalten, distanziert, verschlossen. **Was nicht gefühlt werden konnte, wurde eingeschlossen.**

Doch das Problem dabei ist: Was du einmal weggesperrt hast, bleibt nicht einfach still. Es wirkt weiter – wie ein unterirdischer Strom, der dein Denken, dein Fühlen, dein Handeln beeinflusst, ohne dass du genau weißt, warum. Emotionale Blockaden zeigen sich in verschiedensten Formen: Vielleicht fühlst du dich oft wie abgeschnitten von dir selbst. Vielleicht reagierst du übermäßig stark in bestimmten Situationen. Vielleicht vermeidest du Nähe oder verlierst dich in ihr. Vielleicht sabotierst du dich selbst, obwohl du dir so sehr Veränderung wünschst.

Die Wahrheit ist: Solche Blockaden sind nicht „falsch". Sie sind nicht deine Schwäche. Sie sind **eine Form von Intelligenz**, die dein System entwickelt hat, um dich zu schützen. Aber was einst ein Schutz war, ist heute oft ein Gefängnis. Und der Weg zur Selbstliebe führt dich genau durch diese inneren Räume, in denen du bisher lieber nicht warst.

Doch wie kannst du emotionale Blockaden überhaupt erkennen – geschweige denn lösen?

Zunächst braucht es Bewusstsein. Du darfst lernen, dich selbst aufmerksam zu beobachten – nicht mit Kontrolle, sondern mit neugieriger Offenheit. Wann reagierst du unangemessen heftig? Wann ziehst du dich zurück, obwohl du dich nach Verbindung sehnst? Wann wirst du hart zu dir selbst, obwohl du eigentlich Trost brauchst?

Emotionale Blockaden zeigen sich oft dann, wenn etwas in der Gegenwart dein inneres Alarmsystem aktiviert – nicht, weil die Situation tatsächlich bedrohlich ist, sondern weil sie dich unbewusst an etwas erinnert, das früher gefährlich war. **Ein misstrauischer Blick, ein genervter Tonfall, eine körperliche Nähe, ein Gefühl von Kontrollverlust – all das kann alte, unbewusste Speicher reaktivieren.**

Der erste Schritt zur Lösung ist also: **Erkennen.** Nicht verdrängen. Nicht analysieren. Einfach nur da sein lassen, was ist. Ein achtsames Spüren. Ein langsames Anfreunden mit dem, was du bisher vermieden hast.

Der zweite Schritt ist: **Fühlen.** Und das ist der schwerste Teil. Denn was du einmal abgespalten hast, tut weh. Es ist Trauer, Wut, Angst, Scham – Gefühle, die du vielleicht dein ganzes Leben lang unter Kontrolle gehalten hast. Doch Selbstliebe bedeutet nicht, immer „okay" zu sein. Sie bedeutet, **dir selbst zu erlauben, echt zu sein.** Und echt sein heißt: zu fühlen, was gefühlt werden will.

Manchmal genügt es, innezuhalten. Dich hinzusetzen, die Augen zu schließen, den Atem zu spüren – und deinem Körper zu erlauben, zu sprechen. Denn der Körper weiß. Vielleicht steigen Tränen auf, ohne dass du weißt, warum. Vielleicht kommt eine Erinnerung. Vielleicht nur ein diffuses Gefühl. Lass es da sein. Atme. Bleib bei dir. Du musst nichts lösen. Du darfst nur fühlen. Und in diesem Fühlen beginnt sich etwas zu verändern.

Der dritte Schritt ist: **Annehmen.** Nicht bewerten. Nicht korrigieren. Einfach anerkennen: *„Ja, das ist in mir."* Nicht als Defizit, sondern als Teil deiner Geschichte. Jeder Mensch trägt Blockaden in sich. Jeder Mensch hat Verletzungen. Was dich heilt, ist nicht das Vermeiden dieser Anteile – sondern das liebevolle Integrieren.

Und genau hier geschieht die eigentliche Magie: **Was angenommen wird, beginnt sich zu wandeln.** Eine Blockade, die du nicht mehr bekämpfst, sondern liebevoll betrachtest, verliert ihre Macht. Sie wird nicht sofort verschwinden – aber sie wird durchlässiger. Weicher. Du wirst merken, dass du dich wieder bewegst, wo du vorher erstarrt warst.

Manchmal braucht es Unterstützung auf diesem Weg – durch Therapie, durch Körperarbeit, durch achtsame Begleitung. Du musst diesen Weg nicht allein gehen. Doch die Entscheidung, ihn zu beginnen, liegt immer bei dir. Niemand sonst kann deine Blockaden für dich lösen. **Denn nur du hast den Schlüssel.**

Und dieser Schlüssel ist: Mitgefühl.

Mitgefühl für dich selbst. Für dein inneres Kind. Für all die Versionen deiner selbst, die in schwierigen Momenten überlebt haben, obwohl sie sich verlassen, verletzt oder nicht genug gefühlt haben. **Mitgefühl ist das Gegengift zu emotionaler Starre. Es öffnet Räume. Es heilt.**

Vielleicht wirst du feststellen, dass manche Blockaden hartnäckig sind. Dass sie sich immer wieder zeigen – in Beziehungen, in Entscheidungen, in der Art, wie du mit dir sprichst. Das ist kein Zeichen von Scheitern. Es ist ein Zeichen von Tiefe. **Heilung ist eine Spirale, kein gerader Weg.** Du kommst immer wieder an denselben Themen vorbei – aber auf einer neuen Ebene. Mit mehr Bewusstsein. Mit mehr Liebe. Mit mehr du.

Emotionale Blockaden zu lösen bedeutet auch, sich selbst in einem neuen Licht zu begegnen. Nicht mehr nur als Reaktion auf die Welt – sondern als schöpferisches Wesen, das bewusst wählt. Wählt, wie es mit sich spricht. Wählt, was es glaubt. Wählt, was es loslässt.

Manche Menschen glauben, dass Selbstliebe nur aus positiven Gedanken besteht. Aus Affirmationen, aus „Ich bin genug"-Mantras. Und ja – all das kann kraftvoll sein. Doch wahre Selbstliebe beginnt tiefer. **Sie beginnt dort, wo du bereit bist,**

deine tiefsten Schatten zu umarmen. Wo du nicht nur deine Stärken anerkennst, sondern auch deine Schutzmuster. Wo du dich nicht für deine Wunden schämst – sondern sie als Teil deiner Würde anerkennst.

Vielleicht hast du Blockaden, die dich seit Jahren begleiten. Vielleicht hast du Bereiche in dir, die sich taub anfühlen, verschlossen, unerreichbar. Vielleicht gibt es Themen, bei denen du immer wieder ins alte Muster fällst – obwohl du längst weißt, woher es kommt. Verurteile dich nicht dafür. **Du bist auf dem Weg.** Und jeder Schritt auf diesem Weg – jede Träne, jede Erkenntnis, jede kleine Öffnung – ist ein Akt der Heilung.

Emotionale Blockaden sind nicht dein Feind. Sie sind ein Teil deiner Geschichte. Sie erzählen von deinem Mut, von deinem Überleben, von deinem Versuch, dich zu schützen. Und jetzt ist die Zeit, ihnen liebevoll zu begegnen. Nicht, um sie wegzumachen. Sondern um dich selbst wieder ganz zu machen.

Denn am Ende geht es nicht darum, blockadenfrei zu sein. Es geht darum, dich **so anzunehmen, wie du bist** – mit allem, was in dir lebt. Und aus dieser Annahme heraus wirst du spüren: Die Energie beginnt zu fließen. Die Liebe beginnt zu wachsen. Und das Leben – dein Leben – beginnt, sich von innen heraus zu verändern.

Fazit

Heilung ist kein einmaliges Ereignis. Sie ist ein lebendiger, stetiger Prozess, der sich in Spiralen vollzieht – sanft, intensiv, manchmal schmerzhaft, aber immer mit dem Ziel, dich mehr mit dir selbst zu verbinden. Wenn du dich auf den Weg machst, deine alten Wunden zu heilen, betrittst du einen Raum tiefer Ehrlichkeit, radikaler Selbstannahme und wachsender innerer Stärke. Und dieser Weg, so herausfordernd er auch sein mag, ist vielleicht der mutigste Schritt, den du je in Richtung Selbstliebe gehen wirst.

In diesem Kapitel hast du dich drei der zentralen Pfeiler deiner Heilungsreise gestellt: Du hast gelernt, **Verletzungen zu erkennen**, sie ernst zu nehmen und sie nicht länger zu bagatellisieren oder wegzuschieben. Du hast dich mit dem Konzept der **Vergebung** auseinandergesetzt – nicht als bloße moralische Tugend, sondern als innerer Befreiungsakt, der dir ermöglicht, wieder zu atmen, zu leben, zu lieben. Und du hast erfahren, wie wichtig es ist, **emotionale Blockaden zu lösen**, weil sie dir sonst die Verbindung zu deinem wahren Selbst und deinem Potenzial rauben.

Vielleicht hast du beim Lesen gespürt, wie deine eigene Geschichte in diesen Zeilen mitschwingt. Vielleicht sind Erinnerungen aufgetaucht, Gefühle, Fragen. Das ist gut so. Denn der erste Schritt zu echter Heilung ist immer: **Zulassen.** Nur was gefühlt wird, kann sich verändern. Nur was anerkannt wird, kann sich verwandeln.

Die Arbeit mit den eigenen Wunden verlangt dir viel ab. Sie fordert Präsenz, Mitgefühl, Geduld – vor allem mit dir selbst. Denn du wirst auf Teile in dir treffen, die du vielleicht jahrzehntelang übergangen hast. Du wirst auf Schmerz stoßen, der dich mit einem Mal wieder klein, wieder hilflos fühlen lässt. Doch du wirst auch erleben, dass genau in diesen Momenten **eine neue Kraft in dir erwacht**: Die Kraft, dich selbst zu halten. Die Kraft, dich nicht mehr zu verurteilen. Die Kraft, deinem inneren Kind zu sagen: *„Ich bin jetzt da."*

Wenn du beginnst, dich mit deinem inneren Erleben zu verbinden, wirst du merken, wie sehr sich dein Blick auf dich selbst verändert. Du siehst plötzlich nicht mehr nur die Symptome – das ständige Funktionieren, die Angst vor Nähe, die Unsicherheit, das Gefühl, nie genug zu sein. Du erkennst die Ursachen dahinter. Du erkennst das verletzte Ich – das früher allein war, zu viel tragen musste, zu wenig gesehen wurde. Und anstatt es abzulehnen, beginnst du, **es in den Arm zu nehmen.**

Das ist der Kern von Heilung: *Innere Integration.* Alles, was du einst abgespalten hast – die Wut, die Trauer, die Scham, die Angst – darf zurückkehren. Nicht, um dich zu beherrschen, sondern um wieder Teil deines inneren Ganzen zu werden. Und je mehr du dich ganz annimmst, desto weniger wirst du von dir selbst getrennt sein. Je mehr du dich selbst verstehst, desto leichter wird es dir fallen, auch andere Menschen mit mehr Mitgefühl zu betrachten. Denn du weißt: Jeder Mensch trägt Wunden. Jeder Mensch kämpft auf seine Weise. **Und jeder Mensch sehnt sich danach, heil zu sein.**

Es gibt keine Abkürzungen auf dem Weg der Heilung. Es gibt keine perfekten Methoden, keine garantierten Ergebnisse. Aber es gibt **deinen eigenen, individuellen Rhythmus**. Es gibt deine Intuition, dein Herz, dein inneres Wissen, das dir sagt, wann du bereit bist, tiefer zu gehen. Und es gibt Momente der Gnade – diese leisen Augenblicke, in denen du spürst: *Ich bin auf dem richtigen Weg. Ich werde ganz. Ich bin mehr, als meine Wunde.*

Vielleicht wirst du deine alten Verletzungen nie ganz vergessen. Vielleicht wird der Schmerz immer mal wieder anklopfen. Aber mit jedem bewussten Schritt, den du gehst, wird er seine Macht über dich verlieren. Er wird nicht mehr deine Entscheidungen dominieren, nicht mehr deine Beziehungen sabotieren, nicht mehr dein Selbstbild verzerren. **Er wird dich nicht mehr definieren.** Denn du bist nicht das, was dir passiert ist. Du bist das, was du daraus machst.

Und was du daraus machen kannst, ist groß: Du kannst **in dir selbst ein Zuhause finden**, das unabhängig ist von äußeren Umständen. Du kannst dir selbst die Geborgenheit schenken, nach der du dich so lange gesehnt hast. Du kannst lernen, für dich da zu sein – ehrlich, präsent, liebevoll. Und du wirst sehen: Je mehr du dich selbst heilst, desto klarer wird deine Verbindung zu deinem Herzen. Desto mehr wird aus Schmerz Mitgefühl. Aus Schwere Tiefe. Aus Leere Fülle.

Heilung ist nicht das Ende von Schmerz. **Heilung ist die Fähigkeit, mit dem Schmerz in Liebe zu leben.**

Und genau das ist die Basis von Selbstliebe: **Nicht, perfekt zu sein, sondern ganz.** Nicht, nie zu zweifeln, sondern dich auch in deinen Zweifeln liebevoll zu begleiten. Nicht, alle Antworten zu kennen, sondern dir selbst die wichtigste Frage zu stellen: *Was brauche ich gerade – wirklich?*

In diesem Kapitel hast du den Mut aufgebracht, dorthin zu schauen, wo es wehtut. Du hast begonnen, die Geschichten hinter deinen Gefühlen zu verstehen. Du hast erkannt, dass Heilung möglich ist – und dass sie in dir beginnt.

Jetzt liegt es an dir, diesen Weg weiterzugehen. Nicht auf einmal. Nicht unter Druck. Sondern **Schritt für Schritt, in deinem Tempo, mit deinem Herzen als Kompass.**

Denn du verdienst es, heil zu sein.
Du verdienst es, frei zu sein.
Du verdienst es, dich selbst zu lieben – ganz, tief und wahrhaftig.

Kapitel 4: Selbstfürsorge lernen

Die Praxis der Liebe zu dir selbst

Einleitung: Was Selbstfürsorge wirklich bedeutet – jenseits von Wellness-Klischees

Wenn du das Wort *Selbstfürsorge* hörst, was kommt dir in den Sinn? Vielleicht ein heißes Bad, eine Massage, ein freier Tag mit einem guten Buch oder ein ausgedehnter Spaziergang. Vielleicht denkst du an Achtsamkeit, Meditieren oder gesunde Ernährung. Und das ist verständlich, denn in unserer heutigen Welt wird Selbstfürsorge häufig mit bestimmten Aktivitäten verbunden, die Ruhe, Genuss oder Entspannung versprechen. In sozialen Medien begegnet dir das Konzept oft in Form ästhetischer Bilder: Kerzenlicht, Tassen Tee, Yoga-Posen bei Sonnenuntergang.

Doch Selbstfürsorge ist **viel mehr als das**. Sie ist nicht bloß ein Lifestyle-Element, kein weiteres To-do auf deiner Liste, kein Produkt, das du kaufen kannst. Selbstfürsorge ist **eine Haltung, eine innere Entscheidung, ein lebendiger Ausdruck von Selbstliebe** – tief, ehrlich und manchmal auch unbequem. Sie beginnt nicht dort, wo es sich hübsch anfühlt, sondern dort, wo du **wirklich** bei dir ankommst.

Denn was nützt dir das Schaumbad, wenn du gleichzeitig deine Bedürfnisse ignorierst? Was bringt dir ein Achtsamkeits-Workshop, wenn du dich innerlich unter Druck setzt, alles „richtig" zu machen? Was hilft dir das grüne Smoothie, wenn du dir selbst gegenüber hart, kritisch oder abwertend bleibst?

Echte Selbstfürsorge beginnt nicht auf der Yogamatte – sie beginnt in dem Moment, in dem du innehältst und dich fragst: *Was brauche ich wirklich – jetzt, in diesem Augenblick?* Und die Antwort darauf kann ganz anders ausfallen, als du vielleicht erwartest. Manchmal brauchst du Stille, manchmal Bewegung. Manchmal brauchst du Nähe, manchmal Raum für dich. Manchmal brauchst du Struktur, manchmal Loslassen. **Selbstfürsorge ist die Kunst, dich selbst so gut kennenzulernen, dass du lernst, dir genau das zu geben, was dich nährt.**

Dafür musst du dich selbst ernst nehmen – nicht nur in deinen „starken" Momenten, sondern gerade in deiner Verletzlichkeit. Du musst bereit sein, deinen Körper zu spüren, deine Emotionen wahrzunehmen, deine Grenzen zu achten. Du darfst lernen, dich selbst **wie eine geliebte Person** zu behandeln. Nicht weil du erst dann wertvoll bist, wenn du gut funktionierst – sondern gerade weil du *immer* wertvoll bist. **Auch wenn du müde bist. Auch wenn du zweifelst. Auch wenn du nicht weiterweißt.**

Selbstfürsorge bedeutet, dich selbst nicht im Stich zu lassen – nicht mehr. Es bedeutet, dich nicht auszuzehren, um Erwartungen zu erfüllen. Es bedeutet, aufzuhören, dich ständig zu übergehen, um anderen zu gefallen. Es bedeutet, deine Energie als etwas Kostbares zu begreifen – nicht als etwas, das du endlos verteilen kannst, sondern als Ressource, die du schützen, pflegen und aufladen darfst.

Viele Menschen, vor allem Frauen und queere Personen, haben gelernt, dass Fürsorge immer zuerst den anderen gilt. Dass man „selbstlos" sein soll, „bescheiden", „nicht so empfindlich". Dass es egoistisch sei, für sich selbst zu sorgen. Aber genau diese Muster führen oft dazu, dass wir uns selbst verlieren – in Beziehungen, im Job, im Alltag. Wir hören auf, uns zu spüren. Wir machen weiter, auch wenn wir innerlich längst erschöpft sind. Wir funktionieren – aber wir leben nicht wirklich.

Echte Selbstfürsorge bricht mit diesen alten Geschichten. Sie schreibt eine neue – eine, in der du **die Hauptfigur deines eigenen Lebens bist**. Eine, in der du nicht erst alles für andere getan haben musst, um dir selbst etwas Gutes zu tun. Eine, in der du dir erlaubst, auch mal „nein" zu sagen, ohne dich schuldig zu fühlen. Eine, in der du spürst: *Ich darf für mich sorgen. Ich darf mich wichtig nehmen. Ich darf mir selbst Liebe schenken – jeden Tag.*

Und ja, Selbstfürsorge kann weich sein – wohltuend, beruhigend, sinnlich. Aber sie kann auch kraftvoll sein, klar, manchmal sogar unbequem. Manchmal ist Selbstfürsorge ein klares „Stopp!". Ein bewusstes Grenzenziehen. Ein Kündigen, ein Verlassen, ein Aufstehen. Manchmal ist Selbstfürsorge das Gespräch, das du seit Jahren meidest. Die Entscheidung, nicht mehr mitzuspielen. Der Schritt raus aus alten Mustern. Und genau deshalb braucht Selbstfürsorge Mut – **den Mut, dir selbst zu begegnen, mit allem, was du bist.**

In diesem Kapitel werden wir gemeinsam erkunden, wie du Selbstfürsorge neu verstehen kannst. Wir werden uns anschauen, wie du **Körper, Geist und Seele nährst**, jenseits von oberflächlichen Tipps und Trends. Wir werden darüber sprechen, warum **Grenzen setzen** kein Akt der Härte, sondern ein Ausdruck tiefster Selbstachtung ist. Und wir werden entdecken, wie **Rituale im Alltag** dir helfen können, dich immer wieder mit dir selbst zu verbinden – sanft, kraftvoll, liebevoll.

Dieses Kapitel lädt dich ein, Selbstfürsorge nicht mehr als optionales Extra zu betrachten, sondern als Grundlage deiner Selbstliebe. Als tägliche Praxis, die dich nicht nur stärkt, sondern dich auch immer wieder daran erinnert, wer du bist – und dass du es wert bist, gut mit dir umzugehen.

Denn genau das ist das Herz dieses Buches: **Du lernst, dich selbst zu lieben – nicht nur in der Theorie, sondern in der täglichen Praxis.**

Und Selbstfürsorge ist diese Praxis.
Sie ist gelebte Selbstliebe.
Sie ist dein täglicher Ausdruck: *Ich bin es mir wert.*

Körper, Geist und Seele nähren

Wenn wir von Selbstfürsorge sprechen, wird oft nur an die Oberfläche gedacht: eine warme Badewanne, ein freier Nachmittag oder ein Spaziergang in der Natur. Doch wahre Selbstfürsorge geht viel tiefer. Sie fragt nicht nur, was sich gerade gut anfühlt, sondern was uns in unserer Tiefe wirklich nährt. Sie betrachtet den Menschen in seiner Ganzheit – mit seinem Körper, seinem Geist und seiner Seele – und sucht Wege, alle diese Ebenen liebevoll zu versorgen. Denn nur wenn wir uns in dieser Ganzheit wahrnehmen und pflegen, können wir innerlich heilen, wachsen und aufblühen.

Körper, Geist und Seele – diese drei Dimensionen unseres Seins sind untrennbar miteinander verbunden. Jede von ihnen wirkt auf die andere ein. Ein unausgeglichener Geist kann den Körper krank machen. Ein erschöpfter Körper kann der Seele die Lebendigkeit rauben. Und eine verletzte Seele kann sowohl Geist als auch Körper lähmen. Wer Selbstfürsorge ernst meint, beginnt also mit einer tiefen Achtsamkeit für das Zusammenspiel dieser drei Kräfte – und mit dem Wunsch, sie in Einklang zu bringen.

Die Fürsorge für den Körper beginnt mit dem, was wir ihm täglich geben: Nahrung, Bewegung, Ruhe und Zuwendung. Doch es geht dabei nicht nur um Regeln oder Empfehlungen, sondern um ein liebevolles Spüren: Was tut meinem Körper gut? Was braucht er wirklich? Der Körper ist kein Gegner, kein Feindbild, das es zu bekämpfen gilt, sondern ein Gefährte. Ein Zuhause, das wir bewohnen. Und dieses Zuhause verdient Fürsorge, Aufmerksamkeit und Respekt.

Oft sind es nicht große Veränderungen, sondern kleine, konsequente Gesten, die einen Unterschied machen. Ein bewusstes Glas Wasser am Morgen. Eine Mahlzeit, die nicht nur satt macht, sondern auch nährt. Eine Pause, in der du dich hinsetzt, die Augen schließt und einfach nur atmest. Die Bereitschaft, auf Müdigkeit zu hören, statt sie zu übergehen. Oder der Mut, Hilfe zu holen, wenn dein Körper Schmerz oder Erschöpfung signalisiert. Es geht nicht um Perfektion. Es geht darum, deinen Körper nicht länger als Objekt zu behandeln, das funktionieren muss, sondern als Teil deines Selbst, das fühlen, leben, atmen darf.

Dabei darfst du dich auch von alten Mustern lösen. Vielleicht hast du gelernt, deinen Körper zu bewerten, zu kritisieren oder gar zu bestrafen. Vielleicht hast du Jahre damit verbracht, ihn zu optimieren oder zu kontrollieren. Doch wahre Selbstfürsorge beginnt dort, wo du aufhörst, dich selbst zu bekämpfen. Wo du beginnst, deinen Körper als wertvoll zu erkennen – unabhängig von seinem Aussehen, seiner Leistungsfähigkeit oder seiner Konformität mit äußeren Idealen.

Dein Körper ist nicht nur ein Transportmittel für deinen Geist. Er ist ein Speicher deiner Geschichte, ein Ausdruck deiner Lebenskraft, ein Träger deiner Intuition. Wenn du ihn achtest, ehrst du auch deine Erfahrungen, deine Gefühle und deine innere Wahrheit. Körperliche Fürsorge bedeutet deshalb auch, in Verbindung zu treten: mit deiner Atmung, mit deinen Sinnen, mit deinem Rhythmus. Sie bedeutet, liebevoll mit dir zu sein, auch wenn dein Körper nicht „funktioniert", wenn er sich verändert oder wenn er leidet. Selbstfürsorge heißt: *Ich bleibe bei mir. Ich höre zu. Ich bin da.*

Und wie sieht Fürsorge für den Geist aus? Der Geist ist das Zentrum unserer Gedanken, Vorstellungen und Bewertungen. Er ist unglaublich kraftvoll – und oft zugleich überfordert, getrieben oder verfangen in alten Schleifen. Die Fürsorge für den Geist beginnt dort, wo du innehältst. Wo du aufhörst, zu reagieren, und beginnst, zu beobachten. Wo du dir selbst Raum gibst, um nachzudenken, zu reflektieren, zu verstehen.

Wir alle sind geprägt von Glaubenssätzen, inneren Stimmen und Weltbildern, die oft nicht wirklich unsere eigenen sind. Die Fürsorge für den Geist bedeutet, diese Prägungen zu erkennen – und zu hinterfragen. Sie bedeutet, Gedankenmuster zu durchleuchten und zu prüfen, ob sie dir wirklich dienen. Sie lädt dich ein, innerlich aufzuräumen, loszulassen und neue Perspektiven zu entdecken.

Dabei geht es nicht um Kontrolle, sondern um Bewusstsein. Nicht darum, alles „richtig" zu denken, sondern zu erkennen, was du denkst – und wie es dich beeinflusst. Der Geist ist wie ein Garten: Was du ihm gibst, wächst. Wenn du ihn mit Angst, Selbstkritik oder Schuld fütterst, wird er eng und düster. Wenn du ihn mit Mitgefühl, Offenheit und Vertrauen nährst, wird er weit und friedlich.

Fürsorge für den Geist kann viele Formen annehmen. Ein achtsames Gespräch. Ein gutes Buch. Eine tägliche Praxis der Stille. Schreiben, Lesen, Lernen. Oder auch das bewusste Aussteigen aus Informationsfluten, Vergleichen oder Leistungsdruck. Es bedeutet, deinem Geist zu erlauben, zu ruhen – und zu wachsen. Ihm das zu geben, was ihn stärkt, statt ihn zu überfordern. Und immer wieder die Frage zu stellen: Was ist jetzt wirklich wichtig?

Und dann ist da noch die Seele – dieser oft schwer fassbare, aber zutiefst spürbare Teil von uns. Die Seele ist das, was uns berührt, was uns verbindet, was uns ruft. Sie ist nicht laut, aber tief. Nicht greifbar, aber unendlich lebendig. Und sie ist oft die Stimme, die wir am meisten überhören. Die Fürsorge für die Seele beginnt dort, wo du deiner inneren Wahrheit Raum gibst. Wo du nicht mehr nur funktionierst, sondern fühlst. Wo du dich erinnerst, wer du bist – jenseits aller Rollen, Erwartungen und Masken.

Was nährt deine Seele? Vielleicht ist es Musik. Vielleicht ist es ein Spaziergang im Wald. Vielleicht ist es Stille, Kreativität, ein Gespräch von Herz zu Herz. Vielleicht ist es das Schreiben, das Malen, das Singen. Oder das Staunen über einen Sonnenaufgang. Die Seele lebt von Echtheit, von Berührung, von Sinn. Sie braucht keine Erklärung – sie braucht Resonanz.

Selbstfürsorge auf seelischer Ebene heißt, dir selbst zu erlauben, du zu sein. Es heißt, deine Sehnsucht ernst zu nehmen, deinen Schmerz zu würdigen, deine Freude zu feiern. Es heißt, dich nicht zu verlieren in einem Leben, das anderen gehört – sondern zu dir zurückzukehren, immer wieder. Nicht, um perfekt zu sein, sondern um *ganz* zu sein.

Und vielleicht ist das die tiefste Wahrheit der Selbstfürsorge: Dass sie nicht in To-do-Listen besteht, sondern in einer Haltung. In der Bereitschaft, dir selbst ein guter Mensch zu sein. In dem Mut, dich selbst wichtig zu nehmen – nicht auf Kosten anderer, sondern im Dienst an deinem inneren Gleichgewicht. Denn nur, wer sich selbst nährt, kann aus vollem Herzen geben. Nur, wer sich selbst liebt, kann Liebe weitertragen. Nur, wer bei sich ist, kann wirklich da sein – für andere und für das Leben selbst.

Selbstfürsorge ist ein täglicher Akt der Liebe. Kein Luxus, kein Zusatz, kein „wenn noch Zeit ist", sondern die Grundlage für alles, was du bist und tust. Und sie beginnt immer jetzt. In diesem Moment. In deinem Atem. In deinem Körper. In deinem Herzen.

Sie ist kein Zustand, den du erreichen musst, sondern ein Weg, den du gehen darfst – Schritt für Schritt. Und auf diesem Weg darfst du dich selbst entdecken:

als Mensch mit einem Körper, einem Geist und einer Seele, die alle drei genährt werden wollen. Mit Achtsamkeit. Mit Respekt. Mit Zärtlichkeit.

Denn du bist es wert.

Grenzen setzen lernen

Grenzen sind keine Mauern. Sie sind keine Abgrenzung im Sinne einer Flucht, sie sind kein Rückzug aus Angst, kein kaltes „Nein" aus Trotz oder Bitterkeit. Grenzen sind ein Akt der Liebe – **zu dir selbst** und damit auch zu anderen. Sie sind die Linien, die du ziehst, um deinen inneren Raum zu schützen. Jenen Raum, in dem du wachsen, atmen, heilen und du selbst sein kannst. Grenzen zu setzen ist eine Praxis der Selbstfürsorge, vielleicht eine der wichtigsten überhaupt, denn ohne sie verschenkst du dich. Und zwar nicht im liebevollen, freien Sinne, sondern im schmerzhaften Verlust deiner selbst.

Grenzen beginnen dort, wo du **dich selbst ernst nimmst**. Wo du aufhörst, zu gefallen, um geliebt zu werden. Wo du anfängst, dich zu achten, auch wenn das bedeutet, jemand anderem vor den Kopf zu stoßen. Die große Herausforderung dabei ist: Wir leben in einer Gesellschaft, die oft lieber Menschen sieht, die sich anpassen, funktionieren, durchhalten – als solche, die sagen: „Bis hierhin und nicht weiter." Besonders Menschen, die früh gelernt haben, sich über Fürsorge für andere zu definieren, fällt das Grenzensetzen schwer. Denn tief in ihnen lebt die Angst, durch ein „Nein" abgelehnt zu werden.

Doch genau hier liegt die heilende Kraft: **Ein klares Nein ist oft das aufrichtigste Ja zu dir selbst.**

Die Wurzel des „Ja"-Sagens

Viele von uns haben sich angewöhnt, Ja zu sagen – selbst dann, wenn innerlich alles Nein schreit. Wir sagen Ja zur Einladung, obwohl wir müde sind. Wir sagen Ja zur Überstunde, obwohl wir am Limit sind. Wir sagen Ja zu Gesprächen, obwohl wir gerade Ruhe bräuchten. Dieses Muster entspringt meist nicht aus echter Zustimmung, sondern aus einem tief verinnerlichten Bedürfnis nach Bestätigung, nach Harmonie, nach Zugehörigkeit. Und doch ist jedes dieser übergehenden Ja wie ein kleiner Verrat an dir selbst.

Diese Ja-Sager-Haltung wurzelt oft in der Kindheit. Vielleicht hast du gelernt, dass Liebe an Bedingungen geknüpft ist: Du wirst geliebt, wenn du brav bist. Du bekommst Zuwendung, wenn du funktionierst. Diese Muster wirken weiter, subtil, doch stark. Als Erwachsene wiederholen wir sie in Beziehungen, in Freundschaften, am Arbeitsplatz – und fühlen uns dabei immer leerer.

Selbstfürsorge bedeutet, diese Muster zu erkennen und **bewusst zu durchbrechen**. Es bedeutet, innezuhalten, bevor du antwortest. Hinzuspüren. Ist dieses Ja wirklich dein Ja? Oder ist es Angst? Gewohnheit? Schuldgefühl?

Grenzen zu setzen heißt, dir selbst zuzuhören – und **das, was du hörst, ernst zu nehmen.**

Die Angst vor Ablehnung

Warum fällt es uns oft so schwer, Grenzen zu ziehen? Weil wir Menschen sind. Weil wir soziale Wesen sind, die dazugehören wollen. Und weil Ablehnung weh tut. Das Gefühl, jemandem zu viel, zu unbequem oder zu egoistisch zu erscheinen, nagt an unserer inneren Sicherheit. Wir fürchten, dass ein Nein zum Bruch führt – zur Enttäuschung, zum Liebesentzug, vielleicht sogar zur Einsamkeit.

Doch hier ist eine Wahrheit, die dich befreien kann: **Wer deine Grenzen nicht respektiert, respektiert dich nicht.**
Und jemand, der dich nur liebt, solange du keine eigenen Bedürfnisse hast, liebt nicht dich – sondern das Bild, das du für ihn oder sie erfüllst.

Ein Mensch, der dich wirklich sieht, wird nicht fortgehen, wenn du sagst: „Ich brauche jetzt Raum für mich."
Ein Mensch, der dich achtet, wird nicht verletzt reagieren, wenn du sagst: „Das fühlt sich für mich nicht gut an."
Grenzen sind kein Angriff. Sie sind eine Einladung zur Echtheit.

Jede Grenze, die du setzt, ist ein Schritt zu mehr Selbstliebe – und ein Filter für die Menschen in deinem Leben.
Sie zeigt dir, wer bleibt, **wenn du echt bist.**

Grenzen in Beziehungen

In zwischenmenschlichen Beziehungen – seien es Freundschaften, Partnerschaften oder familiäre Bande – ist das Setzen von Grenzen besonders herausfordernd. Denn hier sind Emotionen im Spiel, Erwartungen, Geschichten, alte Muster. Und gerade hier sind Grenzen besonders heilsam.

Eine Grenze kann lauten:
„Ich kann nicht der Kummerkasten für alles sein."
„Ich brauche regelmäßig Zeit für mich."

„Ich möchte, dass mein Nein respektiert wird."
„Ich lasse mir keinen Schuldvorwurf machen, wenn ich für mich sorge."

Grenzen sagen nicht: „Ich liebe dich nicht."
Sie sagen: „Ich liebe mich auch."

Oft erleben wir, dass das Gegenüber überrascht, vielleicht sogar verletzt reagiert. Das ist verständlich. Wenn du lange in einer Rolle warst – der der Helfenden, der Verlässlichen, der Immer-Verfügbaren –, dann bedeutet deine Veränderung auch eine Umstellung für andere. Sie müssen dich neu kennenlernen. Und du darfst ihnen diese Chance geben – aber nicht auf Kosten deiner Selbstachtung.

Wahre Nähe entsteht nicht durch Verschmelzung, sondern durch Klarheit. Durch das Wissen: Ich bin ich. Du bist du. Und dazwischen ist Raum – zum Atmen, zum Sein, zum Lieben.

Die Kunst, Nein zu sagen

Ein Nein ist nicht kalt. Es ist ehrlich.
Ein Nein ist nicht hart. Es ist klar.
Ein Nein ist nicht egoistisch. Es ist gesund.

Die Kunst des Nein-Sagens ist eine der größten Liebeserklärungen an dich selbst. Sie braucht Übung, Mut und Mitgefühl – besonders für dich selbst. Anfangs fühlt sich ein Nein vielleicht falsch an. Hart. Schuldhaft. Doch mit der Zeit wirst du spüren: Dieses Nein schenkt dir Kraft. Es öffnet Räume. Es macht dich frei.

Hier einige Impulse, wie du das Nein-Sagen üben kannst – **nicht als Liste, sondern als Haltung**:

- Nimm dir Zeit, bevor du antwortest. Du darfst sagen: „Ich überlege es mir und gebe dir später Bescheid."

- Achte auf deine Körpersignale. Ein Druck in der Brust, ein flauer Magen – oft spricht dein Körper, bevor du es selbst kannst.

- Übe kleine Neins im Alltag. Im Supermarkt, im Gespräch, im Beruf – jede bewusste Abgrenzung stärkt deinen inneren Muskel.

- Sei freundlich, aber bestimmt. Ein Nein muss nicht laut sein. Es darf ruhig, liebevoll, aber standhaft klingen.

Und vergiss nicht: **Du musst dich nicht rechtfertigen.** Ein Nein ist ein vollständiger Satz.

Grenzen nach innen

Grenzen setzen bedeutet nicht nur, anderen gegenüber klar zu sein. Es bedeutet auch, **dir selbst gegenüber ehrlich zu sein.**
Wo überforderst du dich selbst?
Wo bist du dein eigener Antreiber?
Wo überschreitest du deine eigenen Grenzen – aus Ehrgeiz, Angst oder Gewohnheit?

Selbstfürsorge heißt auch, *dir selbst zuzumuten, dass du nicht alles kannst.* Es heißt, innezuhalten, wenn du merkst: Ich brauche eine Pause. Es heißt, aufzuhören, wenn du spürst: Ich mache das nur, um gemocht zu werden. Es heißt, dir selbst zu erlauben, **nicht perfekt zu sein.**

Grenzen nach innen sind vielleicht die subtilsten, aber auch die transformierendsten. Denn sie erlauben dir, wieder in Kontakt mit dir zu kommen. Mit deiner Energie. Deinen wahren Bedürfnissen. Deiner Essenz.

Die Freiheit der Klarheit

Grenzen machen frei. Sie befreien dich von der Last, es allen recht machen zu müssen. Sie schenken dir Zeit, Raum und Kraft – für dich, für deine Heilung, für dein Leben. Und sie lehren dich eine tiefe Wahrheit: **Du darfst du sein, ganz und gar.** Nicht angepasst, nicht überanstrengend, nicht ständig gebend – sondern klar, lebendig und ganz bei dir.

Du bist nicht verantwortlich für die Gefühle der anderen. Du bist verantwortlich für deine Integrität.
Du bist nicht auf der Welt, um dich aufzuopfern. Du bist auf der Welt, um **in deiner Kraft zu leuchten.**

Und ja, manchmal wird dein Licht andere blenden.
Manche werden sich abwenden.
Doch die, die bleiben – sie sehen dich wirklich.

Grenzen sind kein Zeichen von Härte.
Sie sind ein Zeichen von Liebe.

Und Selbstfürsorge ohne Grenzen ist keine Fürsorge, sondern Selbstverrat.
Lerne, deine Linien zu ziehen – sanft, klar, liebevoll.
Und dort, wo dein Nein Raum schafft, wächst dein Ja zum Leben.

Rituale für den Alltag

Selbstfürsorge ist keine einmalige Entscheidung, kein punktuelles Ereignis, das sich auf einen freien Sonntag, einen Wellness-Tag oder einen gelegentlichen Spaziergang beschränkt. Selbstfürsorge ist **eine Praxis**, ein liebevoller Rhythmus, den du in deinen Alltag einwebst – still, beständig und zutiefst nährend. Sie braucht keine aufwendigen Zeremonien, keine teuren Accessoires, keine perfekten Bedingungen. Was sie braucht, ist deine **bewusste Hinwendung zu dir selbst** – jeden Tag, in kleinen, achtsamen Momenten.

Rituale sind dabei wie Anker: Sie geben Struktur, Orientierung und Halt. Sie erinnern dich daran, dass du wichtig bist. Dass deine Bedürfnisse zählen. Dass du dir selbst immer wieder neu begegnen darfst – nicht erst, wenn du am Limit bist, sondern gerade dann, wenn das Leben seine gewöhnlichen Bahnen zieht.

Ein Ritual ist kein starrer Plan. Es ist **eine Einladung zur Verbindung**. Mit dir. Mit deinem Körper. Mit deiner inneren Stimme. Mit deinem Herzen.

Die Kraft des Wiederkehrenden

Wiederholung ist ein uraltes Prinzip des Menschseins. Schon als Kinder lieben wir Rituale: die Gute-Nacht-Geschichte, den Abschiedskuss, das vertraute Lied. Diese Rhythmen geben Sicherheit, Orientierung, Geborgenheit. Als Erwachsene verlieren wir sie oft – im Trubel des Alltags, in der Hektik der Verpflichtungen. Doch unser Bedürfnis danach bleibt.

Ein bewusstes Ritual hebt einen Moment aus dem Strom der Zeit heraus. Es macht ihn bedeutungsvoll. Es sagt: **Hier bin ich. Jetzt. Mit mir.**

Ein morgendliches Tee-Trinken kann zu einem Ritual werden, wenn du es mit Präsenz füllst.
Ein Abendspaziergang, wenn du ihn als bewussten Ausklang gestaltest.
Ein kurzer Moment der Stille, bevor du das Haus verlässt.

Es geht nicht um Dauer oder Aufwand. Es geht um Bewusstheit, um **Hingabe an den Moment**.

Rituale verankern dich. Sie helfen dir, dich selbst nicht zu verlieren im Außen. Sie sind stille Räume, in denen du auftankst – nicht spektakulär, sondern tief.

Alltagsrituale – Spiegel der Selbstliebe

Selbstfürsorge im Alltag bedeutet nicht, jeden Tag perfekt zu gestalten. Es bedeutet, **ihn durchwirken zu lassen von deiner liebevollen Haltung dir selbst gegenüber**. Rituale sind Ausdruck dieser Haltung.

Sie können verschiedenste Formen annehmen – je nachdem, was dich nährt, was dich stärkt, was dich zurück zu dir bringt. Hier einige Formen, wie sich Rituale im Alltag entfalten können, immer getragen von der Frage: *Was tut mir wirklich gut?*

1. Morgenrituale – dein Start in den Tag

Wie du in den Tag startest, prägt oft deine gesamte innere Haltung. Ein achtsamer Beginn muss nicht lang sein – aber er darf bewusst sein.
Ein einfaches Ritual könnte sein:
– Eine Minute tief atmen, bevor du aufstehst.
– Ein Glas warmes Wasser trinken, bevor du nach deinem Handy greifst.
– Dich im Spiegel anlächeln, bevor du die Welt begrüßt.

Diese kleinen Gesten senden eine große Botschaft: *Ich bin da. Für mich. Von Anfang an.*

2. Rituale der Verbindung – zwischendurch innehalten

Der Alltag zieht uns oft nach außen. Arbeit, Pflichten, Kommunikation. Umso wichtiger sind kleine Momente der Rückverbindung.
– Ein bewusster Atemzug zwischen zwei Aufgaben.
– Ein kurzer Bodyscan, wenn du dich gestresst fühlst.
– Eine Hand auf dein Herz legen, wenn du dich verloren fühlst.

Diese Mini-Rituale holen dich zurück. Sie machen aus einem gewöhnlichen Moment einen heilsamen.

3. Essensrituale – Nahrung als Akt der Liebe

Wie oft essen wir nebenbei, neben dem Bildschirm, zwischen zwei Terminen?
Dabei ist Essen einer der ursprünglichsten Akte der Selbstfürsorge.
– Decke dir den Tisch – auch wenn du allein bist.
– Iss langsam, spüre jeden Bissen, danke dir für die Versorgung.
– Vermeide Multitasking beim Essen – gib diesem Akt deine ganze Präsenz.

So wird Essen nicht nur zum Sattwerden, sondern zum **täglichen Ritual der Wertschätzung deines Körpers**.

4. Abendrituale – den Tag würdevoll abschließen

Wie du deinen Tag beendest, entscheidet oft, wie du ruhst. Und wie du ruhst,

entscheidet, wie du am nächsten Tag wieder aufstehst.
– Notiere dir drei Dinge, für die du dankbar bist.
– Reinige dein Gesicht achtsam – als Geste der Fürsorge.
– Lies ein paar Seiten in einem Buch, das dich inspiriert.

Auch das Ausschalten des Lichts kann zu einem liebevollen Moment werden, wenn du ihn bewusst vollziehst.

Rituale sind kein Muss – sie sind ein Geschenk

Wichtig ist: Rituale sollen nicht zur neuen Pflicht werden. Nicht zum weiteren Punkt auf deiner To-do-Liste. Sie sind kein starres Korsett, sondern **eine lebendige Praxis**, die sich wandeln darf – mit deinem Rhythmus, deinem Leben, deinem inneren Zustand.

An manchen Tagen wirst du Raum haben für ein langes Morgenritual. An anderen vielleicht nur für einen einzigen tiefen Atemzug. Beides ist wertvoll. Beides ist genug – **wenn es mit Liebe geschieht.**

Sei nachsichtig mit dir. Lass deine Rituale fließen. Manchmal wirst du sie brauchen wie Luft zum Atmen. Manchmal wirst du sie vergessen. Und genau darin liegt ihre Schönheit: **Sie warten auf dich. Immer. Ohne Urteil.**

Die innere Haltung ist das Entscheidende

Ein Ritual ist nur dann heilsam, wenn es aus deinem Innersten kommt. Es geht nicht darum, bestimmte Abläufe zu kopieren oder irgendeinem Ideal zu entsprechen. Es geht darum, **deinen ganz eigenen Ausdruck der Selbstliebe zu finden**.

Vielleicht ist es für dich ein täglicher Spaziergang ohne Ziel.
Vielleicht das Schreiben eines Tagebuchs, das niemand je lesen wird.
Vielleicht ein Lied, das du dir selbst vorsingst, während du unter der Dusche stehst.

Was zählt, ist nicht die Form – sondern **die Verbindung zu dir**.

Rituale erinnern dich daran, dass du kein Funktionieren bist. Dass du nicht im Außen verloren gehen musst. Dass du ein inneres Zuhause hast – und dass du es nähren darfst.

Rituale als innere Orientierung

Gerade in Zeiten der Unsicherheit, der Überforderung oder des Wandels geben Rituale dir Halt. Sie sind **Orientierungspunkte in einem bewegten Leben**. Sie schaffen Kontinuität, wo alles ins Wanken gerät.

Ein einfaches Beispiel: Wenn du dich in einer Phase der Veränderung befindest – ein Jobwechsel, eine Trennung, ein neuer Lebensabschnitt – dann kann ein einfaches Ritual dir helfen, dich immer wieder neu zu erden. Vielleicht ein abendliches Schreiben: *Was bewegt mich heute? Was brauche ich? Was darf ich loslassen?*

Solche wiederkehrenden Akte sind **keine Flucht aus der Realität** – sie sind ein bewusster Weg hinein. In deine Wahrheit. In deine Gegenwart. In deine Kraft.

Dein Leben als Ritual

Am Ende geht es nicht darum, möglichst viele kleine Rituale zu schaffen. Es geht darum, dein ganzes Leben **zu einem großen, liebevollen Ritual werden zu lassen**.
Ein Leben, in dem du präsent bist. In dem du dich wahrnimmst. In dem du dir Raum gibst – nicht nur im Ausnahmefall, sondern als Grundhaltung.

Denn jeder Moment, in dem du **achtsam bei dir bist**, ist ein heiliger Moment. Jeder Schritt, den du **bewusst gehst**, ist ein Akt der Selbstliebe. Jede Entscheidung, die du **aus deinem Herzen heraus triffst**, ist ein Gebet an dein eigenes Wesen.

Selbstfürsorge ist nicht etwas, das du tust.
Es ist etwas, das du **bist** – wenn du dich selbst nicht mehr vergisst.

Und jedes kleine Ritual, das du in deinen Alltag webst, erinnert dich daran: Du bist wertvoll. Du bist wichtig. Du bist liebenswert.

Immer. Jeden Tag. In jedem Moment.

Fazit

Selbstfürsorge ist keine Kür – sie ist die Grundlage eines liebevollen Lebens. Nicht als Luxus, nicht als Belohnung für besonders anstrengende Tage, sondern als ein stiller, beständiger Akt des Respekts vor dir selbst. Sie bedeutet, dich in deiner Ganzheit zu sehen: in deinem Körper, deinem Geist, deiner Seele. Und dich selbst so ernst zu nehmen, dass du beginnst, dein Leben im Einklang mit deinen Bedürfnissen zu gestalten – nicht gegen sie.

Du hast in diesem Kapitel erfahren, dass Selbstfürsorge nichts mit Egoismus zu tun hat. **Im Gegenteil: Sie ist ein Bekenntnis zur Verantwortung dir selbst gegenüber.** Nur wenn du dich selbst nährst, kannst du auch für andere da sein – aufrichtig, klar, ohne dich dabei zu verlieren.

Du hast gelernt, dass Selbstfürsorge weit über äußere Handlungen hinausgeht. Sie zeigt sich in der Art, wie du mit dir sprichst, wie du auf deine Bedürfnisse hörst, wie du deinen Körper behandelst, wie du dir selbst Raum gibst. Du hast entdeckt, dass **Grenzen setzen** ein mutiger Akt der Liebe ist – kein Rückzug, sondern eine Klärung dessen, wo du endest und wo der andere beginnt. Und du hast erfahren, wie **Rituale im Alltag** kleine Inseln des Innehaltens schaffen können – sanfte, stille Anker, die dich immer wieder zu dir zurückholen.

Selbstfürsorge ist nicht perfekt. Sie ist lebendig. Manchmal vergisst du dich. Manchmal übergehst du dich. Und auch das darf sein. Selbstfürsorge bedeutet auch, **dir selbst zu verzeihen**, wenn du dich mal wieder im Außen verloren hast. Sie bedeutet, den Weg zurück zu dir liebevoll zu gestalten – immer wieder, jeden Tag neu.

🌿 Sie beginnt in deinem Atem.
🌿 Sie lebt in deiner Stimme, wenn du Nein sagst.
🌿 Sie wächst in jedem Moment, in dem du dich selbst nicht mehr übergehst.
🌿 Und sie blüht, wenn du erkennst: Du bist es wert.

Selbstfürsorge ist die Praxis der Liebe zu dir selbst. Und diese Liebe ist kein Ziel – sie ist ein Weg. Ein Weg, den du in deinem Tempo gehst, mit deinen eigenen Schritten, deinen eigenen Rhythmen. Du brauchst keine Erlaubnis dafür. Du brauchst nur **den Mut, dich selbst wichtig zu nehmen**.

Denn du bist nicht hier, um dich selbst zu vergessen.
Du bist hier, um dich zu erinnern.

🕊 An deine Würde.
🕊 An deine Schönheit.
🕊 An die unermessliche Kraft deiner liebevollen Hinwendung zu dir selbst.

Gehe diesen Weg. Immer wieder. Mit offenen Augen. Mit offenem Herzen. Und mit der tiefen Gewissheit: **Du bist es wert, dich selbst zu lieben.**

Kapitel 5: Der innere Kritiker

Wie du Frieden mit deiner inneren Stimme schließt

Einleitung: Der innere Kritiker – lästig, aber auch ein Hinweisgeber.

Er ist da, oft bevor du überhaupt bewusst wahrnimmst, was gerade geschieht: Diese Stimme in deinem Kopf, die kommentiert, bewertet, dich kleinmacht oder zweifeln lässt. Sie taucht auf, wenn du einen Fehler machst. Wenn du dich zeigen willst. Wenn du wagst, für dich einzustehen. Und manchmal sogar, wenn du dich freust – als würde sie flüstern: *„Das hast du nicht verdient."*

Der innere Kritiker ist einer der beharrlichsten Begleiter unseres Lebens. Er scheint uns zu kennen, manchmal besser als wir uns selbst. Seine Worte sind präzise, oft schmerzhaft genau. Er weiß, wo es wehtut. Und obwohl wir ihn nicht mögen, geben wir ihm erstaunlich oft Recht. Wir hören ihm zu, glauben ihm – und beginnen, uns selbst zu misstrauen.

Dabei ist er nicht „der Feind". Er ist auch kein Monster, das vernichtet werden muss. So unangenehm seine Stimme auch sein mag – sie ist ein Teil von dir. Und jeder Teil in dir will gesehen werden. Der innere Kritiker ist nicht geboren, um dich zu quälen. **Er ist entstanden, um dich zu schützen.** Um dich davor zu bewahren, verletzt zu werden, ausgeschlossen, entwertet. Seine Strategien sind oft überholt – aber sein Ursprung ist tief menschlich: Angst. Und hinter der Angst: Sehnsucht nach Sicherheit, nach Anerkennung, nach Liebe.

In diesem Kapitel wirst du ihm begegnen – dem inneren Kritiker. Nicht mit Abwehr, sondern mit Neugier. Nicht mit Kampf, sondern mit Verständnis. Denn nur was wir verstehen, können wir verwandeln. Du wirst erfahren, woher diese innere Stimme kommt, warum sie so mächtig geworden ist, und wie du beginnst, ihr die Schärfe zu nehmen – **ohne sie zu verdrängen.**

Du wirst lernen, *den Unterschied zwischen Kritik und Achtsamkeit zu erkennen.* Zwischen destruktivem Urteil und liebevoller Selbstreflexion. Du wirst entdecken, wie du dir selbst mit Mitgefühl begegnen kannst – gerade dann, wenn dein innerer Kritiker besonders laut wird. Und du wirst Werkzeuge an die Hand bekommen, um die Beziehung zu dieser Stimme neu zu gestalten. Sanfter. Klarer. Wahrhaftiger.

Denn es geht nicht darum, den inneren Kritiker zu verstummen. Es geht darum, ihn in den Kreis deines Selbst zu integrieren – **als das, was er sein kann: ein Hinweisgeber. Kein Herrscher. Keine Wahrheit. Aber ein Echo alter Erfahrungen, das gesehen werden will.**

Wenn du beginnst, ihm zuzuhören, ohne dich von ihm bestimmen zu lassen, dann wirst du frei. Frei, dich selbst neu zu definieren. Frei, dich nicht mehr über deine Fehler zu verurteilen. Frei, dich mit allem, was du bist, anzunehmen – auch mit deinen Unsicherheiten.

Frieden mit dem inneren Kritiker zu schließen bedeutet, **Frieden mit dir selbst zu schließen.** Es ist ein zutiefst heilsamer Prozess – und ein weiterer Schritt auf dem Weg der Selbstliebe. Ein Schritt hin zu einer inneren Welt, die dich nicht länger entwertet, sondern ermutigt. Eine Welt, in der du dich selbst mit den Augen des Herzens betrachten lernst: verständnisvoll, mitfühlend, klar.

Und vielleicht – irgendwann – wird aus dieser lästigen Stimme ein leiser Begleiter, der dich nicht mehr lähmt, sondern daran erinnert, wie weit du gekommen bist.

Woher kommt der innere Kritiker?

Der innere Kritiker ist kein Zufallsprodukt. Er ist nicht plötzlich da und er ist auch kein isoliertes Phänomen, das nur einige Menschen betrifft. **Er ist ein Teil unserer psychischen Entwicklung**, ein Spiegel früher Erfahrungen, ein Ergebnis gesellschaftlicher Prägung und innerer Schutzmechanismen. Wenn du seine Herkunft verstehst, erkennst du: Diese Stimme in dir – so schneidend sie auch sein mag – ist nicht dein Feind. Sie ist ein Ausdruck deiner Geschichte.

Bevor wir beginnen, den inneren Kritiker zu transformieren, müssen wir ihn begreifen. Nicht in seiner Lautstärke, nicht in seinen Angriffen, sondern in seinem Ursprung. Denn jede Kritik, die aus deinem Inneren kommt, hat einmal als etwas anderes begonnen: als Wunsch nach Zugehörigkeit, als Bedürfnis nach Sicherheit, als Versuch, Schmerz zu vermeiden.

Kindheit – der Nährboden innerer Stimmen

Der Ursprung des inneren Kritikers liegt fast immer in der Kindheit. In jener Zeit, in der wir noch nicht unterscheiden konnten zwischen uns selbst und den Stimmen der Erwachsenen. Was wir dort hörten – über uns, über die Welt, über richtig und falsch –, das verinnerlichten wir. Nicht kritisch, nicht reflektierend, sondern wie ein Schwamm. Worte wurden Wahrheiten. Wiederholungen wurden Gesetz.

Wenn dir als Kind oft gesagt wurde, dass du „zu laut", „zu empfindlich", „nicht gut genug" bist, dann hast du irgendwann begonnen, diese Botschaften selbst zu wiederholen – zuerst leise, dann deutlicher, dann automatisch. **Der innere Kritiker ist oft nichts anderes als die internalisierte Stimme früher Bezugspersonen.**

Manchmal ist es nicht einmal die explizite Kritik, die prägt, sondern der subtile Subtext:
– Ein abwertender Blick.
– Eine enttäuschte Miene.
– Die fehlende Bestätigung.
– Der stille Vergleich mit Geschwistern.
– Das Lob, das nur dann kam, wenn du „funktioniert" hast.

All das prägt tiefe innere Glaubenssätze: *„Ich muss perfekt sein, um geliebt zu werden."*
„Ich darf keine Fehler machen."
„Ich bin nicht genug."

Diese Glaubenssätze werden zur Grundlage der inneren Stimme, die dich später im Leben kritisiert. Sie entsteht nicht aus Bosheit. Sie entsteht aus einem kindlichen Bedürfnis nach Orientierung – und aus dem Wunsch, dazuzugehören.

Denn ein Kind stellt sich nie gegen die Welt, in der es lebt. Wenn etwas nicht stimmt, sucht es die Schuld bei sich selbst. Und genau dort beginnt der innere Kritiker seine Arbeit.

Gesellschaftliche Prägung – das Außen im Innen

Neben der Familie prägt auch die Gesellschaft unseren inneren Kritiker. Schon früh lernen wir, dass es ein Bild vom „richtigen" Menschen gibt:
– Leistungsfähig.
– Kontrolliert.
– Angepasst.
– Erfolgreich.
– Schlank.
– Unverletzlich.

Die Medien, die Schule, soziale Netzwerke – überall lauern Normen, Erwartungen, Ideale. Wenn du diesen nicht entsprichst, wirst du subtil oder offen abgewertet. Und irgendwann beginnst du, dich selbst mit denselben Maßstäben zu messen. Du brauchst niemanden mehr, der dir sagt, dass du nicht genug bist – du übernimmst diesen Part selbst.

Der innere Kritiker wird zur Instanz, die die Normen der Außenwelt im Inneren überwacht.
Er mahnt dich zur Disziplin, rügt dich für jede Unvollkommenheit, zweifelt an deinem Wert, sobald du abweichst. Nicht, weil er dich zerstören will. Sondern weil er glaubt, dass du nur dann sicher bist, wenn du dich anpasst.

In diesem Sinne ist der Kritiker auch ein „Wächter": Er will dich vor Scham bewahren, vor Ablehnung, vor Ausgrenzung. Doch er tut es auf eine Weise, die dich klein macht, statt dich zu schützen.

Psychische Schutzmechanismen – Kontrolle durch Kritik

Der innere Kritiker ist auch eine Form der Kontrolle. Eine Strategie, mit der du versuchst, Unsicherheit zu vermeiden. Denn wenn du dich selbst zuerst abwertest, trifft dich äußere Kritik weniger hart. Wenn du dir selbst keine Schwäche zugestehst, brauchst du nicht zu fürchten, dass jemand anderes sie entdeckt.

Diese Form der Selbstkritik ist eine paradoxe Selbstverteidigung:
– Lieber selbst entwerten, als entwertet werden.
– Lieber selbst versagen, als verletzt werden.
– Lieber die Kontrolle behalten, als hilflos sein.

Doch dieser Mechanismus fordert seinen Preis.
Er hält dich gefangen in einem ständigen Kampf mit dir selbst.
Er verhindert Entwicklung, weil er Angst vor Fehlern hat.
Er verhindert Nähe, weil er Angst vor Verletzlichkeit hat.

Und vor allem verhindert er eines: **Mitgefühl mit dir selbst.**

Der innere Kritiker hat viele Gesichter

Der innere Kritiker zeigt sich nicht immer offen aggressiv. Er hat viele Stimmen, viele Gesichter. Manchmal ist er laut, manchmal leise. Manchmal spöttisch, manchmal scheinbar vernünftig. Manchmal klingt er wie du selbst – so sehr, dass du gar nicht merkst, dass es eine Stimme *in* dir ist, aber nicht *du*.

Er kann sagen:
– *„Das schaffst du eh nicht."*
– *„Du hast dich schon wieder blamiert."*
– *„Warum hast du nicht mehr gegeben?"*

- *„Die anderen sind besser als du."*
- *„Reiß dich zusammen."*

Doch er kann auch subtiler sein:
- *„Das war okay, aber da geht noch mehr."*
- *„Wenn du dich mehr anstrengst, wirst du vielleicht gemocht."*
- *„Du solltest dich nicht so gehen lassen."*

Diese Vielfalt macht ihn so schwer greifbar. Er tarnt sich oft als Vernunft, als Anspruch, als gesunde Selbstkritik. Und ja, **eine gesunde Selbstreflexion ist wichtig. Aber der innere Kritiker ist nicht reflektiert – er ist rigide. Er urteilt, ohne zu fragen. Er verlangt, ohne zu verstehen.**

Vom Ursprung zur Erkenntnis

Wenn du beginnst, diese Stimme zu hinterfragen, wirst du vielleicht Schmerz spüren. Denn oft ist es nicht nur die Kritik selbst, die weh tut – sondern das Erkennen, wie lange du ihr schon geglaubt hast. Wie oft du dich selbst klein gemacht hast. Wie sehr du dich selbst verletzt hast – in dem verzweifelten Versuch, dich zu schützen.

Doch genau hier beginnt Heilung:
Indem du zurückschaust – nicht mit Schuld, sondern mit Mitgefühl.
Indem du erkennst: *Dieser Kritiker war nie dein Feind. Er war deine Strategie.*
Er war dein Versuch, zu überleben in einer Welt, die dich nicht immer gehalten hat.
Er war dein Versuch, dich selbst zu formen, damit du geliebt wirst.

Heute brauchst du ihn nicht mehr in derselben Form. Du bist erwachsen. Du hast andere Werkzeuge. Du darfst dich heute selbst halten – nicht durch Härte, sondern durch Liebe.

Den Ursprung des inneren Kritikers zu verstehen, ist der erste Schritt, ihn zu entmachten.
Nicht, indem du ihn bekämpfst. Sondern indem du ihn liebevoll entwaffnest.
Indem du ihm zuhörst – und dich trotzdem entscheidest, eine neue Wahrheit über dich selbst zu glauben.

Die Wahrheit, dass du genug bist.
Dass du nicht perfekt sein musst, um wertvoll zu sein.
Dass du dich selbst nicht mehr bestrafen musst, um sicher zu sein.

Denn du bist kein Kind mehr, das sich Liebe verdienen muss. Du bist ein Mensch auf dem Weg zu sich selbst – und auf diesem Weg hat der innere Kritiker seinen Platz. Aber nicht am Steuer. Nur noch auf dem Beifahrersitz.

Den Kritiker entmachten

Der innere Kritiker kann laut sein. Er kann dein Denken dominieren, deine Gefühle beeinflussen, dein Selbstbild zerschneiden, bevor es überhaupt in der Lage war, sich frei zu entfalten. Seine Stimme ist oft so vertraut geworden, dass du gar nicht mehr erkennst, **wie tief er dich lenkt** – in deinen Entscheidungen, deinem Verhalten, deinem Selbstwert.

Doch so mächtig er auch erscheinen mag: Der innere Kritiker ist kein unveränderlicher Teil deiner Identität. Er ist ein gelerntes Muster. Und was gelernt wurde, kann auch wieder verlernt – oder besser: **verwandelt** werden. Entmachten heißt nicht, ihn zu bekämpfen oder zu vernichten. Entmachten heißt, ihm den Platz zu entziehen, den er sich in deinem inneren Haus angeeignet hat. Ihn nicht länger die Hauptrolle spielen zu lassen. Ihn zu sehen – und dich trotzdem für eine andere Stimme zu entscheiden.

Den Kritiker erkennen

Der erste Schritt auf diesem Weg ist immer: **Erkennen**. Du kannst den inneren Kritiker nicht entmachten, solange du ihn nicht wahrnimmst. Und weil er sich so gut getarnt hat – als dein „gesunder Menschenverstand", als „die Realität", als „dein Anspruch" –, braucht es Achtsamkeit, um ihn zu entlarven.

Achte auf deine inneren Dialoge. Achte auf Sätze wie:
– „Ich sollte besser…"
– „Das war wieder typisch ich."
– „Das kann ich nicht bringen."
– „Andere kriegen das doch auch hin."

Und dann frag dich: **Wer spricht da gerade?**
Ist das deine Wahrheit? Oder ist es eine alte Stimme, die sich noch immer durch dein Denken zieht wie ein Echo vergangener Erfahrungen?

Sobald du ihn erkennst, hast du bereits die erste Macht über ihn zurückgewonnen. Denn was ins Bewusstsein tritt, kann nicht mehr unbemerkt wirken. Der Kritiker lebt von Heimlichkeit. **Du nimmst ihm den Boden, wenn du ihn ins Licht stellst.**

Den Kritiker enttarnen

Der zweite Schritt ist das Enttarnen seiner Lügen. Denn der innere Kritiker ist selten gerecht, noch seltener wahrhaftig. Er übertreibt, verallgemeinert, entwertet. Er behauptet, dass du immer versagst, dass du nie genug bist, dass du sowieso nichts kannst. Doch Wahrheit ist differenzierter, lebendiger, liebevoller.

Du darfst lernen, den Kritiker innerlich zu unterbrechen:
„Moment – ist das wirklich wahr?"
„Ist das eine Tatsache oder eine Meinung?"
„Würde ich so mit jemandem sprechen, den ich liebe?"

Diese Fragen sind keine bloßen Affirmationen. Sie sind **Werkzeuge der Befreiung**. Mit ihnen durchschneidest du das dichte Geflecht aus alten Glaubenssätzen und machst Platz für eine neue Sichtweise auf dich selbst.

Du darfst dir erlauben, deinem inneren Kritiker nicht mehr alles zu glauben. Denn du bist nicht deine Gedanken – du bist die Instanz, die sie beobachten, hinterfragen, neu formen kann.

Den inneren Abstand kultivieren

Einer der kraftvollsten Wege, den inneren Kritiker zu entmachten, ist, **Abstand** zu ihm zu gewinnen. Denn solange du mit ihm verschmolzen bist, scheint seine Stimme deine eigene zu sein. Erst wenn du ihn als einen Teil *in* dir erkennst – nicht als dein ganzes Selbst –, beginnst du, dich innerlich zu befreien.

Du kannst diesem inneren Kritiker sogar einen Namen geben. Eine Figur. Ein Bild. Vielleicht sieht er aus wie ein strenger Lehrer, eine kühle Chefin, ein verunsicherter Vater. Vielleicht klingt er wie eine verzerrte Version deiner selbst. Was auch immer hilft – wichtig ist, **dass du ihn differenzierst**. So kannst du innerlich sagen:
„Ah, du bist auch wieder da. Danke für deinen Beitrag – aber ich treffe meine Entscheidung heute selbst."

Diese innere Trennung ist keine Verleugnung, sondern ein Akt der Reifung. Du anerkennst seine Existenz – aber du gibst ihm nicht mehr die Führung. Du wirst zur inneren Autorität deines Lebens.

Mitgefühl statt Gegenwehr

Viele Menschen versuchen, den inneren Kritiker zu besiegen – mit Härte, mit Widerstand, mit einem inneren Kampf. Doch so entsteht oft nur ein neuer Konflikt in dir. Der Kritiker wird nicht schwächer, wenn du ihn bekämpfst. Er wird schwächer, wenn du ihm **mit Mitgefühl begegnest.** Denn in seinem Kern ist er kein Tyrann – er ist ein verletzter Wächter. Ein Anteil, der irgendwann einmal versucht hat, dich zu schützen. Vielleicht unbeholfen, vielleicht schmerzhaft – aber mit einer ursprünglichen Absicht, die du heute würdigen darfst.

Wenn du beginnst, ihn nicht als Gegner zu sehen, sondern als eine Stimme, die du umarmen und neu führen kannst, geschieht etwas Magisches: **Du verwandelst Abwertung in Annahme.** Und genau darin liegt deine Kraft.

Mitgefühl bedeutet nicht, alles zu akzeptieren, was der Kritiker sagt. Es bedeutet, seine Botschaft zu hören – und ihm dann zu antworten:
„Ich sehe, dass du Angst hast. Aber ich entscheide mich heute für Vertrauen."
„Ich weiß, dass du mich vor Schmerz bewahren willst. Aber ich wähle heute Mut."
„Danke, dass du mich erinnern willst. Aber ich gehe jetzt meinen eigenen Weg."

Neue innere Stimmen kultivieren

Um den Kritiker zu entmachten, genügt es nicht, ihn zu schwächen. Du musst **neue Stimmen stärken** – jene Anteile in dir, die liebevoll, mutig, freundlich sind. Jene, die dich nicht verurteilen, sondern dich begleiten. Diese Stimmen sind oft leiser, zarter, ungeübt. Aber sie sind da – vielleicht tief verschüttet, aber lebendig.

Beginne, dir selbst zuzuhören. Achte auf die Momente, in denen du dich liebevoll behandelst. In denen du sanft mit dir sprichst. In denen du spürst: *Ich darf ich sein.* Und gib diesen Momenten Raum. Lass sie wachsen. Füttere sie mit Worten, mit Gesten, mit innerer Präsenz.

Du kannst dir eine innere Mentorin vorstellen, einen liebevollen Begleiter, ein älteres Selbst – eine Instanz, die dich sieht, ohne dich zu bewerten. Sie spricht nicht in Befehlen, sondern in Ermutigungen. Sie hält dich, wenn du fällst. Sie erinnert dich daran, wer du bist.

Diese Stimme kannst du kultivieren. Sie wird mit jedem Mal stärker, wenn du dich bewusst für sie entscheidest.

Den Körper als Verbündeten nutzen

Der innere Kritiker wirkt nicht nur im Kopf – er manifestiert sich im ganzen Körper. Enge im Brustkorb, Druck im Magen, Spannung im Nacken – all das sind Zeichen seiner Aktivität. Und deshalb ist es wichtig, auch über den Körper Wege der Entmachtung zu finden.

Bewegung, Atemarbeit, achtsame Berührung, Tanzen, Yoga, Singen – all das kann helfen, die erstarrten Muster des inneren Kritikers zu lösen. Denn im Körper wohnst du. Im Körper wirst du weich. Im Körper wirst du frei.

Wenn du lernst, **dich in deinem Körper sicher zu fühlen**, brauchst du weniger Kontrolle. Weniger Abwertung. Weniger inneren Zwang. Dann wird der Kritiker leiser, weil deine innere Sicherheit lauter wird.

Die Entscheidung zur Selbstverantwortung

Am Ende ist es eine Entscheidung: **Willst du dich weiterhin kleinhalten – oder willst du dich aufrichten?**
Willst du der alten Stimme glauben – oder deiner Wahrheit Raum geben?
Willst du dich weiterhin selbst entwerten – oder endlich beginnen, dich zu lieben?

Die Macht liegt bei dir. Nicht beim Kritiker. Nicht bei der Vergangenheit. Nicht bei jenen Stimmen, die dich einst geprägt haben. **Du bist heute die Instanz, die entscheiden darf, wie du mit dir sprichst.**

Diese Entscheidung ist keine einmalige. Sie ist ein täglicher Akt. Ein immer wieder neues Ja zu dir selbst. Und mit jedem Ja wird der Kritiker stiller. Nicht verschwunden – aber eingebettet. Nicht mehr der Regisseur – sondern ein Statist in deinem großen Stück.

Du hast ihn lange genug regieren lassen.
Jetzt ist es Zeit, **dir selbst die Stimme zu geben**.
Eine Stimme, die dich nicht klein macht – sondern aufrichtet.
Eine Stimme, die nicht bewertet – sondern versteht.
Eine Stimme, die nicht verletzt – sondern heilt.

Die Stimme deines Herzens.
Die Stimme deiner Würde.
Die Stimme deiner wahren Selbstliebe.

Selbstmitgefühl entwickeln

Selbstmitgefühl ist der stille, oft übersehene Gegenpol zum inneren Kritiker. Während der Kritiker in dir tobt, urteilt, korrigiert, zerschneidet, ist das Mitgefühl jene leise Stimme, die dich hält. Sie verurteilt nicht. Sie verlangt nichts. Sie fragt nicht, ob du gut genug bist. Sie ist einfach da – wie eine offene Hand, die sich dir entgegenstreckt, genau in dem Moment, in dem du am meisten mit dir haderst.

Doch diese Stimme zu hören und sie in deinem Inneren zu stärken, ist für viele ein herausfordernder Weg. Denn wir sind es nicht gewohnt, freundlich mit uns selbst zu sein. Wir wachsen auf in einer Welt, die Leistung belohnt, Härte glorifiziert und Schwäche verurteilt. In dieser Welt erscheint Selbstmitgefühl oft wie ein Widerspruch zur „Selbstoptimierung". Dabei ist es das Fundament innerer Heilung und wahrer Selbstliebe.

Was ist Selbstmitgefühl?

Selbstmitgefühl bedeutet, dir selbst in Momenten des Leidens, der Schwäche, der Fehler und des Scheiterns mit der gleichen Güte zu begegnen, mit der du einem geliebten Menschen begegnen würdest. Es ist kein Wegsehen, kein Schönreden, kein Verdrängen – sondern ein mutiger Blick auf das, was ist, **verbunden mit der tiefen Bereitschaft, dir selbst in dieser Wahrheit liebevoll zur Seite zu stehen.**

Es bedeutet, nicht weiter auf dich einzuschlagen, wenn du gestürzt bist. Es bedeutet, den Schmerz zu benennen und zugleich zu halten. Es bedeutet, inmitten von Scham, Zweifel oder Versagen eine innere Stimme zu etablieren, die sagt: *„Es ist in Ordnung. Du darfst Fehler machen. Du bist trotzdem wertvoll."*

Selbstmitgefühl ist kein Zustand, sondern eine Praxis. Und wie jede Praxis braucht sie Raum, Aufmerksamkeit, Wiederholung – und vor allem: Geduld.

Warum fällt Selbstmitgefühl so schwer?

Viele Menschen begegnen der Idee von Selbstmitgefühl mit Skepsis oder gar Ablehnung. In ihnen lebt ein tiefer, oft unbewusster Glaubenssatz: *„Wenn ich zu mir selbst freundlich bin, werde ich schwach. Wenn ich mich selbst zu sehr liebe, verliere ich den Antrieb."* Doch diese Überzeugungen entstammen nicht der Wahrheit, sondern einem System innerer und äußerer Anforderungen, das uns gelehrt hat, **uns nur über Leistung zu definieren**.

Für manche ist Mitgefühl sogar mit Schmerz verknüpft. Wenn sie beginnen, sich selbst mitfühlend zu begegnen, brechen alte, gut verschlossene Wunden auf.

Denn dort, wo früher kein Trost war, kein Verständnis, keine sanfte Stimme, entsteht nun eine neue Realität – und die fühlt sich zunächst fremd an.

Es braucht Mut, Mitgefühl zuzulassen. Es braucht Mut, sich selbst nicht länger als Projekt zu betrachten, das verbessert werden muss, sondern als Mensch, der bereits liebenswert ist. Genau jetzt. Unvollkommen. Verletzlich. Echt.

Die drei Säulen des Selbstmitgefühls

Um Selbstmitgefühl in dein Leben zu bringen, hilft es, seine Bestandteile zu verstehen. Die Forschung spricht von drei Grundelementen, die zusammenwirken:

1. Achtsamkeit
Achtsamkeit ist das bewusste Wahrnehmen dessen, was gerade in dir geschieht – ohne es zu bewerten oder zu verdrängen. Es ist das Erkennen des Moments, des Schmerzes, der Selbstkritik, ohne dich darin zu verlieren. Achtsamkeit schafft Raum. Sie erlaubt dir, innezuhalten und zu spüren: *„Aha, da ist gerade Schmerz. Da ist die harte Stimme in mir. Da ist der Wunsch, mich zurückzuziehen."* Ohne sofort zu reagieren.

2. Gemeinsame Menschlichkeit
Dieser Aspekt erinnert dich daran, dass Schmerz, Scheitern und Unvollkommenheit zum Menschsein gehören. Du bist nicht allein. Du bist nicht der einzige Mensch, der Zweifel hat, Fehler macht oder sich selbst verurteilt. Wenn du beginnst, dich mit dem Leiden anderer zu verbinden – nicht im Vergleich, sondern im Mitgefühl –, entsteht ein tiefes Gefühl der Zugehörigkeit. Nicht nur zu anderen, sondern auch zu dir selbst.

3. Freundlichkeit mit dir selbst
Und schließlich – die zentrale Säule: Die liebevolle, unterstützende Haltung dir selbst gegenüber. Sie zeigt sich in deinen inneren Worten, in deinen Handlungen, in deiner Selbstfürsorge. Es ist die bewusste Entscheidung, dir selbst so zu begegnen, wie du es einem Menschen gegenüber tätest, den du wirklich liebst: mit Verständnis, mit Sanftheit, mit Ermutigung.

Diese drei Elemente bilden gemeinsam den Kern einer Haltung, die dem inneren Kritiker keine Bühne mehr gibt – sondern eine Alternative anbietet. Eine Alternative, die heilt.

Der innere Dialog – Worte, die heilen

Die Art und Weise, wie du innerlich mit dir sprichst, prägt dein Selbstbild mehr, als dir oft bewusst ist. Worte sind Energie. Worte formen Realität. Wenn du dir ständig sagst, dass du nicht genug bist, dass du versagt hast, dass du nie genügen wirst – dann beginnst du, dich durch diese Worte zu definieren.

Selbstmitgefühl bedeutet, neue Worte zu wählen. Worte, die dich aufrichten, statt dich zu drücken. Worte, die dich begleiten, statt dich zu verurteilen.

Frage dich: *Wie würde ich mit einem geliebten Menschen sprechen, der in meiner Situation ist?*
Und dann sprich genauso mit dir.

Nicht, weil du es verdient hast im Sinne einer Leistung – sondern weil du ein Mensch bist. Und Menschsein ist nicht perfekt. Es ist nicht glatt. Es ist nicht immer stark. Menschsein ist verletzlich, suchend, sehnend – und genau deshalb braucht es Mitgefühl. Immer wieder.

Selbstmitgefühl als Weg zur Selbstliebe

Selbstliebe ist ohne Selbstmitgefühl nicht möglich. Denn wo keine Bereitschaft ist, dich in deiner Unvollkommenheit zu halten, entsteht keine tiefe Verbindung zu dir selbst. Selbstliebe ist kein Zustand der ständigen Harmonie. Sie ist die Entscheidung, auch in den schwierigen Momenten bei dir zu bleiben – nicht wegzuschauen, nicht dich zu verurteilen, sondern dich **als Mensch zu umarmen**.

Wenn du beginnst, Selbstmitgefühl zu üben, verändert sich dein gesamtes inneres Klima. Plötzlich wird da Raum – für Weichheit, für Heilung, für neue Perspektiven. Der innere Kritiker verliert seine Schärfe. Nicht, weil er verstummt, sondern weil du ihm nicht mehr blind glaubst. Du hörst ihn – aber du entscheidest dich für eine andere Stimme. Die Stimme deines Herzens.

Selbstmitgefühl ist dabei wie ein Muskel. Anfangs schwach, unsicher, vielleicht sogar unbeholfen. Doch je mehr du ihn nutzt, desto kräftiger wird er. Mit jeder bewussten Entscheidung für Mitgefühl wächst dein Vertrauen in dich selbst. Und mit diesem Vertrauen wächst deine Fähigkeit, dich wirklich zu lieben – nicht trotz deiner Fehler, sondern mit ihnen.

Der Körper als Ort der Sanftheit

Auch dein Körper spielt eine zentrale Rolle in der Praxis des Selbstmitgefühls. Denn Gefühle entstehen nicht nur im Kopf – sie leben im Körper. Spannung,

Enge, Druck, Zittern – all das sind Ausdrucksformen innerer Prozesse. Und ebenso kann der Körper ein Kanal für Mitgefühl sein.

Eine sanfte Berührung, eine Hand auf deinem Herzen, eine bewusste Umarmung deiner selbst – all das sind Wege, Mitgefühl körperlich erfahrbar zu machen. Sie sind oft kraftvoller als Worte. Denn der Körper erinnert sich – und er lernt durch Erfahrung. Wenn du dir erlaubst, auch körperlich weich mit dir zu sein, beginnt etwas in dir zu schmelzen. Etwas, das vielleicht lange verhärtet war.

Rückschläge als Teil des Weges

Selbstmitgefühl bedeutet nicht, dass du dich ab jetzt immer lieben wirst. Es bedeutet nicht, dass der innere Kritiker nie wieder auftaucht. Es bedeutet, dass du lernst, **anders mit dir umzugehen**, wenn es schwierig wird. Dass du beginnst, Rückschläge nicht mehr als Beweis deines Versagens zu sehen, sondern als Teil des Lernens.

Jedes Mal, wenn du dich verurteilst und es irgendwann bemerkst – ist ein Fortschritt.
Jedes Mal, wenn du dir verzeihst, ist ein Akt der Selbstermächtigung. Jedes Mal, wenn du dich trotz innerem Widerstand liebevoll behandelst, wächst in dir etwas Neues.

Du wirst nicht über Nacht dein inneres Klima ändern. Aber du kannst heute beginnen – mit einer Geste, einem Gedanken, einem Atemzug der Freundlichkeit. Und damit legst du den Samen für eine neue Beziehung zu dir selbst. Eine Beziehung, in der du nicht mehr der Richter bist – sondern **der liebevolle Zeuge deiner eigenen Menschlichkeit**.

Der Weg ist die Liebe

Selbstmitgefühl zu entwickeln ist kein weiterer Anspruch, kein neues Ziel, das du erreichen musst. Es ist eine Haltung. Eine Einladung. Ein Weg, der nicht in der Perfektion endet, sondern in der **tieferen Verbindung zu dir selbst**.

Du wirst straucheln. Du wirst zweifeln. Du wirst immer wieder in alte Muster zurückfallen. Und gerade in diesen Momenten – genau dort – liegt das größte Potenzial für Mitgefühl.

Denn wenn du lernst, dich auch dann zu lieben, wenn du dich selbst am wenigsten liebenswert findest – dann beginnt echte Selbstliebe. Dann beginnt Freiheit. Dann beginnt Frieden.

Nicht weil du perfekt bist. Sondern weil du menschlich bist. Und das allein ist Grund genug, dich mit dem liebevollsten Herzen zu betrachten, das du dir schenken kannst: deinem eigenen.

Fazit

Der innere Kritiker begleitet uns alle – mal laut, mal leise, mal offensichtlich, mal verborgen in scheinbar vernünftigen Gedanken. Er tritt auf wie ein Richter, doch in Wahrheit ist er ein verletzter Teil unseres Selbst. Ein Anteil, der einst versucht hat, uns zu schützen, zu bewahren, anzupassen. Seine Stimme mag hart klingen, aber ihre Wurzel ist oft Angst. Angst vor Ablehnung. Angst vor Versagen. Angst, nicht geliebt zu werden.

Doch in diesem Kapitel hast du erfahren: Du bist dieser Stimme nicht ausgeliefert. Du bist ihr nicht unterlegen. Du bist ihr nicht gleichgesetzt. Du kannst ihr begegnen – **mit Klarheit, mit Achtsamkeit und mit Liebe**.

Du hast verstanden, woher der innere Kritiker kommt. Welche Geschichten er erzählt. Wie tief seine Wurzeln in deiner Biografie liegen, in Erfahrungen, in Prägungen, in kollektiven Erwartungen. Und du hast gesehen, dass es nicht darum geht, ihn zu bekämpfen oder zu unterdrücken. **Es geht darum, ihn zu entmachten, indem du ihn durchschauen lernst.** Indem du ihm zuhörst, ohne ihm zu glauben. Indem du dich für andere innere Stimmen öffnest – für jene, die ermutigen, statt zu entwerten.

Du hast gelernt, dass Mitgefühl der Schlüssel zur Heilung ist. Nicht das harte Urteil über den Kritiker, sondern die sanfte Annahme deiner selbst. Selbstmitgefühl ist der Boden, auf dem eine neue innere Kultur wachsen kann – eine Kultur des Verständnisses, der Geduld, der Zugehörigkeit. Es ist eine Rückkehr zu dir selbst – nicht in der Hoffnung, besser zu werden, sondern in der Gewissheit, **genug zu sein.**

Jeder Schritt, den du in Richtung Mitgefühl gehst, ist ein Schritt weg von Selbstverurteilung. Jeder Moment, in dem du inne hältst und dich nicht automatisch herabsetzt, ist ein Akt der Selbstachtung. Jeder Atemzug, mit dem du dich wieder in deine Mitte holst, ist ein Beweis dafür, dass du **nicht länger gegen dich arbeitest – sondern mit dir.**

- 🌱 Du bist nicht die Härte, mit der du dich lange behandelt hast.
- 🌱 Du bist nicht die Fehler, die dein Kritiker dir vorhält.
- 🌱 Du bist nicht die Stimme in deinem Kopf, die dich kleinredet.

Du bist viel mehr:
Ein fühlendes, liebendes Wesen.
Ein Mensch mit Licht und Schatten, mit Sehnsucht und Stärke.
Ein Herz auf der Suche nach Wahrheit – und bereit, sich selbst wieder zu vertrauen.

Frieden mit deinem inneren Kritiker zu schließen, bedeutet, Verantwortung für deine innere Welt zu übernehmen. Es bedeutet, deine Geschichte anzuerkennen, ohne von ihr bestimmt zu werden. Es bedeutet, **dir selbst zuzuhören – aber auch, neu zu wählen, wem du glauben willst.**

Und vielleicht – wenn du diesen Weg weitergehst – wirst du eines Tages zurückblicken und staunen. Über den Wandel. Über die neue Weichheit in deinem Denken. Über die Tiefe deines Mitgefühls. Über die stille Würde, die du in dir selbst entdeckt hast.

🌿 Denn wenn du lernst, mit deiner inneren Stimme Frieden zu schließen,
🌿 lernst du, in dir selbst ein Zuhause zu finden.
🌿 Ein Zuhause, in dem du angenommen bist – nicht trotz deiner Fehler, sondern mit ihnen.
🌿 Ein Zuhause, in dem Liebe spricht – und nicht mehr die Angst.

Du bist der Mensch, auf den du gewartet hast.
Du bist die Stimme, die du dir immer gewünscht hast.
Du bist das Herz, das jetzt beginnt, **sich selbst zuzuhören.**

Kapitel 6: Selbstwert und Selbstachtung

Deine innere Schatztruhe öffnen

Einleitung: Was bist du dir selbst wert – und warum ist das so?

Es gibt eine Frage, die leise wirkt und doch gewaltige Auswirkungen auf dein gesamtes Leben hat. Sie stellt sich nicht immer laut. Sie steht nicht auf der Liste der alltäglichen Sorgen. Und doch beeinflusst sie, wie du denkst, wie du fühlst, wie du handelst: *Was bist du dir selbst wert?*

Diese Frage ist keine philosophische Spielerei. Sie ist der unsichtbare Rahmen, in dem sich dein Selbstbild formt. Deine Antwort auf sie entscheidet, wie du dich selbst behandelst. Wie du mit dir sprichst. Wie du dich in Beziehungen bewegst. Welche Grenzen du setzt. Welche Träume du dir erlaubst. Welche Kompromisse du eingehst. Und wie du mit Schmerz umgehst.

Der Selbstwert ist nicht einfach nur ein Gefühl. Er ist **ein inneres Fundament**. Nicht laut, aber tragend. Nicht sichtbar, aber spürbar in jedem Bereich deines Lebens. Wenn dieses Fundament brüchig ist, fühlst du dich unsicher – selbst in Momenten des Erfolgs. Wenn es stabil ist, kannst du dich selbst halten – auch in Zeiten der Stürme.

Doch die wenigsten Menschen sind sich wirklich bewusst, wie sie ihren eigenen Wert einschätzen – und woher dieses Empfinden eigentlich kommt. Vieles davon ist nicht selbst gewählt, sondern übernommen. Aus der Kindheit. Aus Prägungen. Aus einem System, das Leistung über Sein stellt. Früh lernen wir, dass wir „etwas leisten müssen", um Anerkennung zu bekommen. Dass Liebe verdient werden will. Dass Wert etwas ist, das sich beweisen muss.

Dabei ist Selbstwert nichts, was man sich erarbeiten kann. Er ist kein Bonus, den man für gute Führung, Höchstleistung oder Selbstdisziplin erhält. **Selbstwert ist ein Geburtsrecht.** Er ist in dir, weil du da bist. Weil du fühlst. Weil du Mensch bist.

Und doch ist dieses Wissen oft verschüttet. Verdeckt von Schichten aus Selbstkritik, aus Erfahrungen von Ablehnung, aus Vergleichen mit anderen, aus inneren Stimmen, die dir immer wieder einflüstern, dass du nicht genug bist.

Dieses Kapitel lädt dich ein, unter diese Schichten zu schauen. Dir selbst auf die Spur zu kommen. Nicht durch Analyse, sondern durch liebevolle Hinwendung.

Nicht, um deinen Wert zu steigern – sondern um zu erkennen, dass er nie wirklich verloren war.

Du wirst verstehen, warum dein Selbstwert so stark mit äußeren Faktoren verknüpft ist – und wie du dich davon lösen kannst. Du wirst erkennen, wie du unbewusst deinen eigenen Wert untergräbst, und wie du beginnst, dich selbst in einem neuen Licht zu sehen. Du wirst erfahren, warum Selbstachtung nicht bedeutet, egoistisch zu sein – sondern im Gegenteil: **ein Ausdruck tiefer Reife und innerer Klarheit ist.**

Selbstwert ist nicht das Gefühl, besser als andere zu sein. Es ist das Wissen, dass du genauso viel wert bist wie jeder andere Mensch – unabhängig von deinen Leistungen, deiner Vergangenheit oder deiner momentanen Verfassung. Es ist die stille Überzeugung: *Ich bin genug. Ich war es immer. Ich werde es immer sein.*

Diese Überzeugung ist nicht laut. Sie muss sich nicht beweisen. Aber sie verändert alles. Denn wenn du deinen eigenen Wert kennst, beginnst du, anders durch das Leben zu gehen. Du biegst dich nicht mehr, um zu gefallen. Du schweigst nicht mehr, um geliebt zu werden. Du kämpfst nicht mehr, um zu existieren.

Stattdessen beginnst du, **dich selbst zu ehren** – in deinen Worten, deinen Entscheidungen, deinen Beziehungen. Du richtest dich innerlich auf. Du wirst ganz. Nicht weil du perfekt bist, sondern weil du beginnst, dich zu achten. Und diese Achtung wird zur Grundlage deiner Selbstliebe.

Dieses Kapitel wird dir helfen, deine innere Schatztruhe zu öffnen. Nicht, um darin etwas zu finden, das du dir erst verdienen musst – sondern um das wiederzuentdecken, was längst da ist. Dein Wert. Deine Würde. Deine Einzigartigkeit.

Was bist du dir selbst wert – und warum ist das so?
Die Antwort liegt nicht in der Vergangenheit. Sie liegt nicht in den Augen anderer.
Sie liegt in dir.
Und du bist bereit, sie zu finden.

Wert vs. Leistung

Wir leben in einer Welt, in der Leistung zählt. In der Ergebnisse gefeiert, Erfolge belohnt und Anstrengungen sichtbar gemacht werden müssen, um als wertvoll zu gelten. Wer viel leistet, bekommt Anerkennung. Wer versagt, wird oft übersehen oder kritisiert. Dieses gesellschaftliche Muster durchdringt nicht nur unsere Arbeitswelt, unsere Schulen, unser soziales Gefüge – es wirkt auch tief in

unserem Innersten. Es hat sich leise, aber wirksam in unser Selbstbild einge-
schrieben: **Ich bin nur dann etwas wert, wenn ich etwas leiste.**

Diese Überzeugung ist weit verbreitet – und doch ist sie eine der schmerzhaf-
testen Illusionen, die wir über uns selbst glauben können. Denn sie stellt unser
gesamtes Sein unter eine Bedingung. Sie macht unseren Wert abhängig – von
Zahlen, Erfolgen, Bestätigungen. Von Dingen, die sich ändern, die kommen und
gehen. Und sie bringt uns dazu, uns selbst ständig zu hinterfragen, zu überfordern, zu entwerten, sobald wir vermeintlich nicht genug sind.

Doch was wäre, wenn dein Wert nichts mit deiner Leistung zu tun hätte?
Was, wenn du bereits jetzt, in diesem Moment, **genug bist** – ohne etwas beweisen
zu müssen?
Was, wenn dein Wert nicht wächst, wenn du mehr tust – sondern wenn du
beginnst, dich selbst anzunehmen?

Die Ursprünge der Leistungsidentität

Schon in der Kindheit werden viele von uns an das Prinzip der Leistung gewöhnt.
Lob gibt es, wenn man funktioniert. Zuneigung, wenn man sich angepasst verhält.
Aufmerksamkeit, wenn man etwas „gut" macht. Fehler hingegen werden korri-
giert, Schwächen übersehen, Emotionen bewertet. Und so entsteht unbewusst ein
Glaubenssatz, der sich wie ein roter Faden durch unser Leben zieht: *Nur wenn ich
gut genug bin, werde ich geliebt.*

Dieser Satz bleibt nicht im Kopf. Er wandert ins Herz, in den Körper, in jede
Zelle unseres Selbstverständnisses. Er beeinflusst unsere Beziehungen, unsere
Berufswahl, unseren Alltag. Wir beginnen, uns selbst durch die Brille der Leistung zu betrachten: War ich heute produktiv? Habe ich genug gegeben? Habe ich
etwas erreicht, das mir Bestätigung einbringt?

Wenn diese Brille zur einzigen Perspektive wird, verlieren wir den Kontakt zu
unserem wahren Wert. Wir glauben, dass wir „mehr" werden müssen, um etwas
zu sein. Und übersehen dabei, dass unser Wert nie von außen kommt – sondern
immer schon in uns liegt.

Die Tyrannei des ständigen Tuns

Wer seinen Wert an Leistung koppelt, lebt in einem ständigen inneren Kampf.
Jeder Moment des Nicht-Tuns wird zur Bedrohung. Ruhe wird zu Schuld. Schei-
tern wird zur Katastrophe. Fehler werden zu Beweisen des eigenen Unwerts. Und
Erfolg? Ist oft nur ein kurzer Moment der Erleichterung – bevor die nächste
Hürde folgt.

Diese Dynamik ist zermürbend. Sie lässt keine echte Zufriedenheit zu, keine innere Ruhe, kein Ankommen bei sich selbst. Denn wenn dein Wert davon abhängt, was du tust, **darfst du nie aufhören zu tun.** Du darfst dich nicht ausruhen, nicht zweifeln, nicht schwach sein. Du wirst zum Funktionieren gezwungen – von deiner eigenen inneren Überzeugung.

Und irgendwann verlierst du dabei dich selbst.

Viele Menschen, die in Burnout, Depression oder innerer Leere landen, haben jahrelang versucht, ihren Selbstwert über Leistung zu stabilisieren. Sie haben gekämpft, sich angestrengt, durchgehalten – und dabei nicht bemerkt, dass sie sich selbst vergessen haben.

Denn du kannst nicht gleichzeitig wachsen und dich ständig selbst beweisen müssen.
Du kannst nicht heilen, wenn du dich unaufhörlich optimierst.
Du kannst dich nicht lieben, wenn du dich nur wertvoll findest, **wenn du etwas leistest.**

Die Unterscheidung zwischen Tun und Sein

Es ist wichtig, hier eine klare Unterscheidung zu treffen. Leistung an sich ist nichts Schlechtes. Es ist erfüllend, etwas zu schaffen, etwas zu bewegen, sich einzubringen. Wir alle wollen wirken, etwas Sinnvolles tun, uns weiterentwickeln. Doch entscheidend ist: **Aus welchem inneren Ort heraus geschieht das?**

Wenn du leistest, weil du dich entfalten willst, weil du Freude empfindest, weil du dich verbunden fühlst – dann ist dein Tun ein Ausdruck deiner inneren Lebendigkeit.
Wenn du leistest, weil du glaubst, sonst nichts wert zu sein – dann ist dein Tun ein Versuch, eine innere Leere zu füllen.

Das eine nährt dich. Das andere entzieht dir Energie.
Das eine ist Ausdruck von Selbstwert. Das andere ist sein Ersatz.

Es geht also nicht darum, Leistung abzulehnen. Es geht darum, **dich von der Vorstellung zu lösen, dass dein Wert von ihr abhängt.** Du darfst leisten – aber du bist auch ohne Leistung wertvoll. Du darfst ruhen. Du darfst zweifeln. Du darfst sein.

Dein Sein ist die Grundlage. Dein Tun ist die Bewegung daraus. Nicht umgekehrt.

Der Mut, nichts beweisen zu müssen

Es braucht Mut, aus dem Leistungsdenken auszusteigen. Denn es bedeutet, sich selbst zu begegnen – jenseits der Masken, der Rollen, der Erfolge. Es bedeutet, innezuhalten und zu fragen: *Wer bin ich, wenn ich nichts tue?* Und die Antwort darauf kann erschüttern – oder befreien.

Denn vielleicht findest du dort eine Leere. Vielleicht eine Sehnsucht. Vielleicht auch Schmerz. Aber unter all dem findest du etwas Tieferes: **Dein wahres Selbst.** Nicht das Selbst, das gefallen muss. Nicht das Selbst, das sich anpasst. Sondern das, was in dir lebt, jenseits von Leistung: deine Würde. Dein Wesen. Dein Herz.

Wenn du beginnst, dort zu verweilen, ohne dich gleich wieder zu optimieren, beginnt etwas zu heilen. Du spürst: *Ich darf sein. Einfach so. Ohne etwas zu tun. Ohne etwas zu verdienen. Ohne etwas darzustellen.*

Diese Erfahrung ist revolutionär. Sie stellt all das in Frage, was dir vielleicht ein Leben lang beigebracht wurde. Aber sie öffnet auch einen Raum für eine neue Art, dich selbst zu sehen: **als Mensch mit Wert – nicht wegen deiner Taten, sondern wegen deines Seins.**

Der Weg zurück zu deinem inneren Wert

Der Weg vom leistungsabhängigen Selbstwert hin zu einem tief verankerten inneren Selbstwert ist ein Prozess. Kein Ziel, das du erreichen kannst. Kein Zustand, der sich über Nacht einstellt. Sondern eine Praxis. Ein tägliches Erinnern. Ein langsames Entlernen alter Überzeugungen. Und ein mutiges Neulernen einer Wahrheit, die tief in dir wohnt – auch wenn sie lange verschüttet war.

Du kannst diesen Weg gehen, indem du beginnst, **dich selbst nicht länger zu beurteilen nach dem, was du leistest**, sondern nach dem, wie du dir begegnest. Wenn du einen Fehler machst – kannst du dir verzeihen? Wenn du ruhst – kannst du dir Raum geben, ohne dich schuldig zu fühlen? Wenn du nichts tust – kannst du dich trotzdem als wertvoll empfinden?

Es sind diese kleinen inneren Entscheidungen, die deinen Selbstwert neu formen. Nicht als Konzept. Sondern als gelebte Wirklichkeit.

Du darfst aufhören, dich ständig zu beweisen.
Du darfst aufhören, dich selbst zu messen.
Du darfst anfangen, dich zu ehren – genau jetzt, genau so, wie du bist.

Denn dein Wert war nie an Bedingungen geknüpft. Er war nur überdeckt von Stimmen, die dich das Gegenteil glauben ließen.

Jetzt ist die Zeit, ihn wieder freizulegen.

Behutsam. Wahrhaftig. Und mit offenem Herzen.

Grenzenlose Würde

Würde ist eines dieser Worte, die selten laut ausgesprochen werden, aber tief in uns leben. Sie klingt leise, fast ehrfürchtig. Sie trägt etwas Unantastbares in sich. Und doch ist sie ein zentrales Element wahrer Selbstliebe. Denn wo Würde ist, beginnt Selbstachtung. Wo Würde gelebt wird, kehrt der Mensch zu sich zurück. Und wo der Mensch sich seiner Würde wieder bewusst wird, entfaltet sich eine innere Kraft, die kein Urteil und kein Verlust je zerstören kann.

Würde ist dein innerster Wert – unabhängig von Leistung, Anerkennung oder äußeren Umständen. Sie ist unteilbar, unmessbar, unbeweglich. Und doch kann sie durch Erfahrungen, durch Worte, durch Verletzungen verschüttet werden. Nicht zerstört – aber vergessen. Nicht genommen – aber verleugnet. Die Arbeit mit dem eigenen Selbstwert bedeutet deshalb auch: sich seiner eigenen Würde wieder zu erinnern.

Was ist Würde – und wo lebt sie?

Würde ist keine Eigenschaft. Sie ist kein Zustand, den man erlangen kann. Würde ist. Sie lebt in dir, seit du geboren wurdest. Sie war da, bevor du angefangen hast, dich selbst zu beurteilen. Bevor du gelernt hast, dich mit anderen zu vergleichen. Bevor du begonnen hast, dich nach fremden Maßstäben zu formen.

Würde ist der Grundton deines Menschseins. Ein leiser, aber beständiger Klang, der dich daran erinnert, dass du nicht mehr und nicht weniger bist als jeder andere Mensch. Dass du wertvoll bist – nicht, weil du etwas tust oder besitzt, sondern **weil du bist**.

Doch dieser Ton wird oft überlagert – von der Lautstärke des Alltags, von der Kritik anderer, von der Stimme des inneren Kritikers, von den Bildern, die uns täglich sagen, wie wir zu sein hätten. Und so verlieren wir den Kontakt zu dieser stillen Quelle. Wir beginnen, uns zu schämen, zu ducken, uns kleiner zu machen. Wir erlauben anderen, über unseren Wert zu urteilen – und verlernen, selbst zu wissen, was wir verdienen.

Doch egal, wie sehr du dich selbst entwertest: Deine Würde bleibt. Sie kann nicht zerstört werden. Nur übersehen. Und genau hier beginnt die Rückkehr zu dir selbst – mit dem leisen Entschluss, **deine eigene Würde wieder ernst zu nehmen.**

Die tiefe Verwechslung von Wert und Würde

Viele Menschen setzen Würde mit Wert gleich. Sie glauben, dass ihre Würde davon abhängt, wie sie handeln, wie sie leben, wie sie sich zeigen. Doch das ist ein Trugschluss. Dein Wert – in Form von Fähigkeiten, Talenten oder Leistungen – kann sich verändern. Du kannst in manchen Dingen wachsen, dich verbessern, etwas lernen oder verlieren. Doch deine Würde bleibt unberührt. Sie liegt tiefer als dein Können, tiefer als dein Wissen, tiefer als dein Verhalten.

Würde ist das, was bleibt, wenn alles andere wegfällt.
Wenn du Fehler machst.
Wenn du scheiterst.
Wenn du verletzt wirst.
Wenn du am Boden bist.

Gerade in diesen Momenten zeigt sich, ob du noch spürst, dass du ein Recht auf Liebe, auf Achtung, auf Gesehenwerden hast. Unabhängig von allem, was gerade in deinem Leben geschieht. Und wenn du das vergessen hast – dann darfst du es dir zurückholen.

Die Rückbesinnung auf deine eigene Würde ist kein egoistischer Akt. Sie ist **ein Akt der Selbstverantwortung.** Du sagst dir damit: *Ich nehme mich ernst. Ich behandle mich so, wie ich behandelt werden möchte. Ich achte meine Grenzen. Ich erkenne an, dass ich ein Mensch bin – mit Schmerz, mit Geschichte, mit Tiefe.*

Wenn Würde verletzt wird

Es gibt Momente im Leben, in denen unsere Würde angegriffen wird. Durch Menschen, die uns entwerten. Durch Systeme, die uns nicht sehen. Durch Erfahrungen, in denen wir zum Objekt gemacht wurden – durch Gewalt, durch Ablehnung, durch Herabwürdigung.

Diese Erfahrungen hinterlassen Spuren. Sie prägen unser Bild von uns selbst. Sie graben sich ein, oft ohne dass wir es bewusst merken. Und sie können dazu führen, dass wir beginnen, uns selbst so zu behandeln, wie wir behandelt wurden – hart, lieblos, fordernd, abwertend.

Doch genau hier liegt die Kraft der bewussten Entscheidung: Du kannst beginnen, dir deine Würde zurückzuholen. Nicht, indem du das Geschehene ungeschehen machst – sondern indem du **heute neu entscheidest, wie du mit dir umgehst.**

Das bedeutet: Du sprichst anders mit dir. Du erlaubst dir, Nein zu sagen. Du hörst auf, dich zu entwerten, nur weil andere es getan haben. Du beginnst, dich innerlich aufzurichten – Schritt für Schritt.

Die Wunden, die dir zugefügt wurden, sind nicht deine Schuld. Aber **ihre Heilung ist deine Verantwortung.** Und sie beginnt dort, wo du deine eigene Würde wieder anerkennst. Nicht als Idee, sondern als gelebte Haltung.

Würde als Grundlage aller Beziehungen

Deine Beziehungen zu anderen Menschen spiegeln oft dein eigenes Verhältnis zu deiner Würde wider. Wenn du deine Grenzen nicht achtest, werden andere sie übertreten. Wenn du dich selbst entwertest, ziehst du Menschen an, die dich ebenfalls nicht achten. Wenn du um Liebe bettelst, anstatt dich selbst zu lieben, machst du dich abhängig.

Doch wenn du deine Würde lebst, veränderst du die Dynamik.
Du beginnst, dich selbst nicht mehr zu verraten – für niemanden.
Du sagst: *Ich darf ich sein, auch wenn das für andere unbequem ist.*
Du bist nicht mehr bereit, dich zu verbiegen, um zu gefallen.
Du bleibst bei dir – in Achtung, in Klarheit, in Würde.

Das bedeutet nicht, dass du dich abschottest. Im Gegenteil. Würde schafft echte Verbindung. Denn aus der eigenen Würde heraus begegnet man anderen nicht von oben oder unten, sondern auf Augenhöhe. Ohne Masken. Ohne Spielchen. Ohne Bedürftigkeit. Du weißt: *Ich bin wertvoll. Und du auch.* Das ist die Basis für Beziehungen, die tragen. Für Nähe, die nährt. Für Liebe, die nicht an Bedingungen geknüpft ist.

Der Körper als Ort gelebter Würde

Unsere Würde zeigt sich nicht nur im Denken oder Fühlen – sie lebt auch im Körper. In unserer Haltung. In unserem Gang. In der Art, wie wir uns bewegen, wie wir atmen, wie wir den Raum einnehmen. Viele Menschen, die sich innerlich klein fühlen, ziehen auch ihren Körper zusammen. Sie senken den Blick, machen sich schmal, halten die Schultern gesenkt. Ihr Körper erzählt die Geschichte ihrer Unsicherheit.

Doch du kannst beginnen, diese Geschichte umzuschreiben – durch bewusste Präsenz. Du kannst dich aufrichten. Deinen Atem vertiefen. Deinen Blick heben. Deinen Körper als Ausdruck deiner Würde neu entdecken. Nicht aus Stolz, sondern aus Verbundenheit mit dir selbst.

Es braucht keinen äußeren Anlass, um sich aufrecht zu zeigen. Dein bloßes Dasein reicht. Du darfst Platz einnehmen – nicht, um dich über andere zu stellen, sondern um **dich selbst nicht länger zu übersehen.**

Diese Haltung verändert etwas. Nicht nur in dir, sondern auch in deiner Umgebung. Denn Menschen spüren, ob du deine Würde lebst. Und sie beginnen, dich anders zu behandeln – wenn du dich selbst anders behandelst.

Würde im Alltag leben

Würde ist nicht nur ein stilles Prinzip. Sie will gelebt werden – im Alltag, in kleinen Gesten, in scheinbar beiläufigen Entscheidungen. Sie zeigt sich darin, wie du mit dir selbst sprichst, wenn du einen Fehler gemacht hast. Wie du dich nährst, wenn du müde bist. Wie du für dich einstehst, wenn du übergangen wirst. Wie du über dich denkst, wenn du dich nackt fühlst – im wörtlichen wie im übertragenen Sinn.

Jede Handlung kann Ausdruck deiner Würde sein – oder ihrer Verleugnung. Ein liebevoll zubereitetes Essen. Ein Nein, das aus deinem Inneren kommt. Ein Spaziergang allein, um wieder bei dir anzukommen. Eine Pause, ohne Rechtfertigung.

Du musst nichts Großes leisten, um deine Würde zu leben. Du musst sie nur ernst nehmen – so, wie du auch ein geliebtes Wesen ernst nehmen würdest.

Und je öfter du das tust, desto mehr wirst du spüren:
Du brauchst keinen Applaus, um dich wertvoll zu fühlen.
Du brauchst keine perfekte Version von dir selbst, um dich zu achten.
Du brauchst nur dich – in deiner Wahrheit, in deiner Tiefe, in deiner Menschlichkeit.

Die Freiheit in deiner Würde

Die Entscheidung, deine Würde zu leben, ist eine Befreiung. Du wirst unabhängiger von äußeren Meinungen. Du wirst freier von der Suche nach Bestätigung. Du wirst klarer in deinen Entscheidungen. Du wirst ruhiger in dir selbst.

Denn du weißt: *Ich bin nicht hier, um mich zu rechtfertigen. Ich bin hier, um zu leben.*
Nicht angepasst, nicht verbogen, nicht klein gemacht – sondern aufrecht, wach, würdevoll.

Diese innere Freiheit ist das Kostbarste, was du dir selbst schenken kannst. Sie macht dich nicht unangreifbar, aber sie gibt dir Halt. Sie macht dich nicht überheblich, aber sie schützt dich vor Selbstverleugnung. Sie macht dich nicht besser als andere, aber sie verankert dich in deinem eigenen Wert.

Und genau dort beginnt wahre Selbstachtung. Nicht als Idee, sondern als gelebte Erfahrung – jeden Tag, in jedem Moment, mit jedem Atemzug. **Weil du es dir wert bist.** Weil deine Würde nicht verhandelbar ist. Weil sie grenzenlos ist – wie deine Fähigkeit, dich selbst zu lieben.

Umgang mit Selbstzweifeln

Selbstzweifel sind wie feine Risse in einem scheinbar stabilen Fundament. Oft unsichtbar für andere, aber spürbar in dir. Sie schleichen sich in deine Gedanken, in deine Entscheidungen, in die Art, wie du dich selbst betrachtest. Manchmal kommen sie in leisen Fragen: *Bin ich wirklich gut genug? Darf ich mir das zutrauen? Was, wenn ich scheitere?* Manchmal sind sie lauter, fordernder, lähmender: *Ich schaffe das nicht. Ich bin nicht gut genug. Ich bin nicht so wie die anderen.*

Sie begegnen dir im Spiegel, im Gespräch, in Momenten der Unsicherheit, vor wichtigen Schritten oder nach scheinbaren Fehlern. Sie sind da, wenn du dich zeigen willst – und sie flüstern dir ins Ohr, dass du dich lieber verstecken solltest. Sie tauchen auf, wenn du dich vergleichst, wenn du dich misst, wenn du dich in Frage stellst. Selbstzweifel sind keine Schwäche. Sie sind menschlich. **Sie sind ein Teil des Weges zur Selbstliebe – nicht ihr Widerspruch.**

Doch der Umgang mit ihnen entscheidet, ob du dich von ihnen bestimmen lässt oder ob du beginnst, dich selbst zu halten – auch wenn der Boden unter dir wankt. Es geht nicht darum, nie wieder zu zweifeln. Es geht darum, *trotz der Zweifel deinen Wert nicht aus den Augen zu verlieren.*

Woher Selbstzweifel kommen

Niemand wird mit Selbstzweifeln geboren. Sie sind nicht Teil deines Wesens, sondern Teil deiner Geschichte. Sie entstehen durch Erfahrungen, die dir signalisiert haben: *So wie du bist, bist du nicht genug.* Vielleicht durch ein Elternteil, das dich selten gelobt hat. Eine Lehrerin, die dich vor anderen bloßgestellt hat. Eine Freundschaft, die auf Bedingungen beruhte. Ein System, das Anpassung forderte, statt Individualität zu feiern.

Diese Erfahrungen schleichen sich tief in dein Inneres. Und je häufiger du sie machst, desto eher beginnst du, sie zu glauben. *Wenn ich mich zurücknehme, bin ich sicher. Wenn ich mich anstrenge, werde ich vielleicht gesehen. Wenn ich mich anpasse, werde ich geliebt.*

Selbstzweifel sind oft der Versuch, dich zu schützen. Sie wollen dich vor Verletzungen bewahren, dich auf mögliche Gefahren hinweisen, dich anpassen, um dazuzugehören. Sie haben eine Funktion – aber sie können dich auch lähmen. Denn sie halten dich in einem ständigen Zustand des Zögerns, des Misstrauens, der inneren Zurückhaltung.

Und sie nähren sich selbst. Je mehr du ihnen glaubst, desto mehr bestätigst du sie. Je mehr du dich zurückhältst, desto weniger Erfahrungen von Selbstwirksamkeit machst du – und desto lauter wird die Stimme, die sagt: *Siehst du, ich habe es doch gewusst.*

Die Sprache der Zweifel verstehen

Selbstzweifel sprechen eine bestimmte Sprache. Sie tarnt sich oft als gesunder Realismus, als Bescheidenheit, als Verantwortungsbewusstsein. Doch unter der Oberfläche liegt oft eine tiefe Unsicherheit. Wenn du beginnst, dieser Sprache zuzuhören, kannst du lernen, zwischen Wahrheit und innerem Schutzmechanismus zu unterscheiden.

Achte auf Sätze wie:
„Ich bin nicht gut genug."
„Ich traue mich das nicht."
„Ich kann das nicht."
„Was, wenn ich enttäusche?"
„Andere können das besser als ich."

Hinter diesen Aussagen liegt meist eine tiefere Angst. Die Angst, abgelehnt zu werden. Die Angst, bloßgestellt zu werden. Die Angst, zu versagen. Doch Angst ist kein Beweis. Und Zweifel sind keine Tatsachen.

Wenn du beginnst, diese Sätze zu hinterfragen, öffnet sich ein Raum. Ein Raum, in dem du dich nicht sofort überrumpeln lässt. In dem du innehältst, bevor du dich zurückziehst. In dem du dir erlaubst, dich selbst zu befragen: *Ist das wirklich wahr? Oder ist es nur eine alte Geschichte, die ich noch immer erzähle?*

Mit Zweifeln in Kontakt treten

Der erste Schritt im Umgang mit Selbstzweifeln ist nicht, sie loswerden zu wollen. Es ist, ihnen Raum zu geben – **ohne ihnen zu glauben**. So paradox es klingt: Zweifel wollen nicht bekämpft, sondern verstanden werden. Sie sind wie

Kinder, die schreien, weil sie sich unsicher fühlen. Wenn du sie ignorierst, werden sie lauter. Wenn du sie beschimpfst, fühlen sie sich falsch. Doch wenn du ihnen zuhörst, ohne dich von ihnen bestimmen zu lassen, beginnt sich etwas zu verändern.

Du kannst dir selbst Fragen stellen wie:
„Was will dieser Zweifel mir sagen?"
„Wovor will er mich schützen?"
„Ist diese Angst heute noch angemessen – oder stammt sie aus einer alten Erfahrung?"
„Was würde ich tun, wenn ich mir vertrauen würde?"

Diese Fragen öffnen dich für neue Perspektiven. Sie entlarven die Automatismen. Sie machen aus dem Zweifel einen Gesprächspartner, der nicht mehr im Dunkeln agiert, sondern im Licht gesehen werden will.

Das innere Selbstvertrauen stärken

Zweifel werden dann mächtig, wenn das Selbstvertrauen schwach ist. Wenn du dich selbst nicht halten kannst, wenn du dich hinterfragst, brauchst du äußere Bestätigung. Und wenn diese ausbleibt, verstärken sich die Zweifel. Deshalb ist es entscheidend, **eine innere Basis zu schaffen, die dich trägt – auch wenn im Außen nichts sicher scheint.**

Selbstvertrauen bedeutet nicht, dass du immer stark bist. Es bedeutet, dass du dir selbst glauben kannst. Dass du dir zutraust, mit dem umzugehen, was kommt. Dass du dir erlaubst, zu scheitern – ohne dich zu verurteilen. Es ist ein stilles, tiefes Wissen: *Ich kann mir vertrauen. Ich muss nicht perfekt sein, um wertvoll zu sein.*

Dieses Vertrauen entsteht nicht über Nacht. Es wächst mit jeder Erfahrung, in der du dich selbst nicht im Stich lässt. In der du einen Schritt machst – trotz Zweifel. In der du sprichst – obwohl du dich unsicher fühlst. In der du dich zeigst – obwohl du Angst hast.

Jeder dieser Schritte ist ein Akt der Selbstliebe. Nicht, weil du dich gerade groß fühlst. Sondern **weil du dich trotz deiner Kleinheit ernst nimmst**.

Vom Vergleich zur Verbindung

Ein Nährboden für Selbstzweifel ist der ständige Vergleich mit anderen. Du siehst ihre Erfolge, ihre Souveränität, ihr scheinbar perfektes Leben – und glaubst, selbst nicht zu genügen. Doch Vergleiche sind trügerisch. Du vergleichst deine

Unsicherheit mit dem, was andere nach außen zeigen. Du kennst ihre Zweifel nicht, ihre Kämpfe, ihre Verletzlichkeit.

Der Weg aus dem Vergleich ist nicht, dich besser zu machen. Es ist, dich **ehrlicher zu machen**. In dem du anerkennst: *Auch ich bin ein Mensch. Auch ich darf wachsen. Auch ich darf Fehler machen.* Und vor allem: *Auch ich bin nicht allein mit meinen Zweifeln.*

Wenn du dich öffnest, erlebst du oft, dass andere ähnliche Gedanken haben. Dass auch sie kämpfen. Dass auch sie sich manchmal klein fühlen. Diese Verbindung heilt. Sie macht dich nicht größer – aber sie macht dich echter. Und Echtheit ist der Boden, auf dem dein Selbstwert wirklich wachsen kann.

Der liebevolle Umgang mit dem inneren Kritiker

Oft sind Selbstzweifel eng mit dem inneren Kritiker verknüpft. Diese innere Stimme, die dich tadelt, dich antreibt, dich korrigiert. Auch sie will dich eigentlich schützen – doch sie tut es auf eine Weise, die dich entwertet. Der Weg zu einem neuen Umgang beginnt damit, sie zu erkennen – und ihr **nicht mehr das letzte Wort zu überlassen**.

Du kannst beginnen, mit ihr zu sprechen. Nicht wütend. Nicht abwertend. Sondern mit einer klaren Haltung: *„Ich sehe dich. Ich weiß, dass du Angst hast. Aber ich entscheide mich, heute anders mit mir zu sprechen."*

Diese innere Dialogfähigkeit ist ein Geschenk. Sie macht dich unabhängig von äußeren Stimmen. Sie erlaubt dir, selbst zu wählen, wie du mit dir umgehst – und welche Wahrheit du über dich glauben willst.

Selbstzweifel als Wegweiser begreifen

So unangenehm sie auch sein mögen – Selbstzweifel können dir viel über dich selbst verraten. Sie zeigen dir, wo du noch unsicher bist. Wo alte Wunden liegen. Wo du nach Anerkennung suchst. Und genau deshalb sind sie auch ein Portal zur Heilung.

Denn was du erkennst, kannst du verwandeln. Was du bejahst, verliert seinen Schrecken. Was du annimmst, kann sich verändern.

Wenn du beginnst, deine Zweifel nicht mehr als Gegner zu sehen, sondern als Ausdruck deiner Sehnsucht – nach Zugehörigkeit, nach Sicherheit, nach Selbstachtung – dann kannst du dich selbst in diesen Zweifeln wiederfinden. Nicht als Versagerin. Nicht als Schwächling. Sondern als Mensch. Echt. Lebendig. Lernend.

Und genau dort beginnt Selbstliebe. Nicht in der Abwesenheit von Zweifel. Sondern im Mitgefühl mit dir selbst, wenn sie auftauchen.

Die Wahl, dich selbst zu halten

Am Ende ist der Umgang mit Selbstzweifeln eine Wahl. Die Wahl, dich selbst zu halten – auch wenn du dich unsicher fühlst. Die Wahl, nicht aufzugeben, auch wenn du zweifelst. Die Wahl, deiner inneren Stimme zu folgen – auch wenn sie leise ist.

Du wirst nicht immer frei sein von Selbstzweifeln. Aber du wirst lernen, dich selbst nicht mehr von ihnen bestimmen zu lassen. Du wirst lernen, *dir selbst eine Stimme zu geben, die liebevoller ist, klarer, echter.* Du wirst lernen, dich zu zeigen – mit all dem, was du bist.

Denn Selbstzweifel müssen nicht verschwinden, damit du dich selbst lieben kannst.
Du darfst dich lieben **mit ihnen**.
Und gerade darin liegt deine größte Stärke.

Fazit

Selbstwert und Selbstachtung gehören zu den kostbarsten inneren Schätzen, die du auf deinem Weg zu dir selbst entdecken kannst. Sie sind keine Trophäen, die du dir erkämpfen musst, kein Ziel, das du erreichen musst, und auch kein Status, den du dir erst verdienen darfst. **Sie sind bereits in dir – tief verankert, auch wenn du es vielleicht lange vergessen hast.** Dieses Kapitel war eine Einladung, dich daran zu erinnern. Eine Rückkehr zu dem Wissen, dass du wertvoll bist, weil du bist. Dass deine Würde unantastbar ist. Dass du dir selbst wieder glauben darfst.

Du hast erfahren, dass dein Wert nicht an Leistung gebunden ist. Dass du nicht mehr leisten musst, um mehr wert zu sein. Dass du nicht erfolgreicher, schöner, perfekter oder angepasster werden musst, um endlich zu genügen. **Du genügst – genau jetzt. Genau so.** Und diese Wahrheit beginnt erst dann wirklich in dir zu wirken, wenn du sie nicht nur denkst, sondern fühlst. Wenn du sie nicht nur akzeptierst, sondern verkörperst. Wenn du beginnst, aus dieser inneren Haltung heraus zu leben.

Du hast dich mit dem tiefen Unterschied zwischen Leistung und Wert auseinandergesetzt. Du hast erkannt, dass dein Selbstwert nicht von außen definiert wird, sondern aus deinem Inneren heraus geboren wird. Du hast gelernt, dass wahre Selbstachtung nicht darin besteht, perfekt zu sein, sondern darin, dich selbst mit Achtung zu behandeln – auch dann, wenn du dich klein fühlst, zweifelst oder fällst.

🌱 Du hast deine **grenzenlose Würde** wieder berührt – nicht als Konzept, sondern als inneres Erleben.

🌱 Du hast begonnen, einen neuen Umgang mit **Selbstzweifeln** zu kultivieren – nicht durch Abwehr, sondern durch Mitgefühl.

🌱 Du hast dich erinnert, dass deine innere Schatztruhe längst gefüllt ist – mit Würde, mit Stärke, mit der unverlierbaren Wahrheit: *Du bist genug.*

Selbstwert ist nicht laut. Er muss sich nicht beweisen. Er braucht keine Bühne. Er lebt in deinen Entscheidungen. In deinen Grenzen. In deinem Nein und in deinem   Ja.
In deiner Art, dich selbst zu halten – gerade dann, wenn du dich verloren fühlst.

Selbstachtung ist kein starres Konzept, sondern eine gelebte Haltung. Sie zeigt sich in der Sprache, die du mit dir selbst sprichst. In der Sanftheit, mit der du deine Fehler betrachtest. In dem Mut, dich selbst zu wählen – auch dann, wenn das bedeutet, gegen alte Muster zu gehen. Auch dann, wenn andere es nicht verstehen. Auch dann, wenn es leiser ist als der Lärm im Außen.

🌿 Du darfst aufrecht gehen – nicht, weil du besser bist als andere, sondern weil du **dich selbst erkennst.**

🌿 Du darfst dich achten – nicht, weil du keine Fehler machst, sondern weil du **ein Mensch bist.**

🌿 Du darfst deinen Selbstwert ehren – nicht als Belohnung, sondern als Wahrheit.

In dem Moment, in dem du beginnst, dich nicht mehr zu verraten, wächst in dir ein neuer Raum. Ein Raum, in dem du atmen kannst. In dem du weich werden darfst. In dem du nicht mehr kämpfen musst – nicht gegen dich, nicht gegen deine Geschichte, nicht gegen deine Schatten.

✨ Du wirst ruhiger.
✨ Du wirst klarer.
✨ Du wirst dir selbst ein Zuhause.

Und vielleicht spürst du dann etwas, das du lange vermisst hast – ohne zu wissen, was es war: **Dich selbst. Ganz. Wahr. Voller Wert.**

Gehe weiter auf diesem Weg. Mit jedem Schritt, den du in deine eigene Tiefe machst, öffnest du ein weiteres Fach deiner inneren Schatztruhe. Dort liegt nicht nur dein Selbstwert. Dort liegt auch deine Freiheit. Und deine Fähigkeit, dich selbst – und das Leben – mit offenen Armen zu empfangen.

Kapitel 7: Entscheidungen mit dem Herzen treffen

Kopf oder Herz – oder beides?

Einleitung: Wie wir lernen, wieder mutig aus dem Herzen heraus zu leben.

Es gibt Entscheidungen, die sind laut. Sie werden diskutiert, geplant, durchdacht. Sie basieren auf Fakten, auf Wahrscheinlichkeiten, auf dem, was „Sinn ergibt". Sie folgen dem Kopf – und das ist oft gut so. Doch es gibt andere Entscheidungen, die sich nicht logisch begründen lassen. Sie wachsen in der Stille, tief im Inneren. Sie kündigen sich nicht mit Argumenten an, sondern mit einem Gefühl. Mit einem inneren Wissen. Mit einer Ahnung, die sich nicht erklären, aber auch nicht ignorieren lässt. Sie entspringen nicht dem Denken, sondern dem Spüren. Sie sind Entscheidungen des Herzens.

Und genau hier beginnt ein anderer Weg. **Ein Weg, der nicht gegen den Verstand geht, sondern über ihn hinaus.** Ein Weg, der Mut erfordert, denn er folgt keiner klaren Karte, keinem bewährten System. Er vertraut auf etwas, das in unserer heutigen Welt oft zu leise geworden ist: die Weisheit unserer eigenen inneren Stimme.

In einer Gesellschaft, die Effizienz, Kontrolle und Sicherheit hochhält, wird die Sprache des Herzens oft überhört. Entscheidungen müssen nachvollziehbar sein, fundiert, begründet. Intuition wird belächelt, Emotionen gelten als störend, und wer auf sein Gefühl hört, gilt schnell als irrational oder naiv. Doch in Wahrheit ist das Herz kein Widerspruch zum Verstand – es ist seine Ergänzung. Und vielleicht sogar mehr als das: **Es ist das Zentrum unseres wahren Selbst.**

Entscheidungen aus dem Herzen heraus zu treffen bedeutet nicht, blind zu folgen. Es bedeutet, *ganz da zu sein* – mit allem, was du fühlst, weißt, ahnst. Es bedeutet, dich nicht nur von außen zu orientieren, sondern von innen. Es bedeutet, dir selbst wieder zu vertrauen. Und das ist eine der tiefsten Formen von Selbstliebe: **der eigenen inneren Wahrheit Raum zu geben.**

Viele Menschen stehen an Wendepunkten im Leben und wissen nicht weiter. Sie haben Pro- und Contra-Listen geschrieben, mit Freundinnen gesprochen, sich beraten lassen – und doch bleibt das Gefühl: *Irgendetwas stimmt nicht. Irgendetwas fehlt.* Dieses Fehlen ist oft der fehlende Kontakt zum Herzen. Der Ort in dir, der jenseits der Argumente weiß, was stimmig ist. Der nicht laut ist, aber klar. Nicht drängend, aber beständig. Nicht beweisbar, aber tief wahr.

Es braucht Mut, dieser Stimme zu folgen. Mut, dich selbst ernst zu nehmen, auch wenn niemand sonst deine Entscheidung versteht. Mut, ins Unbekannte zu gehen, auch wenn der Verstand warnt. Mut, für dich selbst einzustehen, selbst wenn es unbequem ist. Doch dieser Mut ist keine plötzliche Explosion. Er ist leise. Wächst langsam. Und wird genährt von Vertrauen – in dich selbst, in das Leben, in deinen Weg.

In diesem Kapitel wirst du erkunden, wie du wieder in Kontakt mit deinem Herzen kommst. Wie du die Sprache deines inneren Kompasses verstehst. Wie du unterscheiden lernst zwischen echtem Herzenswissen und impulsiver Reaktion. Du wirst erfahren, warum der Verstand oft nicht reicht, um dein Leben in seiner Tiefe zu erfassen – und warum das Herz nicht irrational, sondern **intelligent auf eine andere Weise** ist.

Wir werden darüber sprechen, was Herzintelligenz bedeutet – und wie du sie in deinem Alltag kultivieren kannst. Wir werden anschauen, wie du Entscheidungen triffst, die dich nicht auslaugen, sondern erfüllen. Und wir werden uns dem Mut widmen, der notwendig ist, um deinem inneren Ruf zu folgen – gerade dann, wenn der Weg unklar, unbequem oder unbequem scheint.

Denn letztlich ist es dieser Mut, der dich zu dir selbst führt. Nicht weil du alles richtig machst, sondern weil du beginnst, **deiner Wahrheit treu zu sein.**

Dein Herz weiß oft schon, was dein Kopf noch nicht versteht. Und wenn du lernst, dieser Wahrheit zu vertrauen, beginnt ein neues Kapitel deines Lebens:

Ein Leben in Verbundenheit. In Klarheit. In Liebe. Nicht gegen den Kopf. Nicht gegen die Welt. Sondern **für dich.**

Für den Menschen, der du wirklich bist. Für das Leben, das auf dich wartet – nicht da draußen, sondern in dir.

Herzintelligenz verstehen

Wenn wir von Intelligenz sprechen, denken wir meist an kognitive Fähigkeiten: an logisches Denken, an Analyse, an das Lösen komplexer Aufgaben, an Wissen, das sich in Noten, Leistungen oder beruflichem Erfolg ausdrücken lässt. Intelligenz wurde lange Zeit fast ausschließlich mit dem Kopf, mit dem Gehirn, mit messbarer Verstandestätigkeit gleichgesetzt. Der Körper galt als Träger, das Herz als Organ – nicht als Quelle von Weisheit. Doch diese Sichtweise greift zu kurz. Sie übersieht eine Ebene, die viel tiefer reicht, leiser ist und doch ebenso präzise: **die Intelligenz des Herzens.**

Herzintelligenz ist keine romantische Idee, keine schwärmerische Metapher für Gefühl oder Emotion. Sie ist eine reale, lebendige Kraft in dir – eine Form der inneren Weisheit, die spürt, bevor du denkst, die weiß, ohne zu erklären, und die dich oft unfehlbar dorthin führt, wo deine Wahrheit liegt. Diese Intelligenz ist weder irrational noch unlogisch. Sie ist nicht das Gegenteil von Verstand – sie ist seine Ergänzung. Herzintelligenz bedeutet, Entscheidungen aus einem Raum innerer Kohärenz zu treffen: aus Verbundenheit mit dir selbst, aus innerer Stimmigkeit, aus einem Wissen, das tiefer liegt als rationale Überlegung.

Doch wie genau funktioniert diese Form der Intelligenz – und wie kannst du sie wiederfinden? Um Herzintelligenz zu verstehen, müssen wir zunächst begreifen, dass das Herz nicht nur ein biologisches Organ ist, das Blut pumpt. Es ist auch ein Informationszentrum. Es sendet Signale an das Gehirn, beeinflusst Emotionen, Wahrnehmung, Reaktionsmuster. Wissenschaftliche Studien, etwa vom HeartMath Institute, haben gezeigt, dass das Herz über ein eigenes Nervensystem verfügt – das sogenannte „Herzgehirn" –, das unabhängig vom zentralen Nervensystem Informationen verarbeitet und Entscheidungen beeinflusst. Das Herz reagiert schneller als der Verstand auf emotionale Reize. Es schlägt in Resonanz mit der Umgebung. Es hat eine eigene Sprache, einen eigenen Rhythmus, eine eigene Weisheit.

Herzintelligenz zeigt sich nicht in Argumenten, sondern in Empfindungen. In einem Gefühl der Klarheit, der inneren Ruhe, der tiefen Stimmigkeit. Wenn du vor einer Entscheidung stehst und dein Herz „ja" sagt, obwohl der Kopf zögert, dann spürst du vielleicht eine Weite in der Brust, ein leises Kribbeln, eine Erleichterung. Wenn dein Herz „nein" sagt, obwohl dein Verstand Gründe dafür findet, merkst du vielleicht eine Enge, ein Druckgefühl, ein inneres Zögern, das du nicht genau benennen kannst. Diese Signale sind keine Einbildung. Sie sind **Ausdruck einer tieferen Wahrheit** in dir, die oft mehr weiß als dein Denken.

Um diese Intelligenz wieder wahrzunehmen, brauchst du Achtsamkeit. Du brauchst die Bereitschaft, nicht sofort zu reagieren, sondern hinzuspüren. Herzintelligenz entfaltet sich nicht unter Druck. Sie zeigt sich nicht in Stress oder Hetze. Sie wird hörbar, wenn du still wirst, wenn du dich mit dir verbindest, wenn du den Lärm im Außen für einen Moment hinter dir lässt. Deshalb ist Stille ein Nährboden für Herzensweisheit. Nicht die erzwungene Stille, sondern die nährende, offene Stille, in der du dich selbst wieder spürst.

Viele Menschen haben den Zugang zu ihrer Herzintelligenz verloren, weil sie verlernt haben zu vertrauen. Zu oft haben sie Entscheidungen getroffen, die sich gut anfühlten, aber zu Schmerz führten. Zu oft wurde ihnen vermittelt, dass Gefühl und Intuition trügen, dass nur der Verstand Sicherheit bietet. Und so wurde das Herz zum unsicheren Kompass erklärt – zu einer unzuverlässigen Größe, die man lieber ignoriert. Doch das Problem liegt nicht im Herzen, sondern in der fehlenden Verbindung zu ihm. Herzintelligenz erfordert Übung, Hingabe, Geduld. Sie ist wie eine verlernte Sprache, die du nur wieder fließend sprichst, wenn du sie regelmäßig benutzt.

Ein wesentlicher Aspekt der Herzintelligenz ist ihre Ganzheitlichkeit. Während der Verstand oft linear denkt – Ursache, Wirkung, Logik, Ziel –, nimmt das Herz das Ganze wahr. Es spürt Zusammenhänge, die noch nicht sichtbar sind. Es erkennt Stimmigkeit, bevor sie sich im Außen zeigt. Es reagiert nicht nur auf Fakten, sondern auch auf Atmosphären, auf Zwischentöne, auf das Unausgesprochene. Diese Fähigkeit ist besonders wertvoll in Lebenssituationen, in denen es keine klaren Antworten gibt. Wenn du an einem Wendepunkt stehst, wenn du spürst, dass eine Veränderung notwendig ist, aber nicht weißt, wie sie aussehen soll, dann kann dein Herz dich führen. Nicht mit einem detaillierten Plan – aber mit einer Richtung, mit einem inneren „Ja", das du fühlst, bevor du es erklären kannst.

Herzintelligenz ist auch immer verbunden mit Mitgefühl – für dich selbst und für andere. Sie urteilt nicht. Sie drängt nicht. Sie will nicht gewinnen. Sie will Wahrheit, Verbindung, Echtheit. Deshalb führt dich dein Herz nicht immer auf den einfachsten Weg – aber auf den stimmigsten. Es kann sein, dass dich eine Entscheidung des Herzens in Unsicherheit führt. In einen Aufbruch, der Angst macht. In eine Veränderung, die unbequem ist. Doch tief in dir wirst du spüren, dass es richtig ist. Dass du im Einklang bist mit dir. Und dieses Gefühl von Kohärenz ist unbezahlbar. Es schenkt dir Vertrauen – nicht, weil du weißt, was kommt, sondern weil du weißt, dass du dir selbst folgen kannst.

Ein Leben aus der Herzintelligenz heraus zu gestalten bedeutet auch, Verantwortung zu übernehmen. Du kannst dich nicht mehr auf äußere Vorgaben verlassen. Du kannst nicht mehr sagen: „Man hat mir gesagt…", „Das war eben der logische Weg…", „Alle anderen haben es auch so gemacht…". Wenn du deinem Herzen folgst, stehst du für dich ein – mit allem, was du bist, mit allem, was du fühlst, mit allem, was du noch nicht weißt. Es ist eine radikale Form von Eigenverantwortung – aber auch von Freiheit.

Die Verbindung von Herz und Kopf ist dabei kein Widerspruch. Im Gegenteil: **Erst wenn beide zusammenarbeiten, entsteht Weisheit.** Der Verstand prüft, das Herz fühlt. Der Verstand plant, das Herz führt. Der Verstand analysiert, das Herz erkennt Sinn. Du brauchst beides – aber das Herz sollte den Takt vorgeben. Es kennt die Melodie deines Lebens, während der Verstand das Notenblatt lesen kann. Wenn beide zusammen spielen, entsteht Musik. Wenn du jedoch nur den Verstand spielen lässt, klingt dein Leben vielleicht richtig – aber nicht lebendig.

Herzintelligenz lässt sich nicht messen. Sie lässt sich nicht in Worte fassen, nicht in Zahlen ausdrücken. Aber du spürst sie, wenn du ihr Raum gibst. Du spürst sie, wenn du innehaltest, bevor du antwortest. Wenn du atmest, bevor du entscheidest. Wenn du fragst: *Was will mein Herz?* – und dieser Antwort vertraust, auch wenn sie nicht dem entspricht, was erwartet wird. Es ist die leise, aber kraftvolle Bewegung zurück zu dir selbst.

Wenn du beginnst, dein Herz als intelligentes, weises Zentrum in dir zu begreifen, verändert sich dein Blick auf dich. Du beginnst, nicht mehr zu zweifeln, sondern zu lauschen. Nicht mehr zu kämpfen, sondern zu vertrauen. Nicht mehr zu zögern, sondern zu gehen – Schritt für Schritt, geführt von etwas, das tiefer weiß als der Kopf es je wissen könnte.

Herzintelligenz ist nicht laut. Sie ist nicht perfekt. Sie ist nicht berechenbar. Aber sie ist wahr. Und sie ist **dein Zugang zu einem Leben, das nicht nur funktioniert, sondern erfüllt.** Ein Leben, das nicht nur richtig erscheint, sondern sich auch richtig anfühlt. Ein Leben, das du nicht nur verstehst – sondern liebst.

Entscheidungsprozesse neu denken

Entscheidungen durchziehen unser Leben wie ein unsichtbarer Strom. Manche sind klein, alltäglich, scheinbar belanglos – wie die Wahl des Frühstücks oder des Weges zur Arbeit. Andere erscheinen größer, weitreichender, folgenreicher – ein neuer Job, eine Trennung, ein Umzug, ein Neuanfang. Doch unabhängig von ihrer äußeren Bedeutung haben alle Entscheidungen eines gemeinsam: Sie formen unseren Weg. Sie geben unserem Leben Richtung. Sie sagen etwas über das Verhältnis aus, das wir zu uns selbst haben. Und genau deshalb lohnt es sich, den Blick zu schärfen für *die Art und Weise*, wie wir Entscheidungen treffen. Denn oft sind nicht die Entscheidungen selbst das Problem, sondern **die Prozesse, aus denen sie hervorgehen.**

Viele Menschen erleben Entscheidungen als Druck. Als etwas, das schnell, logisch, eindeutig geschehen muss. Sie glauben, es gäbe eine richtige und eine falsche Wahl, und ihre Aufgabe bestünde darin, möglichst fehlerfrei zu navigieren. Diese Vorstellung setzt unter Stress. Sie führt dazu, dass wir uns selbst verlieren – im Vergleich, im Grübeln, im Streben nach Sicherheit. Entscheidungen werden zu Prüfungen, zu Labyrinthen aus Wenns und Abers, an deren Ende nicht selten das Gefühl steht, *sich selbst nicht mehr zu spüren*. Doch was, wenn wir lernen, **Entscheidungen nicht länger als Last zu sehen, sondern als Einladung?** Eine Einladung, uns selbst näher zu kommen. Authentischer zu werden. Wahrhaftiger.

Ein neuer Umgang mit Entscheidungen beginnt mit einem Perspektivwechsel: Nicht die Entscheidung steht im Mittelpunkt, sondern **der Mensch, der sie trifft.** Es geht nicht um die perfekte Wahl, sondern darum, in welcher inneren Haltung du entscheidest. Nicht das Ergebnis macht dich frei, sondern die Klarheit über deine Beweggründe. Ein solcher Wandel beginnt mit der bewussten Abkehr von rein rationalen, eindimensionalen Entscheidungsprozessen. Das bedeutet nicht, dass der Verstand keinen Platz hat. Doch er darf nicht mehr allein regieren. Du bist mehr als dein Kopf. Du bist ein fühlendes, ahnendes, erfahrendes Wesen – und all diese Ebenen wollen einbezogen werden.

Viele traditionelle Entscheidungsmodelle basieren auf Bewertung, Vergleich, Zielorientierung. Sie folgen dem Prinzip: „Wäge alle Optionen ab, entscheide dich für die vorteilhafteste Lösung, setze sie effizient um." Dieses Prinzip funktioniert in klar strukturierten, objektiven Kontexten. Doch das Leben ist selten so geordnet. Entscheidungen, die dein Innerstes betreffen, lassen sich nicht in Excel-Tabellen darstellen. Deine Sehnsucht kennt keine Formel. Dein Herz folgt keinem Kosten-Nutzen-Diagramm. Und deshalb braucht es **neue Formen des inneren Zuhörens, neue Räume für das, was sich nicht sofort benennen lässt.**

Ein solcher Raum öffnet sich, wenn du dir erlaubst, zu fühlen, bevor du wählst. Nicht impulsiv, nicht blindlings – sondern achtsam, gegenwärtig, in Verbindung mit dir selbst. Spürst du ein inneres Ja oder ein inneres Zögern? Weitet sich etwas in dir, wenn du an eine Option denkst – oder zieht es sich zusammen? Diese somatischen Marker, diese feinen Körperempfindungen, sind Ausdruck deiner inneren Intelligenz. Sie sprechen eine Sprache, die du vielleicht lange vergessen hast, die du aber wieder lernen kannst. Du kannst sie nicht mit Argumenten ersetzen, aber du kannst sie **mit deinem Verstand ins Gespräch bringen.**

Ein integrativer Entscheidungsprozess ist dialogisch. Er lässt Raum für Gegensätze, für Widersprüche, für Ambivalenz. Er fragt nicht nur: „Was ist richtig?", sondern auch: „Was fühlt sich stimmig an?", „Was entspricht meinem innersten Bedürfnis?", „Was bringt mich mir selbst näher?" In solchen Prozessen geht es nicht mehr darum, Erwartungen zu erfüllen, sondern darum, authentisch zu leben. Du entscheidest nicht, um zu funktionieren – du entscheidest, um **ganz du selbst zu sein.**

Ein zentrales Element des neuen Entscheidens ist die Verlangsamung. In einer Welt, in der alles schnell gehen muss, wirkt das wie ein radikaler Akt. Doch genau darin liegt seine Kraft. Wenn du verlangsamst, hörst du wieder dich selbst. Du lässt Gedanken sich setzen, Gefühle auftauchen, Intuition sich zeigen. Du nimmst den Druck heraus, sofort wissen zu müssen. Du erlaubst dir, nicht alles zu kontrollieren, nicht sofort zu antworten, nicht perfekt zu funktionieren. Du schenkst dir Zeit – und diese Zeit ist oft der Raum, in dem **Wahrheit entsteht.**

Ebenso wichtig ist der bewusste Umgang mit Angst. Viele Entscheidungen werden nicht aus Klarheit, sondern aus Furcht getroffen: Angst vor dem Alleinsein, vor dem Scheitern, vor Ablehnung, vor dem Unbekannten. Diese Ängste sind menschlich. Sie gehören zum Leben. Doch sie dürfen nicht das Fundament deiner Entscheidungen sein. Wenn du beginnst, deine Ängste zu benennen, ihnen zuzuhören, ohne dich von ihnen leiten zu lassen, entziehst du ihnen die Macht. Du erkennst: *Die Angst ist da – aber sie ist nicht mein Ratgeber.* Du darfst sie fühlen – und dich trotzdem für die Stimme deines Herzens entscheiden.

Ein weiterer Aspekt des neuen Entscheidens ist der Abschied vom Perfektionismus. Du wirst nie alle Informationen haben. Du wirst nie wissen, wie es ausgegangen wäre, wenn du anders entschieden hättest. Und du wirst nicht vermeiden können, Fehler zu machen. Doch Fehler sind keine Katastrophen. Sie sind Erfahrungen. Sie zeigen dir, wo du weiterwachsen darfst. Entscheidungen sind nicht dazu da, alles richtig zu machen – sondern dich weiterzubringen auf deinem Weg zu dir selbst.

Manchmal bedeutet eine stimmige Entscheidung auch, sich gegen scheinbare Vernunft zu entscheiden. Für einen Neuanfang, den niemand versteht. Für eine Pause, obwohl alles um Bewegung ruft. Für ein „Nein", das dich schützt. Für ein „Ja", das dich über dich hinauswachsen lässt. Solche Entscheidungen fühlen sich oft riskant an – aber sie bringen dich in Einklang mit deiner Wahrheit. Und dieser Einklang ist wichtiger als jede Garantie. Denn was bringt es dir, eine scheinbar richtige Entscheidung zu treffen, wenn du dich dabei selbst verlierst?

Ein gesunder Entscheidungsprozess ist deshalb immer auch ein Prozess der Selbstverbindung. Du wirst nicht mehr für andere wählen, nicht mehr gegen dich, nicht mehr aus Angst. Du wirst lernen, dich selbst zu fragen: *Was brauche ich wirklich? Was entspricht mir – jetzt, hier, heute?* Du wirst lernen, das Außen als Impuls zu sehen, aber nicht als Maßstab. Du wirst aufhören, dich zu rechtfertigen – weil du weißt, was für dich stimmt.

Vielleicht wirst du auf diesem Weg öfter zögern. Vielleicht wirst du langsamer entscheiden. Vielleicht wirst du manchmal zweifeln. Doch das ist kein Zeichen von Schwäche – es ist ein Zeichen von Tiefe. Du entscheidest nicht mehr aus Automatismus. Du entscheidest bewusst. Und das ist einer der größten Akte der Selbstliebe: **dir selbst eine Stimme zu geben, die gehört wird.**

Dieser neue Umgang mit Entscheidungen ist kein schneller Trick. Er ist eine Praxis. Ein Weg, den du Schritt für Schritt gehst. Mit jedem kleinen „Ja" zu dir selbst wächst deine Klarheit. Mit jedem bewussten „Nein" stärkst du deine Integrität. Mit jeder Entscheidung, die du aus deinem Innersten heraus triffst – selbst wenn sie unbequem ist –, wächst deine Fähigkeit, dir zu vertrauen.

Entscheidungen neu zu denken heißt, Verantwortung neu zu begreifen: nicht als Last, sondern als Freiheit. Nicht als Druck, sondern als Möglichkeit. Nicht als Kampf, sondern als Tanz mit dem Leben. Du wirst nicht alles planen können – aber du kannst alles fühlen. Du wirst nicht alle Antworten kennen – aber du kannst spüren, was jetzt dran ist. Und du wirst nicht jedem gefallen – aber du wirst dich selbst achten.

Wenn du beginnst, Entscheidungen als Ausdruck deiner Selbstliebe zu sehen, verändert sich alles. Du wirst ruhiger. Klarer. Wahrhaftiger. Und du wirst erkennen: Es gibt keine perfekte Entscheidung – aber es gibt **entscheidende Momente, in denen du dich für dich selbst entscheidest.** Und das ist immer richtig.

Der Mut zur Veränderung

Veränderung beginnt oft im Stillen. Nicht mit einem Paukenschlag, sondern mit einem Gefühl. Mit einer leisen Unruhe, einem inneren Ziehen, einem zarten Impuls, der dir sagt: *So wie es ist, kann es nicht bleiben.* Vielleicht kommt dieser Impuls aus dem Nichts, vielleicht wächst er über Jahre, vielleicht ist er ein leiser Begleiter deines Alltags – kaum spürbar, aber immer da. Er lässt dich nicht mehr los, nicht, weil er laut ist, sondern weil er wahr ist. Und irgendwann stehst du an einem Punkt, an dem du weißt: *Etwas muss sich ändern.* Doch zwischen dem Wissen und dem Tun liegt ein weiter Raum. Dieser Raum heißt **Mut**.

Der Mut zur Veränderung ist nicht die Abwesenheit von Angst, sondern die Entscheidung, der Wahrheit in dir zu folgen – trotz der Angst. Denn Veränderung ist selten bequem. Sie bringt Unsicherheit, Instabilität, Unklarheit. Sie fordert dich heraus, gewohnte Bahnen zu verlassen, Sicherheiten loszulassen, dich selbst neu zu begegnen. Veränderung wirbelt auf. Sie zwingt dich, alte Muster zu hinterfragen, dich mit inneren Widerständen auseinanderzusetzen, die Komfortzone zu verlassen. Und doch ist sie notwendig, wenn du wachsen willst. Wenn du dir selbst treu sein willst. Wenn du nicht nur funktionieren, sondern wirklich leben willst.

Mut heißt nicht, keine Zweifel zu haben. Mut heißt, dich trotzdem zu entscheiden. Nicht kopflos, nicht unüberlegt, sondern mit Bewusstsein. Mit Herz. Mit einem inneren Wissen, das klarer ist als jede Statistik, stärker als jede Angst, echter als jede Meinung von außen. Mut ist der Moment, in dem du sagst: *Ich wähle mich. Ich wähle meine Wahrheit. Ich wähle mein Leben.*

Doch was macht diesen Mut so schwer? Warum zögern wir so lange, selbst wenn wir spüren, dass eine Veränderung überfällig ist? Ein Grund liegt in der Angst vor dem Unbekannten. Wir klammern uns an das Vertraute, selbst wenn es uns nicht mehr gut tut. Wir bleiben in Beziehungen, die uns klein machen. In Jobs, die uns auslaugen. In Rollen, die uns nicht mehr entsprechen. Warum? Weil sie uns vertraut sind. Weil sie einen Rahmen geben. Weil sie uns das Gefühl vermitteln, zu wissen, wer wir sind – auch wenn dieser Rahmen längst zu eng geworden ist.

Der Mensch ist ein Gewohnheitswesen. Unser Gehirn liebt Wiederholung, Vorhersehbarkeit, Sicherheit. Veränderungen dagegen aktivieren unser Stresssystem. Sie fordern neue neuronale Pfade, emotionale Anpassung, ein Loslassen von Kontrolle. Doch genau darin liegt auch das Geschenk: **In der Veränderung wächst deine Freiheit.** Du wirst nicht mehr von Mustern gesteuert, sondern beginnst, bewusst zu gestalten. Du wirst nicht mehr durch Erwartungen begrenzt, sondern beginnst, dich selbst zu fragen, was du wirklich willst.

Dazu braucht es Ehrlichkeit. Die Ehrlichkeit, dir selbst einzugestehen, dass du dich verraten hast – für Anerkennung, für Sicherheit, für Harmonie. Die Ehrlichkeit, zu erkennen, dass das Leben, das du führst, nicht mehr stimmig ist. Die Ehrlichkeit, deine Sehnsucht zuzulassen. Und diese Ehrlichkeit ist schmerzhaft. Denn sie zeigt dir, wo du dich versteckt hast, angepasst, klein gemacht. Sie konfrontiert dich mit deiner Angst – vor Scheitern, vor Zurückweisung, vor Einsamkeit. Doch sie ist auch der Beginn einer neuen Geschichte. **Deiner Geschichte.**

Der Mut zur Veränderung ist nicht laut. Er ist nicht heroisch. Er zeigt sich in kleinen Entscheidungen: In dem Gespräch, das du nicht länger aufschiebst. In dem Schritt, den du endlich gehst. In dem Nein, das du aussprichst, obwohl es unbequem ist. In dem Ja, das du dir selbst gibst, obwohl du Angst hast. Mut zeigt sich in der Bereitschaft, deinen inneren Ruf nicht länger zu ignorieren. In der Entscheidung, deiner Intuition zu vertrauen, selbst wenn dein Kopf zweifelt.

Dabei wirst du scheitern. Du wirst zurückfallen. Du wirst manchmal wünschen, du hättest den sicheren Weg gewählt. Doch das ist Teil des Weges. Mut zur Veränderung bedeutet nicht, alles richtig zu machen. Es bedeutet, **dir selbst treu zu bleiben – auch im Scheitern.** Es bedeutet, dir selbst zu vergeben, wenn du zurückschreckst. Und wieder aufzustehen, wenn du gefallen bist.

Veränderung braucht nicht nur Mut, sondern auch Geduld. Der Weg in ein neues Leben geschieht nicht über Nacht. Es ist ein Prozess des Entlernens und Neuwerdens. Du wirst alte Glaubenssätze loslassen müssen – über dich, über die Welt, über das, was möglich ist. Du wirst deine Identität infrage stellen, deinen Platz neu definieren, dein Herz neu ausrichten. Das kann einsam sein. Unklar. Schmerzhaft. Aber es ist auch lebendig. Echt. Und voller Kraft.

Der Mut zur Veränderung beginnt mit einem einzigen Moment. Einem Moment, in dem du innehältst. In dem du spürst: *So wie bisher geht es nicht weiter.* Einem Moment, in dem du dich fragst: *Was wäre, wenn ich mich wirklich für mich entscheide?* Nicht gegen andere, sondern **für dich.** Für deine Wahrheit. Für deinen Weg.

Und manchmal braucht es nicht einmal eine große Entscheidung. Manchmal beginnt Veränderung in den kleinsten Dingen: In der Art, wie du morgens in den Spiegel schaust. In der Entscheidung, dich nicht länger selbst zu verurteilen. In dem neuen Gedanken: *Vielleicht darf ich mich wirklich lieben.* Diese kleinen Mutmomente summieren sich. Sie schaffen neue Realitäten. Sie ebnen den Weg für größere Schritte.

Du wirst nicht alle Antworten haben, wenn du dich aufmachst. Aber du wirst neue Fragen entdecken. Fragen, die dich tiefer führen als jede scheinbare Sicherheit. Fragen wie: *Was will mein Herz? Wer bin ich jenseits meiner Rollen? Was bedeutet es, frei zu sein?* Und mit jeder Antwort, die du nicht mit dem Verstand, sondern mit deinem Leben gibst, wächst dein Mut. Er wird Teil deiner Identität. Nicht als Kampfgeist, sondern als **stille Kraft, die dich trägt.**

Der Mut zur Veränderung ist auch ein Akt der Liebe. Liebe zu dir selbst. Liebe zu dem Leben, das dich ruft. Liebe zu dem Menschen, der du wirklich bist. Wenn du beginnst, dieser Liebe zu vertrauen, wirst du Wege gehen, die du dir nie zugetraut hast. Du wirst loslassen, was dir nicht mehr dient. Du wirst entdecken, wie viel größer du bist als deine Angst. Und du wirst spüren: **Veränderung ist kein Risiko – sie ist eine Rückkehr. Zu dir.**

Vielleicht wird es auf diesem Weg einsam. Vielleicht wirst du missverstanden. Vielleicht wirst du zweifeln. Doch du wirst leben. Wirklich leben. Und irgendwann wirst du zurückblicken und erkennen: Der Moment, in dem du dich entschieden hast, deiner Wahrheit zu folgen, war der Beginn von allem. Der Moment, in dem du zum ersten Mal den Mut hattest, aus dem Herzen heraus zu wählen. Nicht den leichten Weg. Sondern den echten. Deinen.

Fazit

Entscheidungen sind mehr als bloße Richtungswechsel. Sie sind Ausdruck deiner Beziehung zu dir selbst. In ihnen zeigt sich, wie sehr du dich kennst, dir vertraust, dich ernst nimmst. Jede Entscheidung, die du triffst – ob klein oder groß –, ist eine Möglichkeit, **dich selbst zu wählen**. Und wenn du lernst, dein Herz in diesen Prozess einzubeziehen, öffnet sich ein Raum, in dem du nicht nur handelst, sondern *in dir ankommst*.

Du hast in diesem Kapitel entdeckt, dass Herz und Verstand keine Gegenspieler sind. Sie sprechen unterschiedliche Sprachen, ja – aber sie können sich ergänzen, sich befruchten, sich in Balance bringen. Der Verstand analysiert, plant, strukturiert. Das Herz fühlt, spürt, erkennt Sinn – manchmal ohne Beweis, aber mit einer tiefen Klarheit. Wenn du beide Ebenen miteinander verbindest, entsteht eine neue Art von Entscheidungskompetenz: **eine, die nicht nur richtig erscheint, sondern sich auch richtig anfühlt.**

Du hast gelernt, dass Herzintelligenz mehr ist als Gefühl. Sie ist eine Form von innerem Wissen, das sich in Stille zeigt, in Körperempfindungen, in der leisen Gewissheit, dass ein Weg zu dir passt – auch wenn er unbequem ist. Du hast verstanden, dass du keine perfekte Entscheidung brauchst, sondern eine stimmige. Und dass diese Stimmigkeit sich nicht aus äußeren Meinungen ergibt, sondern aus deiner inneren Verbindung.

Du hast erfahren, wie du Entscheidungsprozesse neu denken kannst – langsamer, bewusster, achtsamer. Nicht aus Druck, sondern aus Tiefe. Nicht aus Angst, sondern aus Verbindung. Du darfst aufhören, dich zu rechtfertigen. Du darfst lernen, dir selbst zu genügen. Du darfst dich leiten lassen von dem, was in dir nach Wahrheit klingt – auch wenn andere es nicht verstehen.

Und du hast dich dem Mut gestellt, den es braucht, wirklich deinem Herzen zu folgen. Du weißt jetzt, dass Mut nicht bedeutet, keine Angst zu haben, sondern trotz der Angst deiner inneren Stimme zu vertrauen. Dass Veränderung nicht das Ende von Sicherheit ist, sondern der Beginn von Freiheit. Dass der Weg, der dich zu dir selbst führt, nicht immer bequem, aber **immer wahrhaftig** ist.

🌿 Wenn du beginnst, Entscheidungen aus deinem Herzen zu treffen,
🌿 beginnst du, dein Leben mit dir selbst abzustimmen – nicht mit den Erwartungen anderer.
🌿 Du wirst klarer, weil du nicht mehr suchst, sondern spürst.
🌿 Du wirst ruhiger, weil du nicht mehr kämpfst, sondern wählst.
🌿 Du wirst freier, weil du nicht mehr beweisen musst – sondern einfach bist.

Vielleicht wird nicht jede Entscheidung, die du aus deinem Herzen triffst, zum unmittelbaren Erfolg führen. Vielleicht wirst du scheitern, zweifeln, neu wählen müssen. Doch du wirst nie wieder ganz verloren sein – denn du hast gelernt, **wo deine Richtung beginnt: in dir.**

Diese innere Orientierung ist unbezahlbar. Sie macht dich unabhängig, nicht gleichgültig. Verbunden, nicht angepasst. Stark, nicht hart. Und mit jedem Schritt, den du aus deiner inneren Wahrheit heraus gehst, wächst dein Vertrauen – in dich selbst, in das Leben, in den Weg, den du gestaltest.

✦ Entscheiden mit dem Herzen heißt nicht, blind zu folgen.
✦ Es heißt, hinzuhören, abzuwägen, zu spüren – und dann mutig zu gehen.
✦ Es heißt, dich selbst zu führen – nicht im Namen der Vernunft allein, sondern im Namen deiner Würde.

Du bist fähig, gute Entscheidungen zu treffen. Nicht, weil du alle Antworten kennst. Sondern weil du beginnst, **dir selbst die wichtigste Stimme in deinem Leben zuzugestehen.** Und das ist vielleicht die kraftvollste Entscheidung, die du je treffen kannst.

Kapitel 8: Beziehungen aus Liebe statt aus Mangel

Selbstliebe ist die Basis jeder gesunden Beziehung

Einleitung: Warum echte Nähe bei dir selbst beginnt

Beziehungen sind das Herzstück unseres Menschseins. Sie durchdringen alle Lebensbereiche – ob familiär, freundschaftlich, romantisch, beruflich oder zufällig. Überall begegnen wir anderen Menschen, überall formen sich Bindungen, Erwartungen, Dynamiken. Und immer wieder suchen wir dasselbe: Nähe. Verbundenheit. Anerkennung. Gesehenwerden. Doch so sehr wir uns auch nach tiefer Verbindung sehnen, so oft scheitern wir genau daran. Wir fühlen uns nicht verstanden. Nicht gehört. Nicht genug. Wir kämpfen, passen uns an, verlieren uns. Und irgendwann bleibt die Frage: *Warum gelingt Nähe so oft nicht – obwohl wir sie doch so sehr wollen?*

Die Antwort liegt nicht im Außen. Sie liegt nicht in den Fehlern der anderen, nicht in falschen Partnern oder unpassenden Freundschaften. Die Antwort liegt in dir. Denn **echte Nähe beginnt immer bei dir selbst.** Nicht in dem Moment, in dem dir jemand sagt, dass du liebenswert bist. Sondern in dem Moment, in dem du es selbst glaubst. Nicht in der Zuwendung von außen, sondern in der Zuwendung nach innen. Nähe zu anderen ist nur so tief möglich, wie die Nähe ist, die du zu dir selbst zulassen kannst.

Wenn du dich selbst nicht kennst, wirst du dich in Beziehungen verlieren. Wenn du dich selbst nicht annimmst, wirst du Anerkennung von außen brauchen wie die Luft zum Atmen. Wenn du dich selbst nicht liebst, wirst du dich abhängig machen – von Bestätigung, von Liebe, von Aufmerksamkeit. Dann wird Beziehung zu einem Ort des Mangels, nicht der Fülle. Zu einem Spiegel deiner Selbstzweifel, nicht deiner Selbstliebe. Und genau deshalb ist **Selbstliebe kein Luxus, sondern die Voraussetzung für jede gesunde Verbindung.**

Diese Wahrheit mag unbequem sein. Denn sie fordert dich heraus, Verantwortung zu übernehmen. Nicht mehr mit dem Finger auf andere zu zeigen. Nicht mehr zu hoffen, dass jemand kommt, der dich heilt, dich rettet, dich ganz macht. Sondern in den Spiegel zu schauen und zu fragen: *Wie liebevoll bin ich mit mir selbst? Wie tief kann ich mich selbst halten, wenn es schwierig wird? Wie ehrlich bin ich in meiner Bedürftigkeit?* Diese Fragen sind keine Anklage, sondern Einladungen. Sie zeigen dir, wo Nähe wirklich beginnt – nicht durch äußere Umstände, sondern durch innere Verbindung.

Wir alle tragen Wunden in uns. Verletzungen aus der Kindheit, aus früheren Beziehungen, aus Erfahrungen von Zurückweisung, Entwertung, Verlassenwerden. Diese Wunden prägen, wie wir lieben – und wie wir geliebt werden wollen. Wenn wir sie nicht erkennen, reproduzieren wir sie. Wir erwarten vom Gegenüber, dass er das heilt, was in uns selbst unberührt geblieben ist. Wir klammern, wenn wir Angst vor Verlust haben. Wir ziehen uns zurück, wenn Nähe zu bedrohlich wird. Wir geraten in alte Muster, in Abhängigkeit, in Kampf, in Anpassung – nicht, weil wir böse sind, sondern weil wir unbewusst agieren. Und genau deshalb ist Bewusstsein der erste Schritt zu echter Verbindung. Bewusstsein darüber, **wer du bist, was du brauchst und was du aus Liebe zu dir selbst nicht mehr bereit bist, zu dulden.**

Wenn du beginnst, dich selbst wirklich zu sehen, verändert sich dein Beziehungsverhalten. Du musst nicht mehr um Liebe bitten. Du brauchst keine Masken mehr. Du kannst dich zeigen – verletzlich, ehrlich, ganz. Du erkennst, dass deine Bedürfnisse nicht falsch sind, aber auch nicht auf Kosten deiner Integrität erfüllt werden müssen. Du lernst, Grenzen zu setzen – nicht, um andere fernzuhalten, sondern um dich selbst zu schützen. Du beginnst, zu wählen: welche Menschen dir guttun, welche nicht. Welche Nähe nährt, welche auslaugt. Und du wirst freier, klarer, liebevoller – weil du dich selbst nicht mehr verlässt.

In einer Beziehung aus Liebe statt aus Mangel geht es nicht darum, perfekt zu sein. Es geht darum, ehrlich zu sein. Es geht nicht darum, keine Bedürfnisse zu haben, sondern darum, sie zu kennen und in Würde auszudrücken. Es geht nicht darum, immer harmonisch zu sein, sondern darum, Konflikte so zu gestalten, dass Wachstum möglich wird. Es geht nicht um Verschmelzung, sondern um Verbindung auf Augenhöhe – zwischen zwei Menschen, die sich selbst genug sind, um einander **aus Freiheit und nicht aus Notwendigkeit** zu begegnen.

Dieses Kapitel lädt dich ein, die Qualität deiner Beziehungen zu reflektieren – und damit auch die Beziehung zu dir selbst. Es fordert dich heraus, hinter die Kulissen deiner Dynamiken zu blicken. Es erinnert dich daran, dass Liebe nicht durch Bedürftigkeit entsteht, sondern durch Reife. Und es zeigt dir Wege, wie du dich selbst so sehr lieben kannst, dass du in Beziehung treten kannst – **ohne dich zu verlieren.**

Denn echte Nähe ist kein Zustand, sondern ein Prozess. Ein Tanz zwischen Ich und Du. Ein Wechselspiel von Hingabe und Abgrenzung, von Offenheit und Schutz, von Autonomie und Verbundenheit. Und du wirst diesen Tanz nur dann in seiner Tiefe erleben, wenn du gelernt hast, zuerst mit dir selbst zu tanzen. Wenn du dich in deinen Armen halten kannst, bevor du dich in die Arme eines anderen legst. Wenn du deine Einsamkeit nicht mehr bekämpfst, sondern bewohnst. Wenn du aufhörst zu suchen – und beginnst zu sein.

In diesem Kapitel wirst du drei zentrale Aspekte erforschen, die deine Beziehungsfähigkeit grundlegend beeinflussen: die Fähigkeit, zu lieben, ohne dich abhängig zu machen; die Kunst, klare Grenzen zu ziehen, ohne dich zu verschließen; und das Verständnis, dass jede Beziehung ein Spiegel ist – nicht deiner Mängel, sondern deines Wachstums. Du wirst erkennen, dass du nicht erst lieben musst, um geliebt zu werden – sondern dass du **geliebt wirst, genau in dem Maß, in dem du dich selbst liebst.**

Beziehungen aus Liebe statt aus Mangel zu leben bedeutet nicht, keine Schwierigkeiten mehr zu haben. Es bedeutet, *auf eine andere Weise durch sie hindurchzugehen.* Mit mehr Bewusstsein. Mehr Verantwortung. Mehr Sanftheit. Und mit dem Wissen, dass du – ganz gleich, was im Außen geschieht – **bei dir bleiben kannst.** Dass du der Mensch bist, mit dem du dein ganzes Leben verbringst. Und dass du es verdienst, dich selbst als das zu behandeln, was du bist: **eine Quelle der Liebe.** Nicht nur für andere – sondern zuallererst für dich selbst.

Liebe ohne Abhängigkeit

Liebe – dieses Wort trägt so viel in sich. So viele Hoffnungen, Erwartungen, Projektionen. Für manche ist sie das höchste Gut, das heiligste Gefühl, der Sinn des Lebens. Für andere ist sie ein Ort des Schmerzes, der Enttäuschung, der Ohnmacht. Fast jeder Mensch sehnt sich nach Liebe. Doch nur wenige wissen, wie man wirklich liebt. Noch weniger wissen, wie man liebt, **ohne sich selbst zu verlieren.** Denn das, was wir so oft für Liebe halten, ist in Wahrheit nichts anderes als emotionale Abhängigkeit.

Abhängigkeit beginnt da, wo du glaubst, ohne den anderen nicht vollständig zu sein. Wo du dein Wohlbefinden an seine Anwesenheit, seine Worte, seine Bestätigung knüpfst. Wo du dich selbst verlierst, um gehalten zu werden. Wo du deine Bedürfnisse verleugnest, um geliebt zu werden. Wo du bleibst, obwohl dein Herz längst weiß, dass du gehen solltest. Emotionale Abhängigkeit ist keine bewusste Entscheidung – sie ist ein Muster. Ein Überlebensmuster, das sich tief in dir verankert hat. Meist schon in frühen Jahren, als du gelernt hast, dass Liebe nicht bedingungslos ist. Dass du etwas leisten, dich anpassen, still sein musstest, um geliebt zu werden. Und diese frühe Prägung trägst du weiter – in deine Partnerschaften, Freundschaften, in jede Form von Beziehung.

Wenn du in dieser inneren Struktur lebst, wird Liebe zu einem Tauschgeschäft: Ich gebe dir Nähe, damit du mir Sicherheit gibst. Ich bin für dich da, damit ich mich wertvoll fühle. Ich bleibe, damit ich nicht allein bin. Doch in diesem Handel bleibt eines auf der Strecke – deine Freiheit. Und mit ihr deine Echtheit. Denn du liebst nicht mehr aus vollem Herzen, sondern aus Angst. Aus dem Wunsch heraus, nicht verlassen, nicht übersehen, nicht enttäuscht zu werden. Du machst dich klein, um zu bleiben. Du passt dich an, um zu genügen. Und irgendwann weißt du nicht mehr, **wer du eigentlich bist**, wenn niemand neben dir steht.

Liebe ohne Abhängigkeit beginnt dort, wo du dir selbst genug bist. Wo du erkennst, dass der andere nicht dafür verantwortlich ist, deine Leere zu füllen, deine Wunden zu heilen, deinen Wert zu bestätigen. Wo du verstehst, dass echte Liebe kein Bedürfnis ist, sondern eine Entscheidung. Kein Mangel, der kompensiert werden muss, sondern eine Fülle, die geteilt werden darf. Liebe ohne Abhängigkeit bedeutet nicht, dass du niemanden brauchst. Es bedeutet, dass du nicht **abhängig bist von jemandem, um dich ganz zu fühlen**.

Diese Form der Liebe ist radikal ehrlich. Sie verlangt, dass du deine inneren Muster anschaust. Dass du dich fragst, warum du dich immer wieder in Beziehungen verstrickst, die dir nicht guttun. Warum du dich aufopferst, obwohl du erschöpft bist. Warum du klammerst, obwohl du weißt, dass es dich einengt. Warum du bleibst, obwohl du längst gehen möchtest. Diese Fragen sind unbequem. Aber sie sind notwendig, wenn du frei lieben willst. Denn du kannst nicht aus vollem Herzen lieben, solange du versuchst, dich über den anderen zu definieren. Du kannst keine echte Nähe erleben, solange du dich selbst verlässt, um sie zu bekommen.

Es braucht Mut, sich diese Muster einzugestehen. Denn oft schützen wir sie mit einem romantischen Schleier. Wir nennen Abhängigkeit „tiefe Bindung", Kontrolle „Fürsorge", Angst vor Alleinsein „Treue". Doch unter all dem liegt eine kindliche Sehnsucht: *Bitte sieh mich. Bitte verlass mich nicht. Bitte sag mir, dass ich gut genug bin.* Und solange diese Sehnsucht unbewusst bleibt, wird sie unsere Beziehungen steuern – und sabotieren.

Der Weg zu einer unabhängigen Liebe führt über die Selbstliebe. Du kannst nicht erwarten, dass dich jemand wirklich liebt, wenn du es selbst nicht tust. Du kannst keine Freiheit in der Liebe erfahren, solange du dich selbst nicht halten kannst. Selbstliebe bedeutet nicht, perfekt zu sein oder dich ständig toll zu finden. Sie bedeutet, **bei dir zu bleiben** – in deiner Wahrheit, in deiner Verletzlichkeit, in deiner Menschlichkeit. Sie bedeutet, dich nicht zu verlassen, nur weil jemand anderes dich nicht sehen kann. Und sie bedeutet, nicht auf jemanden zu warten, der dir das gibt, was du dir selbst verweigerst.

Liebe ohne Abhängigkeit lebt von Klarheit. Du weißt, was du willst – und was nicht. Du kennst deine Werte, deine Grenzen, deine Bedürfnisse. Du sprichst aus, was in dir lebt. Du hörst auf, dich zu verbiegen. Und du lässt den anderen frei. Denn du brauchst ihn nicht, um dich vollständig zu fühlen. Du willst ihn – aber nicht um jeden Preis. Diese Haltung ist kein Egoismus, sondern Reife. Sie macht Beziehungen nicht kälter, sondern wärmer. Denn dort, wo keine Abhängigkeit ist, kann echte Nähe entstehen. Nähe, die nicht aus Angst kommt, sondern aus Wahl. Nähe, die atmet, statt zu erdrücken.

Natürlich ist es ein Weg, dort hinzukommen. Du wirst nicht von heute auf morgen alle Muster loslassen. Du wirst fallen, klammern, zurückfallen. Aber du wirst bewusster. Du wirst erkennen, wenn du dich wieder verlierst – und dich sanft zu dir zurückholen. Du wirst lernen, dir selbst Halt zu geben. Nicht, indem du dich abschottest, sondern indem du dich liebevoll in dir verankerst. Dann kannst du dich öffnen – ohne dich auszuliefern. Lieben – ohne dich aufzugeben. Geben – ohne dich zu erschöpfen.

Und du wirst feststellen: Wenn du dich selbst nicht mehr brauchst, um geliebt zu werden, wird Liebe auf einmal frei. Sie fließt. Sie wächst. Sie darf sein, ohne sich rechtfertigen zu müssen. Ohne zu funktionieren. Ohne ständig in Frage gestellt zu werden. Du begegnest dem anderen nicht mehr als Bedürftige, sondern als Ganze. Und diese Begegnung ist heilig. Weil sie nicht aus Mangel, sondern aus Liebe geschieht.

Vielleicht wirst du durch diesen Prozess Menschen verlieren. Beziehungen, die auf Abhängigkeit basierten, werden brüchig. Dynamiken, die dich klein hielten, zerfallen. Das tut weh. Aber es schafft Raum. Raum für dich. Raum für das, was wahr ist. Raum für Menschen, die dich nicht brauchen, um sich selbst zu spüren – sondern die dich sehen, weil sie sich selbst sehen. Die dich lieben, weil sie dich erkennen. Und nicht, weil sie dich benutzen, um ihre eigenen Wunden zu stillen.

Liebe ohne Abhängigkeit ist kein Ideal, sondern eine Möglichkeit. Eine, die du wählen kannst – jeden Tag. Indem du dir selbst treu bleibst. Indem du loslässt, was dir nicht mehr dient. Indem du dich selbst nicht mehr klein machst, um geliebt zu werden. Du darfst wachsen. Du darfst Grenzen setzen. Du darfst gehen. Du darfst bleiben – aus freien Stücken. Und du darfst wissen: **Du bist ganz. Auch allein. Aber du darfst lieben – und dich lieben lassen.** Nicht als Bedürftige. Sondern als Mensch, der gelernt hat, dass Liebe erst dann wirklich wird, wenn du sie nicht mehr brauchst, um dich selbst zu fühlen. Sondern wenn du sie teilst – aus Fülle. Aus Freiheit. Aus dir selbst heraus.

Grenzen in Beziehungen

Grenzen sind wie unsichtbare Linien, die deinen Raum definieren. Sie trennen nicht, um zu isolieren, sondern um zu schützen. Sie sagen nicht: „Hier hört die Verbindung auf", sondern: „Hier beginnt meine Selbstachtung." Und doch fällt es vielen Menschen schwer, gesunde Grenzen in Beziehungen zu setzen. Denn wir wurden selten dazu ermutigt. Viel eher haben wir gelernt, dass Liebe bedeutet, sich hinzugeben, sich anzupassen, sich aufzulösen im Anderen. Wir haben gelernt, dass Rücksichtnahme mehr zählt als Selbstfürsorge, dass Nähe nur dann möglich ist, wenn man Kompromisse eingeht, dass Harmonie um jeden Preis wünschenswert sei. Doch das ist eine gefährliche Illusion. Denn ohne Grenzen verliert sich der Mensch. Ohne Grenzen wird Nähe zu Enge. Und Liebe zu Last.

Grenzen in Beziehungen zu setzen ist ein Akt der Selbstliebe. Sie zeigen dir selbst – und deinem Gegenüber – wo du stehst. Was dir wichtig ist. Was du brauchst. Was du nicht mehr bereit bist zu tolerieren. Sie sind kein Zeichen von Härte, sondern von Reife. Kein Ausdruck von Egoismus, sondern von Selbstverantwortung. Grenzen sagen nicht „Ich will dich nicht", sondern „Ich will mich nicht verlieren". Sie ermöglichen überhaupt erst die Grundlage für echte, tiefe Verbindung – weil sie den Raum schaffen, in dem zwei Menschen sich als eigenständige Wesen begegnen können.

Viele Menschen haben Angst vor Grenzen. Sie fürchten, dadurch geliebt zu werden sei nicht mehr möglich. Dass sie abgelehnt, verlassen, verurteilt werden, wenn sie „Nein" sagen, wenn sie sich abgrenzen, wenn sie ihre Bedürfnisse ernst nehmen. Diese Angst ist verständlich – und tief verankert. Denn oft haben wir in unserer Kindheit erfahren, dass Zugehörigkeit an Bedingungen geknüpft war. Dass Liebe dann kam, wenn wir angepasst, brav, verfügbar waren. Dass „Nein" mit Liebesentzug bestraft wurde. Und so haben wir gelernt, uns selbst zu übergehen, um dazuzugehören. Wir haben unsere eigenen Grenzen vergessen, um andere nicht zu verlieren.

Doch das Tragische daran ist: In dem Versuch, andere nicht zu verlieren, verlieren wir uns selbst. Wir sagen Ja, obwohl wir Nein meinen. Wir schweigen, obwohl es uns innerlich zerreißt. Wir stimmen zu, um den Frieden zu wahren, und merken nicht, wie sehr wir uns selbst verraten. Mit jedem Mal, in dem wir unsere Grenze nicht achten, senden wir uns selbst die Botschaft: *Meine Bedürfnisse zählen nicht. Meine Wahrheit ist weniger wert. Meine Gefühle sind zu viel.* Und diese Botschaft hinterlässt Spuren – im Selbstwert, im Körper, in der Seele.

Grenzen zu setzen heißt nicht, Mauern zu errichten. Es bedeutet, bewusst zu entscheiden, was du zulässt und was nicht. Es bedeutet, klar zu kommunizieren, wo deine Verantwortlichkeit endet – und wo die des anderen beginnt. Es bedeutet, dir selbst so sehr zu vertrauen, dass du bereit bist, Unbequemlichkeit auszuhalten, um bei dir zu bleiben. Denn Grenzen machen dich nicht unliebsam – sie machen dich greifbar. Sie zeigen, dass du ein Mensch bist mit Würde, mit Tiefe, mit innerem Maßstab.

Eine Beziehung ohne Grenzen ist keine Beziehung, sondern eine Vermischung. Zwei Menschen werden zu einer unklaren Einheit, in der niemand mehr weiß, was wem gehört. Emotionen werden ungefiltert übernommen, Verantwortlichkeiten verwischen, Nähe wird zur Symbiose. Und Symbiose klingt romantisch, aber sie ist zerstörerisch. Denn wo keine Grenzen sind, gibt es keine Freiheit. Und ohne Freiheit kann Liebe nicht atmen.

Es braucht Mut, Grenzen zu setzen. Vor allem in nahen Beziehungen. Denn dort ist der Wunsch nach Harmonie besonders stark. Doch echte Harmonie entsteht nicht durch Gleichmacherei oder ständige Zustimmung – sie entsteht durch Ehrlichkeit. Durch das Nebeneinander zweier klarer Individuen, die sich in ihrer Unterschiedlichkeit achten. Und diese Achtung beginnt mit dir selbst. Wenn du dich selbst ernst nimmst, kannst du auch vom anderen ernst genommen werden. Wenn du dich selbst schützt, wirst du dich nicht mehr dafür entschuldigen, dass du fühlst, was du fühlst.

Grenzen lassen sich nicht pauschal definieren. Sie sind individuell. Was für den einen in Ordnung ist, ist für den anderen zu viel. Was du gestern noch tolerieren konntest, kann sich heute falsch anfühlen. Grenzen sind dynamisch. Sie dürfen sich verändern, mit dir wachsen, sich neu justieren. Entscheidend ist nicht, dass du sie perfekt formulierst, sondern dass du lernst, sie zu spüren. In deinem Körper. In deiner Intuition. In dem Moment, in dem etwas eng wird, schwer, unangenehm. In dem Moment, in dem du dich selbst nicht mehr wiedererkennst. Dann ist es Zeit, innezuhalten und dich zu fragen: *Was brauche ich gerade? Wo endet mein Raum? Und wie kann ich ihn wieder zurückholen?*

Grenzen zeigen sich nicht nur in Worten, sondern auch in Handlungen. Sie drücken sich aus in deinen Entscheidungen, in deiner Präsenz, in deiner Klarheit. Manchmal ist eine Grenze ein sanftes „Nein". Manchmal ein fester Rückzug. Manchmal ein tiefer Atemzug, bevor du sprichst. Und manchmal die Entscheidung, zu gehen, wenn bleiben dich zu sehr kostet. All das sind Formen von

Selbstachtung. Und je mehr du sie lebst, desto natürlicher werden sie. Nicht, weil es leichter wird – sondern weil du dir selbst wichtiger wirst als der Applaus der anderen.

Es ist hilfreich, wenn du lernst, Grenzen nicht als Ablehnung zu kommunizieren, sondern als Ausdruck deiner inneren Wahrheit. Du kannst sagen: „Ich brauche Raum, weil ich mich gerade selbst verliere." Oder: „Ich sehe deinen Schmerz, aber ich bin nicht verantwortlich für deine Heilung." Oder: „Ich liebe dich – und ich wähle, bei mir zu bleiben." Solche Aussagen sind keine Angriffe, sondern Einladungen. Sie öffnen einen Raum für ehrliche Begegnung. Sie machen sichtbar, was sonst oft unausgesprochen bleibt.

Manche Menschen werden deine Grenzen nicht mögen. Sie werden dich unter Druck setzen, dich emotional erpressen, dich kritisieren. Nicht, weil du falsch bist – sondern weil sie es nicht gewohnt sind, dass jemand klar ist. Vielleicht hast du in der Vergangenheit Menschen angezogen, die davon profitiert haben, dass du keine Grenzen hattest. Dass du dich angepasst, zurückgenommen, verfügbar gemacht hast. Wenn du beginnst, dich selbst zu achten, wirst du vielleicht erleben, dass manche Beziehungen sich verändern – oder enden. Das tut weh. Aber es ist notwendig, um Raum zu schaffen für Beziehungen, die dich nähren statt dich zu erschöpfen. Beziehungen, in denen du nicht nur geduldet, sondern gesehen wirst – in deiner ganzen Wahrheit.

Grenzen in Beziehungen sind kein Widerspruch zur Liebe. Sie sind ihre Voraussetzung. Denn wahre Liebe entsteht dort, wo zwei Menschen sich nicht brauchen, um vollständig zu sein, sondern sich **frei entscheiden**, einander zu begegnen – immer wieder, in Freiheit, in Achtsamkeit, in Respekt. Eine solche Liebe ist keine Verschmelzung, sondern ein Miteinander in Würde. Sie ist nicht laut, aber tief. Nicht dramatisch, aber kraftvoll. Und sie ist nur möglich, wenn beide sich selbst nicht verlassen – für den anderen, für den Frieden, für die Angst vor Einsamkeit.

Letztlich ist jede Grenze, die du setzt, ein Ja zu dir selbst. Ein Ja zu deinem inneren Maßstab. Ein Ja zu deinem Gefühl. Ein Ja zu dem Menschen, der du geworden bist – und zu dem, der du werden willst. Dieses Ja ist nicht immer bequem. Es wird dich manchmal einsam machen. Aber es wird dich nie falsch machen. Denn du bist nicht hier, um dich zu verbiegen. Du bist hier, um **dein Leben in deiner Wahrheit zu leben** – und dafür brauchst du Räume, in denen du atmen kannst. Beziehungen, in denen du du selbst sein darfst. Und den Mut, immer wieder zu dir zurückzukehren, wenn du dich verlierst.

Grenzen sind keine Mauern. Sie sind Tore – zu dir selbst. Und zu einer neuen Art von Beziehung: klar, lebendig, frei. Du darfst lernen, sie zu setzen. Du darfst dich irren. Du darfst wachsen. Und du darfst wissen: Jeder Schritt, den du machst, um dich selbst zu achten, ist ein Schritt in Richtung Liebe. Nicht gegen den anderen – sondern **für dich.** Und nur aus diesem inneren Raum heraus kann Liebe wirklich werden. Wahr. Reif. Und frei.

Beziehungen als Spiegel

Beziehungen sind nicht nur Orte der Nähe, der Geborgenheit, des Miteinanders. Sie sind auch die deutlichsten Spiegel unserer inneren Welt. In keinem anderen Lebensbereich werden unsere unbewussten Muster, unsere unerfüllten Sehnsüchte, unsere verdrängten Schatten so sichtbar wie in der Begegnung mit einem anderen Menschen. Gerade dort, wo es am meisten knistert, wo es schmerzt, wo wir kämpfen oder uns verlieren, offenbaren sich die tiefsten Schichten unserer Seele. **Beziehungen zeigen uns, wer wir sind – nicht, wer wir zu sein glauben.** Sie halten uns einen Spiegel vor, in dem wir uns selbst erkennen können. Wenn wir bereit sind, hinzusehen, wird jede Beziehung – ob romantisch, freundschaftlich, familiär oder flüchtig – zu einer Einladung, tiefer zu gehen. Zu wachsen. Zu heilen. Zu werden, wer wir wirklich sind.

Wir alle tragen innere Anteile in uns, die in Beziehungen aktiviert werden. Kindliche Anteile, die sich nach Geborgenheit sehnen. Verwundete Anteile, die sich vor Ablehnung fürchten. Kontrollierende Anteile, die Sicherheit suchen. Oder überangepasste Anteile, die gelernt haben, sich zu verbiegen, um geliebt zu werden. Diese inneren Persönlichkeitsfragmente entstehen durch Prägung, durch Erfahrung, durch Schmerz – und sie bleiben oft unbewusst, solange wir allein sind. Erst in Beziehung – im Kontakt mit dem Anderen – beginnen sie, sich zu zeigen. Plötzlich reagierst du heftig auf eine scheinbare Kleinigkeit. Du fühlst dich übersehen, obwohl du weißt, dass es nicht persönlich gemeint war. Du wirst wütend, eifersüchtig, hilflos. Oder du ziehst dich zurück, verschließt dich, obwohl du eigentlich Nähe möchtest. **Was in diesen Momenten geschieht, ist kein Zufall – es ist Spiegelarbeit in ihrer reinsten Form.**

Dein Gegenüber löst nichts in dir aus, das nicht schon in dir liegt. Er oder sie berührt etwas in deinem Inneren, das noch gesehen, gefühlt, gehalten werden will. Und je intensiver die Beziehung, desto tiefer der Spiegel. Das gilt für Partnerschaften, in besonderem Maße aber auch für andere nahestehende Beziehungen – zu Eltern, Geschwistern, engen Freundinnen oder Mentoren. Sie alle fungieren als Projektionsfläche für das, was in dir lebt: deine Wünsche, deine Ängste, deine Glaubenssätze, deine verdrängten Sehnsüchte.

In einer bewussten Beziehung beginnt deshalb ein feiner Tanz: Du begegnest dem Anderen – und zugleich dir selbst. Du spürst Nähe – und zugleich deine Angst vor dem Verlust. Du erfährst Annahme – und zugleich deine Zweifel, sie verdient zu haben. Du wirst gesehen – und zugleich siehst du, was du dir selbst noch nicht zugestehst. **Jede Reaktion, jedes Gefühl, jeder Konflikt birgt die Chance, tiefer zu verstehen: Wer bin ich in Beziehung – und warum?**

Dieser Prozess kann schmerzhaft sein. Denn es ist nicht leicht, sich einzugestehen, dass der Schmerz, den du dem anderen zuschreibst, in Wahrheit dein eigener ist. Dass du vielleicht nicht betrogen wurdest – sondern deine eigene Wahrheit verraten hast. Dass du nicht verlassen wurdest – sondern dich selbst zu oft verlassen hast. Dass du nicht verletzt wurdest – sondern eine alte Wunde erneut berührt wurde. Doch gerade in dieser Erkenntnis liegt ungeheure Kraft. Denn was du als Spiegel erkennst, kannst du verwandeln. Was du dir selbst bewusst machst, verliert seine Macht über dich. Und was du in dir selbst heilst, musst du nicht länger im Anderen suchen.

Beziehungen als Spiegel zu verstehen, bedeutet nicht, Schuld zu verteilen. Es geht nicht darum, die Verantwortung für destruktives Verhalten anderer zu relativieren. Es geht darum, **deine eigene emotionale Reaktion als Wegweiser zu nutzen.** Wenn dich etwas trifft, was jemand sagt oder tut, kannst du dich fragen: *Was genau berührt mich? Welche Geschichte in mir wird hier gerade aktiviert? Welche Angst, welches Bedürfnis, welches alte Muster liegt darunter?* Solche Fragen führen dich nicht weg vom Anderen, sondern näher zu dir selbst. Sie helfen dir, nicht mehr zu reagieren, sondern zu antworten. Nicht mehr zu kämpfen, sondern zu verstehen. Nicht mehr zu flüchten, sondern zu wachsen.

Viele Menschen versuchen, durch Beziehung eine innere Leere zu füllen. Sie erwarten vom Gegenüber Liebe, die sie sich selbst nicht geben. Anerkennung, die sie sich selbst verweigern. Sicherheit, die sie sich selbst nicht schenken. Doch das führt unweigerlich zu Enttäuschung – denn kein Mensch kann dauerhaft das erfüllen, was du dir selbst nicht geben willst. Und je mehr du den Anderen brauchst, um dich ganz zu fühlen, desto mehr wirst du leiden, wenn er dir dieses Gefühl nicht geben kann. Der Spiegel wird zur Bedrohung – nicht zur Chance.

Doch wenn du beginnst, Beziehung als Spiegel zu begreifen, verschiebt sich etwas Grundlegendes. Du beginnst, die Verantwortung für dein inneres Erleben zu übernehmen. Du hörst auf, den Anderen für dein Glück oder dein Leid verantwortlich zu machen. Du beginnst, **dich selbst zu erforschen – liebevoll, ehrlich, mutig.** Und genau hier beginnt eine neue Form von Beziehung: Eine Beziehung, in der nicht mehr zwei Halbe nach Vollständigkeit suchen, sondern zwei Ganze sich begegnen. Nicht aus Bedürftigkeit, sondern aus Fülle. Nicht aus Angst, sondern aus Freiheit.

Ein zentraler Schlüssel in dieser Spiegelarbeit ist Selbstreflexion. Die Fähigkeit, sich selbst zu beobachten, ohne sich zu verurteilen. Zu spüren, was in dir geschieht, ohne dich darin zu verlieren. Das bedeutet nicht, alles sofort verstehen zu müssen. Es bedeutet, offen zu bleiben. Fragen zu stellen. Neugierig zu sein. Sich selbst als Lernende*r zu sehen. Und zu erkennen: *Ich darf mich verändern. Ich darf mich zeigen. Ich darf mich lieben – auch mit meinen Widersprüchen, meinen Schatten, meinen offenen Fragen.*

Besonders in Konflikten zeigt sich, wie tief du bereit bist, den Spiegel zu nutzen. Denn dort, wo du verletzt wirst, liegt die größte Chance auf Wachstum. Nicht, weil der Schmerz gerechtfertigt wäre – sondern weil er dir zeigt, wo du noch heilen darfst. Vielleicht spürst du alte Gefühle von Übersehenwerden, von Nicht-Genügen, von Wertlosigkeit. Vielleicht fühlst du dich manipuliert, missverstanden, verraten. Doch bevor du reagierst, kannst du innehalten und fragen: *Wo kenne ich dieses Gefühl? Wann habe ich es zum ersten Mal gespürt? Was braucht dieser Teil in mir jetzt?* Und dann kannst du lernen, **dir selbst zu geben, was du vom Anderen erwartest.** Liebe. Halt. Anerkennung. Würde.

Wenn du dich selbst erkennst, hörst du auf, zu kämpfen. Du musst dich nicht mehr beweisen, nicht rechtfertigen, nicht kontrollieren. Du wirst stiller. Klarer. Wahrhaftiger. Und genau diese Klarheit verändert deine Beziehungen. Menschen, die dich bisher getriggert haben, verlieren ihre Macht über dich. Du ziehst andere Menschen an – Menschen, die dich nicht brauchen, sondern wählen. Menschen, die mit dir wachsen wollen, statt sich an dir festzuhalten. Menschen, die dich spiegeln – nicht, um dich zu verletzen, sondern um mit dir gemeinsam tiefer zu gehen.

Beziehungen als Spiegel zu verstehen bedeutet auch, die Schönheit des Spiegels zu erkennen. Denn nicht nur deine Schatten werden gespiegelt – auch dein Licht. Deine Stärke. Deine Fähigkeit zu lieben. Deine Wahrheit. Deine Größe. Wenn du einem Menschen begegnest, der dich wirklich sieht, berührt das etwas in dir, das vielleicht lange geschlafen hat. Du erkennst dich selbst im Blick des Anderen – und beginnst, **dir selbst mit neuen Augen zu begegnen.**

In der Tiefe jeder Begegnung liegt eine Einladung: *Wachse. Heile. Werde du selbst.* Und diese Einladung gilt nicht nur in harmonischen Beziehungen. Auch Trennung, Konflikt, Schmerz können Spiegel sein. Vielleicht zeigen sie dir, wo du dich zu sehr angepasst hast. Wo du dich selbst vergessen hast. Wo du noch immer in alten Mustern feststeckst. Wenn du bereit bist, auch diese Spiegel zu sehen, wirst du erkennen: **Alles, was dir begegnet, dient deinem Erwachen.**

Das bedeutet nicht, dass du alles aushalten musst. Dass du bleiben musst, wo es dich verletzt. Aber es bedeutet, dass du auch im Gehen lernen kannst. Im Loslassen. Im Wieder-zurückkehren zu dir. Denn letztlich ist jede Beziehung ein Spiegel deiner Beziehung zu dir selbst. Wenn du dich selbst liebst, wirst du liebevoller. Wenn du dich selbst achtest, wirst du klarer. Wenn du dir selbst vergibst, wirst du weicher. Und genau dadurch verändert sich alles im Außen.

Du kannst Beziehung nicht kontrollieren. Du kannst den Anderen nicht verändern. Aber du kannst dich selbst erkennen. Und das genügt. Denn in dem Maß, in dem du dich selbst wahrhaft liebst, beginnst du, Beziehungen aus einer neuen Tiefe zu leben. Nicht als Spiegel deiner Angst – sondern **als Spiegel deiner Liebe.** Und das ist der Ort, an dem Verbindung zur Heilung wird. Zur Kraft. Zum Geschenk. Und zur tiefsten Form der Begegnung, die möglich ist: *die mit dir selbst – durch den Anderen.*

Fazit

Wenn wir über Beziehungen sprechen, denken wir oft zuerst an das Außen. An den oder die andere(n), an das Gegenüber, an das gemeinsame Wir. Wir sprechen von Erwartungen, Enttäuschungen, Verbindungen, Konflikten, Sehnsüchten. Doch wenn wir wirklich verstehen wollen, was Beziehungen in der Tiefe bedeuten, dann müssen wir bereit sein, den Blick nach innen zu richten. Denn **jede Beziehung beginnt bei dir selbst.** Sie ist Ausdruck deiner inneren Welt, deines Selbstbildes, deiner Verletzungen, deiner Reife – und vor allem deiner Selbstliebe.

In diesem Kapitel hast du erkannt, dass der Weg zu einer gesunden, nährenden und freien Beziehung nicht im Außen beginnt, sondern in deiner Beziehung zu dir selbst. Du hast gelernt, dass du dich selbst lieben musst, bevor du fähig bist, Liebe zu schenken, ohne dich selbst zu verlieren. Dass du dir selbst Halt geben musst, bevor du auf gesunde Weise Nähe zulassen kannst. Dass du deine Grenzen kennen und wahren musst, um überhaupt in echter Verbindung stehen zu können. **Ohne Selbstliebe wird Beziehung zum Versuch, einen inneren Mangel durch äußere Nähe zu kompensieren.** Und genau das führt in Abhängigkeit, Schmerz, Verstrickung.

Du hast verstanden, dass Liebe nicht gleich Abhängigkeit ist. Dass du einen Menschen tief lieben kannst, ohne dich an ihn zu klammern. Dass du in einer Beziehung sein kannst und dennoch ein eigenständiges, freies Wesen bleibst. Wahre Liebe wächst aus innerer Fülle, nicht aus Bedürftigkeit. Sie ist kein Handel, kein Vertrag, kein Kompromiss deiner Würde. Sie ist eine freie Entscheidung – jeden Tag neu. Und sie kann nur dann echt sein, wenn du dich selbst nicht verlierst, um sie zu erhalten.

Du hast dich dem Mut gestellt, Grenzen zu setzen. Nicht um Mauern zu bauen, sondern um deinen Raum zu schützen. Du hast erkannt, dass klare Grenzen der Boden sind, auf dem wahre Nähe überhaupt erst entstehen kann. Dass du dich nicht mehr verbiegen musst, um geliebt zu werden. Dass dein „Nein" genauso wertvoll ist wie dein „Ja". Du hast begonnen, dir selbst zu glauben. Dich selbst zu achten. Und genau dadurch verändert sich, was du in Beziehungen zulässt – und was du nicht mehr bereit bist, zu tolerieren.

Du hast tief hineingeschaut in das, was Beziehungen dir über dich selbst zeigen. Du hast dich deinen Spiegeln gestellt. Denen, die dich getriggert haben. Denen, die dich inspiriert haben. Denen, die dir gezeigt haben, wo du noch festhältst, und denen, die dich erkennen lassen, wie weit du schon gekommen bist. Du hast erkannt, dass **jede Beziehung ein Spiegel deiner inneren Welt ist.** Und dass du selbst entscheiden kannst, was du in diesem Spiegel sehen, erkennen und transformieren willst.

Vielleicht war dieses Kapitel unbequem. Vielleicht hat es dir schmerzliche Erfahrungen bewusst gemacht, alte Wunden aufgerissen, dich konfrontiert mit der Art und Weise, wie du bislang geliebt hast – oder geliebt werden wolltest. Doch genau in dieser Ehrlichkeit liegt Heilung. In dieser Tiefe liegt Freiheit. Und in dieser bewussten Auseinandersetzung mit dir selbst liegt der Schlüssel zu einer neuen Art des Liebens: **frei, klar, ehrlich, aufrichtig – und selbstbestimmt.**

☀ Du darfst Menschen gehen lassen, die dich nicht sehen, weil du dich selbst nicht mehr übersehen willst.

☀ Du darfst dich aus Verbindungen lösen, die dich schwächen, weil du beginnst, deine Kraft zu ehren.

☀ Du darfst Beziehung neu denken – nicht als Ort des Mangels, sondern als Raum der gegenseitigen Fülle.

☀ Du darfst dich zeigen, mit allem, was du bist – und erfahren, dass Liebe nicht von Perfektion lebt, sondern von Wahrhaftigkeit.

☀ Du darfst deine Verletzlichkeit als Stärke begreifen – denn nur dort, wo du dich wirklich zeigst, kann echte Nähe entstehen.

Liebe ohne Selbstverrat ist möglich. Nähe ohne Verlust der eigenen Identität ist möglich. Beziehung, in der beide wachsen, sich gegenseitig halten und gleichzeitig frei bleiben – **ist möglich.** Aber sie beginnt nicht im Außen. Sie beginnt in dir. In dem Moment, in dem du aufhörst, dich selbst zu verlassen. In dem du dich entscheidest, **dich selbst zur Priorität zu machen – nicht aus Egoismus, sondern aus tiefer Würde.** In dem du den Mut findest, dich selbst zu wählen – auch dann, wenn das bedeutet, allein zu sein. In dem du deine innere Stimme hörst – und ihr folgst, selbst wenn andere es nicht verstehen.

Dieses Kapitel endet, aber dein Weg beginnt jetzt erst wirklich. Du wirst Fehler machen. Du wirst zurückfallen. Du wirst alte Muster erneut durchleben. Aber du wirst wach bleiben. Du wirst reflektieren. Du wirst wachsen. Und du wirst immer schneller spüren, wenn du dich wieder von dir entfernst. Denn du hast nun das Bewusstsein, die Werkzeuge, die Sprache, um wieder zu dir zurückzukehren. **Zu deinem Herzen. Zu deiner Wahrheit. Zu deiner Liebe.**

Beziehungen aus Liebe statt aus Mangel sind kein Ziel, das du erreichen musst. Sie sind eine Haltung. Eine Entscheidung. Ein täglicher Akt der Selbstachtung. Du darfst lernen, zu lieben – ohne dich zu verlieren. Du darfst lernen, zu geben – ohne dich auszulaugen. Du darfst lernen, zu empfangen – ohne dich abhängig zu machen. Und du darfst lernen, dass du bereits vollständig bist. Dass du niemanden brauchst, der dich heilt, ergänzt oder bestätigt. Denn **du bist bereits ganz.**

Und aus dieser Ganzheit heraus wirst du nicht nur andere anders lieben – du wirst auch anders geliebt werden. Nicht weil du dich anpasst, funktionierst oder genügst. Sondern weil du du selbst bist. Und genau das ist es, was wahre Liebe ausmacht: **Sie sieht dich. Sie ehrt dich. Und sie wächst mit dir.**

Kapitel 9: Dem Leben vertrauen

Hingabe statt Kontrolle

Einleitung: Wie du lernst, loszulassen und dem Fluss des Lebens zu vertrauen.

Es gibt eine stille Sehnsucht in fast jedem Menschen: Die Sehnsucht nach Sicherheit, nach Orientierung, nach einem Gefühl von Kontrolle über das eigene Leben. Wir möchten wissen, was morgen passiert, möchten Pläne machen, Risiken vermeiden, Schmerz verhindern. Wir glauben, dass wir das Leben lenken können – mit klarem Denken, mit Disziplin, mit Strategie. Und doch merken wir immer wieder, dass das Leben sich nicht zähmen lässt. Es nimmt unerwartete Wendungen, zerreißt sorgfältig entworfene Pläne, bringt uns an Grenzen, mit denen wir nicht gerechnet haben. Es überrascht, überfordert, erschüttert – und schenkt uns zugleich genau dadurch Momente von tiefer Wahrheit. **Momente, in denen wir begreifen, dass der einzige Weg, wirklich zu leben, darin besteht, loszulassen.**

Loslassen ist eines der kraftvollsten und zugleich herausforderndsten Themen auf dem Weg zu dir selbst. Es verlangt, dass du Kontrolle aufgibst, ohne dich aufzugeben. Dass du akzeptierst, was du nicht ändern kannst, ohne dich machtlos zu fühlen. Dass du den Dingen ihren Lauf lässt – nicht aus Resignation, sondern aus Vertrauen. Und genau hier liegt der Schlüssel: **Vertrauen ist die Basis für jede Form von Hingabe.** Nur wenn du lernst, dem Leben zu vertrauen, kannst du dich ihm wirklich überlassen. Nicht blind, nicht naiv, sondern bewusst, wach, mit offenem Herzen.

Dieses Vertrauen ist nicht angeboren. Es entsteht nicht von selbst. Es wächst, indem du dich einlässt. Indem du Erfahrungen machst. Indem du dich deiner Angst stellst – der Angst vor Kontrollverlust, vor Chaos, vor dem Unbekannten. Denn genau diese Angst hält dich oft davon ab, dich dem Leben anzuvertrauen. Du klammerst dich an Sicherheiten, an Routinen, an Vorstellungen davon, wie es zu sein hat. Du versuchst, das Unkontrollierbare zu kontrollieren, das Unplanbare zu planen, das Offene zu definieren. Und dabei verlierst du oft den Kontakt zu dir selbst – zu deinem Herzen, zu deiner inneren Stimme, zu dem tiefen Wissen in dir, dass du geführt wirst. Dass du gehalten bist, auch wenn du es nicht sehen kannst. Dass du dich tragen lassen darfst.

Vertrauen bedeutet nicht, dass alles so kommt, wie du es dir wünschst. Es bedeutet, dass du weißt: *Egal, was kommt – ich werde damit umgehen können.* Es bedeutet, das Leben nicht mehr als Gegner zu betrachten, sondern als Verbündeten. Als Kraft, die dich nicht zerstören, sondern formen will. Als Lehrer, der dich nicht bestraft, sondern wachsen lässt. Als Bewegung, die nicht gegen dich ist, sondern **für dich – auch wenn sie dich an Orte führt, die du dir nicht ausgesucht hättest.**

Diese Art von Vertrauen ist tief spirituell – aber nicht abgehoben. Sie hat nichts mit Esoterik oder Wunschdenken zu tun. Sie ist gelebte Praxis. Sie zeigt sich nicht in großen Reden, sondern in kleinen, stillen Entscheidungen. In dem Moment, in dem du loslässt, obwohl du Angst hast. In dem du gehst, ohne zu wissen, wohin es führt. In dem du bleibst, obwohl du keine Garantie hast. In dem du nicht kämpfst, sondern dich öffnest. **Vertrauen ist ein innerer Akt der Hingabe an das, was ist – jenseits deiner Kontrolle, aber nicht jenseits deiner Würde.**

Loslassen bedeutet nicht, alles hinzunehmen. Es bedeutet, nicht länger gegen das Leben zu kämpfen. Es bedeutet, dich nicht mehr mit aller Kraft an etwas zu halten, das dich längst nicht mehr trägt. Eine Idee, ein Bild, eine Beziehung, eine Illusion. Es bedeutet, Raum zu schaffen – für das, was wirklich da ist. Für das, was werden will. Für das, was du vielleicht noch gar nicht kennst, aber das schon leise an deine Tür klopft. Und genau dafür brauchst du Mut. **Mut, das Alte loszulassen, ohne zu wissen, was das Neue sein wird. Mut, dich dem Unbekannten zu öffnen – mit nichts als deinem Herzen als Kompass.**

In diesem Kapitel wirst du dich auf diesen Weg einlassen. Du wirst lernen, die Illusion von Kontrolle zu erkennen – und dich von ihr zu lösen. Du wirst begreifen, dass Loslassen keine Schwäche ist, sondern eine Stärke. Dass Hingabe nicht Kapitulation bedeutet, sondern einen tiefen Akt von Vertrauen. Du wirst erforschen, wie du den Widerstand in dir auflösen kannst – gegen das Leben, gegen dich selbst, gegen die Veränderung. Und du wirst erkennen, dass du nicht allein bist auf diesem Weg. Dass das Leben selbst dich trägt, wenn du bereit bist, dich ihm zu überlassen.

Vielleicht wirst du feststellen, dass du bisher versucht hast, das Leben zu kontrollieren, weil du dir selbst nicht vertraut hast. Weil du Angst hattest, dass du den Herausforderungen nicht gewachsen bist. Doch du bist gewachsen – immer wieder. Du bist durch Dunkelheit gegangen und hast überlebt. Du hast Verluste getragen, Entscheidungen getroffen, Neuanfänge gewagt. Du hast bereits losgelassen, ohne es zu wissen. Und genau deshalb kannst du es wieder tun. **Nicht, weil du schwach bist – sondern weil du stark bist.**

Hingabe ist die höchste Form von Selbstliebe. Sie bedeutet: Ich lasse los, weil ich mir selbst vertraue. Weil ich weiß, dass ich gehalten bin – von mir, vom Leben, von einer Kraft, die größer ist als mein Verstand. Sie bedeutet: Ich erlaube dem Leben, mich zu führen – nicht, weil ich es muss, sondern weil ich es kann. Weil ich weiß, dass ich nicht mehr kämpfen muss, um richtig zu sein. Weil ich nicht mehr beweisen muss, dass ich Kontrolle habe. Weil ich verstanden habe, dass das Leben nicht gegen mich arbeitet, sondern **mich zu mir selbst zurückführt – auf Wegen, die ich nicht immer verstehe, aber tief in mir spüre.**

Dieses Kapitel wird dich an die Hand nehmen – nicht, um dir einen Plan zu geben, sondern um dir zu zeigen, dass du keinen brauchst. Es wird dir helfen, deine innere Haltung zu verändern: vom Halten zum Loslassen, vom Zögern zum Vertrauen, vom Festklammern zur Öffnung. Du wirst lernen, nicht mehr ständig zu fragen: *Was muss ich tun, um das Leben zu kontrollieren?*, sondern stattdessen: *Was darf ich loslassen, um vom Leben getragen zu werden?*

Du wirst erfahren, dass Vertrauen nicht entsteht, wenn alles sicher ist – sondern wenn du beginnst, dich dem Unsicheren zu öffnen. Dass Loslassen nicht geschieht, wenn du endlich bereit bist – sondern wenn du erkennst, dass du es bereits kannst. Dass Hingabe nicht bedeutet, dich zu verlieren – sondern endlich **ganz du selbst zu werden.** Und das ist der wahre Fluss des Lebens: ein ständiges Werden, ein sich Hingeben, ein Mitfließen – nicht in Ohnmacht, sondern in tiefer, geerdeter Kraft. Und in diesem Fluss wirst du dir selbst begegnen – so wie du bist, so wie du gemeint bist: **frei, verbunden, getragen.**

Kontrolle als Illusion

Der Mensch sucht seit jeher nach Sicherheit. Es liegt tief in unserem Wesen, das Unvorhersehbare zu vermeiden, das Unbekannte zu bezähmen und das Chaos des Lebens zu strukturieren. Diese Tendenz entspringt keinem Fehler, sondern einem natürlichen Bedürfnis: dem Wunsch, uns sicher zu fühlen, uns orientieren zu können, uns selbst und unsere Umgebung zu verstehen. Doch dieser Wunsch nimmt oft eine Form an, die uns nicht schützt, sondern gefangen hält – er wird zur **Kontrolle.** Wir bauen Strukturen, Rituale, Routinen. Wir planen, versichern, bewerten, analysieren. Und irgendwann glauben wir, wir hätten das Leben im Griff. Doch genau hier beginnt die große Illusion: **Kontrolle ist nicht Realität – sie ist ein Konstrukt.**

Was wir für Kontrolle halten, ist in Wahrheit meist nur ein fragiles Netz aus Vorstellungen, Erwartungen und inneren Abwehrmechanismen. Es gibt uns kurzfristig das Gefühl von Macht über das, was geschieht, aber es lässt uns langfristig an uns selbst zweifeln, wenn das Leben sich anders entfaltet, als wir es vorgesehen haben. Wir verwechseln Kontrolle mit Stabilität, Planung mit Schutz, Wissen mit Sicherheit. Und wir merken oft erst dann, wie instabil dieses Konstrukt ist, wenn es ins Wanken gerät – durch Krankheit, Verlust, Enttäuschung, Veränderung. In diesen Momenten zeigt sich, was wir tief im Inneren längst wissen: **Das Leben lässt sich nicht kontrollieren.**

Wir versuchen, Emotionen zu kontrollieren, Menschen, Umstände, unseren Körper, unsere Zukunft. Doch je mehr wir kontrollieren wollen, desto enger wird unser innerer Raum. Wir verlieren die Verbindung zu unserer Spontaneität, unserer Lebendigkeit, unserer Intuition. Kontrolle entsteht aus Angst – der Angst, verletzt zu werden, zu scheitern, zu verlieren, allein zu sein. Und diese Angst ist es, die unser Denken dominiert, unsere Handlungen lenkt und unsere Freiheit beschneidet. Wir entwickeln ganze Lebensmodelle, Karrieren, Beziehungen aus einem einzigen Grund: um das Gefühl zu vermeiden, machtlos zu sein. Doch gerade dadurch erleben wir immer wieder das Gegenteil – denn **Leben lässt sich nicht beherrschen. Es will gefühlt, nicht gesteuert werden.**

Kontrolle suggeriert, dass es einen klaren, berechenbaren Zusammenhang gibt zwischen unserem Tun und dem Ausgang der Dinge. Wenn ich genug arbeite, werde ich erfolgreich. Wenn ich mich genug anstrenge, wird man mich lieben. Wenn ich alles richtig mache, wird nichts Schlimmes passieren. Diese Glaubenssätze geben uns Struktur – aber sie sind trügerisch. Denn das Leben folgt keinem linearen Plan. Es ist voller Zufälle, voller Paradoxe, voller unerklärlicher Wendungen. Menschen, die alles richtig machen, scheitern. Andere, die scheinbar unachtsam durchs Leben gehen, werden beschenkt. Krankheit trifft auch Gesunde. Trennung passiert auch denen, die lieben. Schmerz macht auch vor den Mutigen nicht halt. **Das Leben ist nicht fair – es ist lebendig.** Und Lebendigkeit ist unberechenbar.

Diese Unberechenbarkeit ist es, die uns verunsichert – und gleichzeitig befreien kann. Denn wenn du beginnst, die Illusion der Kontrolle zu durchschauen, öffnet sich ein neuer Raum in dir: der Raum für Vertrauen. Vertrauen nicht als naive Hoffnung, sondern als bewusste Entscheidung, dich dem Leben hinzugeben, ohne ständig zu kämpfen. Vertrauen als innere Haltung, die nicht auf Fakten basiert, sondern auf einem tiefen Wissen in dir: *Ich bin nicht allein. Ich werde getragen – auch wenn ich nicht weiß, wohin es führt.*

Kontrolle ist starr. Sie will definieren, beschränken, sichern. Vertrauen ist fließend. Es erlaubt Veränderung, Entwicklung, Überraschung. Wenn du aus der Kontrolle kommst, brauchst du ständig Sicherheiten. Du brauchst Bestätigung, Ergebnisse, Klarheit. Du wirst unruhig, wenn du nicht weißt, was als Nächstes kommt. Du verlierst dich in Gedanken, in Sorgen, in Planung. Du kämpfst gegen das, was ist, weil du es nicht so wolltest. Und je mehr du kämpfst, desto weiter entfernst du dich von dir selbst. **Denn Kontrolle baut eine Mauer – nicht nur zwischen dir und dem Leben, sondern auch zwischen dir und deinem innersten Kern.**

Was wäre, wenn du aufhören würdest, das Leben zu kontrollieren? Wenn du loslassen würdest – nicht alles, aber genug, um zu atmen? Wenn du anerkennen würdest, dass Unsicherheit kein Feind, sondern ein Tor zur Tiefe ist? Wenn du erkennen würdest, dass du nie alles wissen, nie alles schützen, nie alles perfekt machen kannst? Was, wenn du beginnst, den Moment zu leben, statt ihn zu planen? Die Gefühle zuzulassen, statt sie zu verdrängen? Den anderen Menschen wirklich zu sehen, statt ihn in deine Vorstellungen zu pressen? **Was, wenn du beginnst, das Leben als Partner zu sehen – und nicht als Gegner?**

Du wirst feststellen: In dem Maß, in dem du Kontrolle loslässt, wächst dein innerer Frieden. Du hörst auf, gegen das Leben zu kämpfen. Du beginnst, es zu empfangen – mit allem, was es bringt. Nicht alles wird angenehm sein, aber alles wird dir dienen. Du wirst lernen, mit dem Ungewissen zu tanzen, mit dem Wandel zu leben, mit der Unsicherheit zu atmen. Du wirst spüren, dass hinter allem, was du loslässt, eine tiefere Kraft wartet – die Kraft des Vertrauens, der Hingabe, der Liebe.

Kontrolle trennt – Hingabe verbindet. Kontrolle bewertet – Hingabe nimmt an. Kontrolle erzeugt Enge – Hingabe öffnet. Wenn du Kontrolle als das erkennst, was sie ist – eine Illusion, die dich in der Tiefe klein hält –, kannst du dich neu orientieren. Du kannst Entscheidungen nicht mehr nur aus Angst treffen, sondern aus Klarheit. Du kannst nicht mehr alles absichern, aber du kannst dich selbst sicher fühlen – in dir, mit dir, durch dich. **Denn wahre Sicherheit entsteht nicht durch Kontrolle im Außen, sondern durch Verbindung im Innen.**

Es ist ein langer Weg, sich von der Kontrolle zu lösen. Du wirst sie vermissen. Du wirst Rückfälle haben. Du wirst wieder planen, wieder kämpfen, wieder krampfen. Doch du wirst auch merken, wie schnell du den Unterschied spürst. Wie laut dein Körper wird, wenn du dich wieder verkrampfst. Wie deutlich deine Intuition flüstert, wenn du dich entfernst. Wie klar du erkennst, dass du dich selbst wieder verloren hast – und wie kraftvoll der Moment ist, in dem du zurückkommst. **Zurück in deine Mitte. Zurück in den Fluss. Zurück in die Wahr-heit, dass du nicht alles kontrollieren musst, um ganz zu sein.**

Die Illusion der Kontrolle zu enttarnen ist ein Akt der Befreiung. Es bedeutet, das Steuer loszulassen, nicht weil du aufgibst, sondern weil du begreifst: *Ich bin nicht das Schiff – ich bin der Ozean.* Du bist nicht hier, um alles zu lenken. Du bist hier, um zu erfahren. Um zu lieben. Um zu wachsen. Um zu scheitern. Um zu vertrauen. Und all das gelingt dir nicht trotz des fehlenden Halts im Außen – sondern **genau deshalb.** Denn im Loslassen findest du das, was dir keine Kontrolle jemals geben kann: **inneren Halt.**

Vielleicht ist es an der Zeit, deine Vorstellung von Sicherheit zu überdenken. Vielleicht ist Sicherheit nicht das Ende aller Ungewissheit – sondern die Fähigkeit, **inmitten der Ungewissheit ganz bei dir zu bleiben.** Vielleicht ist Stärke nicht, alles unter Kontrolle zu haben – sondern **tief zu fühlen und trotzdem weiterzu-gehen.** Vielleicht ist Vertrauen nicht, keine Angst mehr zu haben – sondern **trotz der Angst zu lieben.** Und vielleicht ist das Leben genau dann am ehrlichsten, wenn du aufhörst, es kontrollieren zu wollen.

In einer Welt, die uns lehrt, dass wir durch Kontrolle erfolgreich, sicher und wert-voll sind, ist es ein radikaler Akt von Selbstliebe, sich dem Leben hinzugeben. Nicht als Opfer, sondern als Schöpferin. Nicht aus Schwäche, sondern aus Mut. Nicht blind, sondern wach. **Und in dieser Wachheit wirst du das größte Geschenk entdecken, das das Leben für dich bereithält:** Dich selbst. Wahr. Verbunden. Frei. Und getragen – nicht von der Kontrolle, sondern vom Vertrauen.

Vertrauen entwickeln

Vertrauen ist nicht einfach da. Es fällt nicht vom Himmel wie Regen an einem Sommertag, und es lässt sich auch nicht willentlich herbeizwingen, so sehr wir es uns vielleicht wünschen. Vertrauen ist ein zartes Pflänzchen, das behutsam gepflegt werden will. Es wächst nicht aus Sicherheit oder Vorhersehbarkeit, sondern paradoxerweise oft gerade **aus Unsicherheit, aus Wandel, aus Krise.** Vertrauen entsteht nicht in der Theorie, sondern in der gelebten Erfahrung – in Momenten, in denen du dich dem Leben öffnest, obwohl du keine Garantie hast, wie es ausgeht. In denen du springst, ohne das Netz zu sehen. In denen du weiter-gehst, obwohl der Boden unter deinen Füßen zu bröckeln scheint.

Doch wie entsteht Vertrauen wirklich? Und wie kannst du es in dir entwickeln – nicht als Konzept, sondern als gelebte Wirklichkeit? Wenn du beginnst, diese

Fragen in deinem Innersten zu stellen, beginnst du, dich mit einer tiefen Dimension deiner Selbstliebe zu verbinden. Denn Vertrauen – echtes Vertrauen – beginnt **nicht im Außen**, sondern in dir. Es beginnt dort, wo du dir selbst begegnest. Wo du lernst, dir selbst zu glauben, dich selbst zu halten, dich selbst durch das Unbekannte zu führen. Es beginnt dort, wo du spürst: *Ich bin nicht verloren, auch wenn ich den Weg nicht kenne. Ich bin nicht schwach, auch wenn ich zweifle. Ich bin nicht allein, auch wenn ich mich verlassen fühle.*

Vertrauen ist kein Zustand, den du einmal erreichst und der dann bleibt. Es ist ein innerer Prozess, eine Bewegung, eine lebendige Beziehung zu dir selbst und zum Leben. Diese Beziehung muss genährt, gestärkt und immer wieder neu gewählt werden. Du wirst in deinem Leben viele Momente erleben, in denen dein Vertrauen erschüttert wird – durch Enttäuschungen, durch Verluste, durch das Gefühl, dass alles gegen dich zu sein scheint. Und doch liegt in genau diesen Momenten die Möglichkeit, dein Vertrauen auf eine tiefere Ebene zu bringen. **Nicht das Vertrauen in das, was geschieht – sondern das Vertrauen in deine Fähigkeit, mit allem umzugehen, was geschieht.**

Ein häufiges Missverständnis ist, dass Vertrauen bedeutet, keine Angst mehr zu haben. Doch genau das Gegenteil ist wahr: Vertrauen bedeutet, **trotz der Angst** zu handeln. Es bedeutet, die Angst nicht zu verleugnen, sondern sie anzuerkennen – und dich dennoch nicht von ihr bestimmen zu lassen. Vertrauen bedeutet, dich deiner Unsicherheit zu stellen, ohne ihr auszuweichen. Zu fühlen, was da ist, ohne zu fliehen. Zu wissen: *Ich habe keine Kontrolle über den Lauf der Dinge – aber ich habe Einfluss darauf, wie ich damit umgehe.* Und genau dieser Einfluss ist der Schlüssel. Denn wenn du beginnst, dich selbst als kraftvoll, als fähig, als würdig zu erleben, wächst dein Vertrauen fast wie von selbst.

Vertrauen entwickelt sich in Begegnung – nicht nur mit anderen, sondern vor allem mit dir selbst. In den Momenten, in denen du dich nicht verrätst, nicht verlässt, nicht klein machst. In denen du deine Wahrheit aussprichst, auch wenn sie unbequem ist. In denen du deine Bedürfnisse ernst nimmst, auch wenn sie nicht erfüllt werden. In denen du „Ja" sagst, wenn du meinst „Ja", und „Nein" sagst, wenn du „Nein" fühlst. **Jede kleine Entscheidung, in deiner Wahrheit zu bleiben, nährt dein inneres Vertrauen.** Denn du beginnst, dich selbst als verlässlich zu erleben. Als Mensch, auf den du dich verlassen kannst – nicht, weil du perfekt bist, sondern weil du ehrlich bist. Weil du dir zuhörst. Weil du dich ernst nimmst.

Es braucht Übung, diesen Weg zu gehen. Denn viele von uns haben früh gelernt, sich selbst zu misstrauen. Vielleicht hast du gelernt, dass deine Gefühle nicht stimmen. Dass du überreagierst. Dass du dich nicht so anstellen sollst. Vielleicht wurde dein Vertrauen in andere – und damit auch in dich – oft enttäuscht. Vielleicht hast du dich selbst schon oft im Stich gelassen, bist über deine Grenzen gegangen, hast deine Intuition überhört, hast dich angepasst, um geliebt zu werden. All das hinterlässt Spuren. Und doch ist es nie zu spät, neu zu beginnen. **Vertrauen kann immer neu entstehen – mit jedem Atemzug, mit jedem Moment, in dem du dich dir selbst wieder zuwendest.**

Eine wichtige Grundlage für Vertrauen ist Präsenz. Du kannst nicht vertrauen, wenn du nicht hier bist. Wenn du in der Vergangenheit lebst, wo du verletzt wurdest. Oder in der Zukunft, wo du fürchtest, erneut zu scheitern. Vertrauen lebt **im Jetzt**. Es entsteht im gegenwärtigen Moment, wenn du dir erlaubst, wirklich da zu sein – mit allem, was ist. Mit deinem Körper, mit deinem Atem, mit deinem Fühlen. Präsenz bedeutet, dich nicht zu verlieren in Gedanken, sondern zurückzukehren in den Moment. Zu spüren, dass du atmest. Dass du lebst. Dass du da bist. **Nur in dieser Tiefe der Gegenwart kann Vertrauen wurzeln.**

Auch deine innere Sprache spielt eine große Rolle. Wie sprichst du mit dir, wenn du Angst hast? Wenn du scheiterst? Wenn du verletzt bist? Ist deine Stimme hart, fordernd, abwertend? Oder ist sie sanft, ermutigend, liebevoll? Die Art, wie du mit dir selbst sprichst, bestimmt maßgeblich, wie viel Vertrauen in dir wachsen kann. Du kannst dir kein Vertrauen aufzwingen – aber du kannst es nähren, indem du lernst, dich selbst zu begleiten. **Wie eine gute Freundin. Wie ein liebender Mensch. Wie jemand, der es wirklich gut mit dir meint.**

Vertrauen wächst auch durch Erfahrung. Durch das bewusste Erleben von Situationen, in denen du dich getragen fühlst – vom Leben, von dir selbst, von anderen. Es kann hilfreich sein, dich an Momente zu erinnern, in denen du überrascht wurdest – von Lösungen, die plötzlich auftauchten. Von Menschen, die dir halfen, obwohl du nicht darum gebeten hast. Von Entwicklungen, die besser waren, als du sie dir hättest vorstellen können. **Diese Erinnerungen sind wie Anker – sie erinnern dich daran, dass das Leben nicht nur nimmt, sondern auch gibt.**

Ein weiterer Schritt, Vertrauen zu entwickeln, ist das Üben von Hingabe. Hingabe bedeutet nicht, dich aufzugeben. Es bedeutet, die Kontrolle loszulassen – nicht weil du ohnmächtig bist, sondern weil du weißt, dass du nicht alles wissen musst, um dich sicher zu fühlen. Hingabe bedeutet, dich dem Moment anzuvertrauen. Dem Prozess. Der Bewegung des Lebens. Und das ist vielleicht der schwierigste Schritt auf diesem Weg – aber auch der heilsamste. Denn in der Hingabe erfährst du, dass du **nicht allein bist.** Dass das Leben eine tiefere Ordnung hat – eine, die du nicht immer verstehst, aber die dich trägt, wenn du es zulässt.

Vertrauen bedeutet nicht, dass alles gut wird. Aber es bedeutet, dass du mit allem gut sein kannst. Dass du einen inneren Halt findest, der unabhängig ist von äußeren Umständen. Dass du weißt: *Ich kann nicht alles kontrollieren – aber ich kann mich selbst halten.* Und aus dieser inneren Stabilität entsteht eine neue Freiheit. Du brauchst nicht mehr ständig nach Sicherheiten zu suchen. Du kannst dich bewegen. Entscheidungen treffen. Fehler machen. Lernen. Wachsen. Leben. **Nicht aus Angst, sondern aus Vertrauen.**

Vielleicht ist Vertrauen am Ende nichts, das du erreichen kannst. Vielleicht ist es ein Zustand, den du immer wieder wählst. Ein zarter, innerer Akt der Öffnung. Ein leiser Entschluss, dich nicht zu verschließen. Nicht zu verhärten. Nicht zu fliehen. Sondern zu bleiben. Bei dir. Im Leben. Mit allem, was ist. Vielleicht ist Vertrauen keine Entscheidung des Kopfes – sondern des Herzens. Und vielleicht ist genau das der Anfang von allem: **dich selbst nicht mehr zu verlassen – und dadurch dem Leben zu erlauben, dich zu führen.** Schritt für Schritt. Atmung für Atmung. Mit zitternden Knien, aber offenem Herzen. Und genau dort beginnt das Wunder.

Spiritualität und Verbundenheit

Spiritualität ist ein leises, oft missverstandenes Wort. Für manche klingt es nach Räucherstäbchen, Klangschalen oder fernöstlichen Ritualen, für andere nach dogmatischen Glaubenssystemen, religiösem Zwang oder weltfremder Flucht. Doch jenseits aller Formen, jenseits aller Symbole und äußeren Ausdrucksweisen verbirgt sich im Kern der Spiritualität etwas ganz Einfaches, etwas tief Menschliches: **die Suche nach Verbundenheit.** Verbundenheit mit dir selbst. Mit anderen. Mit der Welt. Mit dem Leben. Und – vielleicht – mit etwas, das größer ist als du, das du nicht erklären, nicht messen, nicht beweisen kannst, aber zutiefst fühlst.

Wenn du dich auf den Weg der Selbstliebe begibst, wenn du lernst, dich selbst anzunehmen, deinem Herzen zu folgen, aus der Tiefe heraus zu leben, dann beginnt in dir oft ein inneres Erwachen. Nicht spektakulär. Nicht zwingend begleitet von ekstatischen Erfahrungen oder überirdischen Visionen. Sondern eher still. Fast unmerklich. Doch mit einer Klarheit, die dich mehr berührt als alles, was du je gesehen oder besessen hast. Es ist das Erwachen in ein Gefühl, das dich vielleicht dein Leben lang begleitet hat – aber nie greifbar war: **Du bist nicht getrennt. Du bist nicht allein. Du bist Teil von etwas Größerem.**

Diese Erfahrung ist keine Theorie. Sie ist keine Philosophie. Sie ist ein inneres Wissen, das oft dann aufsteigt, wenn du die Kontrolle loslässt. Wenn du aufhörst zu kämpfen. Wenn du dich dem Leben öffnest – nicht aus Ohnmacht, sondern aus Vertrauen. In diesen Momenten geschieht etwas in dir, das sich mit Worten kaum beschreiben lässt. Es ist, als würde dein Herz sich weiten. Als würde etwas in dir aufatmen, das lange eingesperrt war. Als würdest du dich plötzlich erinnern: an dich selbst, an das Leben, an eine Wahrheit, die du nie gelernt, aber immer gewusst hast.

Spiritualität ist die gelebte Erinnerung an deine Verbundenheit. Sie beginnt nicht in den Sternen, sondern in deinem Atem. In deinem Körper. In deinem Sein. Du musst keine Religion annehmen, keine spirituelle Praxis absolvieren, keine metaphysischen Konstrukte verstehen, um spirituell zu sein. Du bist es längst – allein durch deine Existenz. Denn Spiritualität bedeutet, das Leben als etwas Heiliges zu betrachten. Nicht im Sinne von perfekt oder unantastbar – sondern im Sinne von *bedeutungsvoll, lebendig, durchdrungen von Sinn, auch wenn du ihn nicht immer greifen kannst.*

Viele Menschen suchen im Außen nach Spiritualität. In Lehren, Gurus, Ritualen, Konzepten. Und es ist nichts falsch daran, sich inspirieren zu lassen. Doch die wahre Quelle liegt in dir. In deinem inneren Raum. In dem Ort in dir, den niemand berühren, niemand verletzen, niemand nehmen kann. Dort, wo dein Herz schlägt, nicht nur körperlich, sondern seelisch. Dort, wo du weißt, ohne zu denken. Wo du spürst, ohne zu analysieren. Wo du **einfach bist – nicht mehr, nicht weniger.**

Diese Verbundenheit, von der die Spiritualität spricht, ist kein Zustand der ständigen Glückseligkeit. Sie ist kein ewiges Hochgefühl, kein Schutzschild gegen Schmerz. Im Gegenteil: Je tiefer du dich einlässt, desto verletzlicher wirst du. Denn du beginnst zu fühlen. Du beginnst zu sehen. Du beginnst, dich nicht mehr abzutrennen – von deiner Angst, deinem Schmerz, deiner Sehnsucht. Aber auch nicht mehr von deiner Freude, deiner Liebe, deiner Kraft. Du wirst durchlässig. Echt. Ganz. Und gerade in dieser Ganzheit liegt die tiefste Form von Geborgenheit. **Nicht weil du nie wieder leidest – sondern weil du nie wieder verloren bist.**

Verbundenheit bedeutet, zu erkennen: *Ich bin ein Teil – nicht das Zentrum, nicht der Schöpfer aller Dinge, aber auch nicht getrennt von ihnen.* Du beginnst, die Welt nicht mehr nur als Objekt deiner Kontrolle zu sehen, sondern als Spiegel deiner Seele. Die Natur wird zu einer Lehrmeisterin. Der Wind zu einer Erinnerung. Das Meer zu einer Metapher für dein Inneres. Du hörst auf, das Leben nur zu konsumieren. Du beginnst, es zu verehren. **Nicht aus Anbetung – sondern aus Staunen. Aus Demut. Aus Liebe.**

Wenn du das Gefühl hast, den Boden unter den Füßen zu verlieren, wenn du dich orientierungslos fühlst, wenn du zweifelst – dann kann genau diese spirituelle Verbundenheit dein Anker sein. Kein festes Dogma. Keine starre Wahrheit. Sondern ein leiser, innerer Halt, der dir sagt: *Ich bin geführt. Ich bin getragen. Ich bin Teil eines größeren Bildes, auch wenn ich es nicht erkenne.* Dieses Vertrauen ist nicht immer da. Es schwankt. Es zerbricht manchmal. Doch es wächst mit dir. Es wächst, wenn du dich erinnerst. Wenn du innehältst. Wenn du still wirst und dich fragst: *Was in mir weiß, dass ich sicher bin – auch wenn ich Angst habe? Was in mir bleibt – auch wenn alles andere fällt?*

Viele Menschen finden diese Verbundenheit in der Natur. Im Anblick eines alten Baumes. Im Rauschen der Blätter. In der Stille des Morgens. Andere finden sie in Musik, im Tanz, in der Meditation, im Gebet. Wieder andere im Lächeln eines Kindes, in der Berührung eines geliebten Menschen, in Momenten, in denen alles für einen Augenblick still wird – und du nur bist. Du brauchst keinen bestimmten Ort, keine bestimmte Form, um diese Verbundenheit zu spüren. Du brauchst nur die Bereitschaft, dich zu öffnen. Und die Entscheidung, dem zu vertrauen, was du tief in dir fühlst, auch wenn es sich nicht erklären lässt.

Spiritualität ist auch ein Weg der Rückverbindung mit deinem Herzen. Denn dein Herz ist das Tor zur Welt – nicht nur physiologisch, sondern energetisch, emotional, spirituell. Wenn du lernst, aus dem Herzen zu leben, statt aus der Angst, beginnt dein Leben sich zu wandeln. Du triffst andere Entscheidungen. Du hörst anders zu. Du sprichst anders. Du gehst anders. Du beginnst, in Resonanz zu sein – mit dir, mit anderen, mit dem Leben. Und aus dieser Resonanz entsteht Sinn. Nicht im intellektuellen Sinne – sondern im gelebten Sinne. **Du beginnst zu spüren, dass dein Dasein Bedeutung hat – nicht weil du etwas leisten musst, sondern weil du bist.**

In einer Welt, die uns lehrt, zu trennen, zu analysieren, zu kontrollieren, ist Spiritualität ein radikaler Akt von Heilung. Denn sie erinnert uns daran, dass wir längst verbunden sind. Dass wir nicht kämpfen müssen, um zu gehören. Dass wir nicht perfekt sein müssen, um würdig zu sein. Dass wir nicht alles verstehen müssen, um uns dem Leben hinzugeben. **Spirituelle Verbundenheit ist die stille Kraft, die dich trägt, wenn du fällst. Die dich erinnert, wenn du vergisst. Die dich hält, wenn du loslässt.**

Vielleicht ist es das, was wir am meisten vergessen haben: dass wir dazugehören. Dass wir eingebettet sind – in ein Netz aus Leben, aus Zeit, aus Raum, aus Energie, aus Liebe. Vielleicht ist das Vertrauen, das wir suchen, nicht etwas, das wir uns verdienen müssen – sondern etwas, das wir wiederentdecken dürfen. In uns. In der Welt. Im Atem zwischen zwei Momenten. In der Stille zwischen zwei Gedanken. In der Berührung zwischen zwei Herzen.

Und vielleicht ist es das, was Spiritualität im tiefsten Sinne bedeutet: **Heimzukehren. Nicht an einen Ort, sondern zu dir selbst.** Zu dem Teil in dir, der weiß. Der fühlt. Der liebt. Der lebt. Und genau dort, in dieser Rückverbindung, in dieser Erinnerung, in dieser tiefen inneren Wahrheit, beginnt der Fluss des Lebens zu fließen – nicht mehr gegen dich, sondern durch dich hindurch. Du musst nicht mehr kämpfen. Du musst nicht mehr beweisen. Du darfst einfach sein.

Und genau das ist Spiritualität: **die Erlaubnis, wieder ganz zu sein – in Verbindung, in Vertrauen, in Liebe.**

Fazit

Du hast in diesem Kapitel eine Reise unternommen, die dich nicht nach außen, sondern tief nach innen geführt hat. Eine Reise in ein Land, das viele von uns kaum betreten, weil es keine klaren Karten, keine sicheren Wege, keine garantierten Ausgänge bietet – das Land des Vertrauens. Es ist kein einfaches Terrain. Du kannst dort keine Mauern bauen, keine Pläne festnageln, keine Sicherheiten einklagen. Alles, was du mitnehmen kannst, ist **dein Herz.** Und genau das macht es zu einem so wertvollen Ort. Denn Vertrauen ist kein Besitz, kein Zustand, kein Resultat. Vertrauen ist eine lebendige Beziehung – zu dir, zum Leben, zu etwas, das größer ist als du selbst.

Wenn du auf dein Leben zurückblickst, wirst du erkennen, dass es viele Momente gab, in denen du nicht wusstest, wie es weitergeht – und doch bist du weitergegangen. Dass du gefallen bist – und doch wieder aufgestanden bist. Dass dir etwas genommen wurde – und du dennoch nicht zerbrochen bist. Vielleicht hast du dich dabei oft schwach gefühlt, verwundet, orientierungslos. Doch genau in diesen Momenten hast du unbewusst geübt, was es bedeutet, **zu vertrauen.** Nicht blind. Nicht trotzig. Sondern leise. Atmend. Im Jetzt. Schritt für Schritt.

Vertrauen bedeutet, das Leben nicht mehr als etwas zu sehen, das du kontrollieren musst – sondern als einen Fluss, in dem du dich tragen lassen darfst. Du darfst navigieren, du darfst rudern, du darfst wählen, wie du dich in ihm bewegst. Aber du musst nicht ständig gegen den Strom schwimmen. Du musst nicht alles im Griff haben. Du darfst loslassen – nicht, weil du ohnmächtig bist, sondern weil du innerlich stark genug bist, dich hinzugeben. **Hingabe ist kein Aufgeben. Hingabe ist das Ja zum Leben in seiner Ganzheit.**

Vielleicht ist das die tiefste Form von Selbstliebe: zu erkennen, dass du nicht alles wissen, nicht alles lenken, nicht alles absichern musst – um ganz zu sein. Dass du nicht durch Planung oder Perfektion deinen Wert beweisen musst. Dass du **genauso, wie du bist**, in diesem Moment, in diesem Körper, mit dieser Geschichte, würdig bist, gehalten zu sein. Von dir selbst. Vom Leben. Vom Sein.

Du hast erfahren, wie tief die Illusion der Kontrolle in uns allen verwurzelt ist – und wie schmerzhaft sie sich auflöst, wenn das Leben sich nicht an unsere Vorstellungen hält. Doch du hast auch gesehen, dass hinter dieser Enttäuschung ein neues Feld wartet: das Feld der Möglichkeit, der Offenheit, des echten Erlebens. Kontrolle schränkt ein. Vertrauen öffnet. Kontrolle trennt. Vertrauen verbindet. Kontrolle klammert. Vertrauen lässt fließen. Und nur im Fluss kannst du wirklich leben. Nicht überleben, sondern leben – **wach, fühlend, verbunden.**

Vielleicht hast du begonnen, dein Vertrauen zu kultivieren – nicht als abstrakte Idee, sondern als tägliche Praxis. In deinem Atem. In deinem Umgang mit Unsicherheit. In deinen Entscheidungen, die du nicht aus Angst, sondern aus Liebe triffst. In deiner Bereitschaft, nicht alles sofort zu verstehen – sondern dich berühren zu lassen. In deinem Mut, weich zu bleiben in einer Welt, die Härte belohnt. All das ist Vertrauen. All das ist Hingabe. All das ist der Weg zurück zu dir selbst.

Und du hast die Kraft der Spiritualität gespürt – nicht als dogmatisches Konstrukt, sondern als lebendige Erinnerung daran, dass du niemals getrennt bist. Dass du eingebunden bist in ein größeres Netz, das dich hält. Dass du nicht zufällig hier bist. Dass es in dir einen Ort gibt, der still ist, weit, unzerstörbar – und dass dieser Ort immer erreichbar ist, wenn du still wirst, wenn du lauschst, wenn du dich erinnerst. **Du bist Teil. Du bist verbunden. Du bist gemeint.**

🌿 Vielleicht ist Vertrauen am Ende weniger ein Ziel als eine Rückkehr. Eine Rückkehr zu dem, was du längst wusstest, bevor man dir beibrachte, zu zweifeln. Eine Rückkehr in deinen Körper, in dein Herz, in deine Wahrheit. Eine Rückkehr in den Moment. Und in dieser Rückkehr liegt keine Schwäche – sondern deine größte Stärke. Denn wer vertraut, braucht keine Masken mehr. Wer vertraut, muss sich nicht mehr verstecken. Wer vertraut, lebt mit offenem Herzen – und genau das ist der Anfang von allem.

🌊 Du darfst fallen – und dich halten.
🍃 Du darfst loslassen – und dennoch geführt sein.
🔥 Du darfst Angst haben – und trotzdem deinen Weg gehen.
🪨 Du darfst nicht wissen – und dennoch sicher sein.

Vertrauen ist kein Weg ohne Dunkelheit. Aber es ist ein Weg mit Licht. Mit deinem Licht. Und dieses Licht leuchtet nicht, weil alles perfekt ist. Es leuchtet, **weil du beginnst, dich selbst zu lieben – inmitten des Chaos, der Unsicherheit, der Stille.** Du bist hier, um zu leben. Um zu wachsen. Um zu lieben. Und das Leben – so unvorhersehbar es auch sein mag – ist auf deiner Seite. Immer.

Vertraue dir. Vertraue deinem Weg. Vertraue dem Leben. Denn du bist bereit. Und du bist nicht allein.

Kapitel 10: Visionen und Lebenssinn

Finde, wofür dein Herz schlägt

Einleitung: Ohne Richtung keine Reise – warum dein innerer Kompass zählt.

In jedem Menschen lebt eine Sehnsucht. Eine leise, oft übertönte Stimme, die flüstert: *Da ist mehr. Mehr als Funktionieren. Mehr als Anpassen. Mehr als das, was alle machen.* Eine Ahnung davon, dass dein Leben mehr sein darf als nur eine Aneinanderreihung von Tagen. Mehr als Reaktion. Mehr als bloßes Überleben. Diese Sehnsucht ist nicht irrational oder naiv – sie ist Ausdruck deiner Lebendigkeit. Sie ist das Pulsieren deines Herzens, das dich erinnert: Du bist nicht zufällig hier. Du bist gemeint. Du bist Teil eines größeren Ganzen. Und du hast etwas beizutragen, das nur du geben kannst – nicht weil du besser bist, sondern weil du **einzigartig** bist.

Doch in der Hektik des Alltags, im Lärm äußerer Erwartungen, in den Routinen, die wie Schablonen über unsere Tage gelegt sind, verlieren viele Menschen diese Stimme aus dem Blick. Sie hören auf, Fragen zu stellen wie: *Wofür bin ich hier? Was erfüllt mich wirklich? Was möchte ich der Welt hinterlassen?* Stattdessen versuchen sie, sich einzufügen. Zu funktionieren. Zu gefallen. Und irgendwann fühlt sich das Leben leer an, selbst wenn es äußerlich erfolgreich wirkt. Dann fehlen nicht Besitz oder Status – es fehlt **Richtung**. Es fehlt **Sinn**. Es fehlt die Verbindung zu dem inneren Kompass, der nicht nach Karriereleitern oder gesellschaftlichen Normen ausgerichtet ist, sondern nach etwas Tieferem: nach dem, was dein Herz zum Klingen bringt.

Diese Orientierungslosigkeit ist kein persönliches Versagen. Sie ist ein Symptom unserer Zeit. Einer Zeit, die viel weiß, aber wenig versteht. Die viel produziert, aber wenig spürt. Die Wachstum predigt, aber kaum fragt, wohin es eigentlich gehen soll. Und so verwechseln wir oft Geschwindigkeit mit Richtung, Erfolg mit Erfüllung, Zielstrebigkeit mit Sinn. Doch Sinn lässt sich nicht konstruieren. **Sinn muss gefühlt werden. Er offenbart sich nicht im Denken, sondern im Lauschen. Nicht in der Anpassung, sondern in der Authentizität. Nicht im Außen, sondern im Innen.**

Dein innerer Kompass ist kein Instrument aus Technik oder Logik. Er ist aus etwas viel Feinerem gewebt: aus Intuition, aus Herzenswärme, aus dem tiefen Wissen deiner Seele. Und er führt dich nicht immer auf geraden Wegen. Nicht schnell. Nicht bequem. Aber klar. Und wenn du beginnst, ihm zu folgen, wirst du eine andere Qualität des Lebens erfahren – nicht als etwas, das du kontrollierst, sondern als etwas, das du mitgestaltest. Nicht als linearen Aufstieg, sondern als lebendige Entfaltung. **Du wirst nicht mehr nur getrieben – du wirst geführt.**

Sich mit Visionen und Lebenssinn zu verbinden, bedeutet nicht, einen Fünfjahresplan zu erstellen oder eine To-do-Liste mit Zielen abzuarbeiten. Es bedeutet, dich zu fragen: *Was bringt mein Herz zum Leuchten? Was berührt mich so sehr, dass ich bereit wäre, dafür aufzustehen, auch wenn es schwer ist? Was ist mir so heilig, dass ich es nicht mehr länger auf später verschieben will?* Diese Fragen brauchen Raum. Stille. Ehrlichkeit. Und Mut – denn oft führen sie dich nicht dahin, wo du dachtest, dass du sein solltest, sondern dorthin, wo du **wirklich hingehörst.**

In diesem Kapitel wirst du lernen, deinem inneren Kompass wieder zu vertrauen. Du wirst erforschen, was deine Vision wirklich ist – nicht die, die du gelernt hast zu präsentieren, sondern die, die in deinem Innersten schlummert. Du wirst deine Werte erkennen – nicht als moralische Konstrukte, sondern als lebendige Wegweiser. Und du wirst dich mit dem verbinden, was viele Menschen suchen und doch oft nicht benennen können: **deine Berufung.** Nicht als Jobtitel, nicht als Prestige, sondern als das, was du durch deine bloße Existenz in diese Welt bringst.

Der Weg zu einer erfüllten Vision beginnt nicht mit äußeren Veränderungen. Er beginnt mit einem Innehalten. Mit dem Mut, dir selbst zuzuhören. Mit der Bereitschaft, ehrlich hinzuschauen – auch auf das, was schmerzt, was du dir lange nicht erlaubt hast, was du vielleicht aus Angst verdrängt hast. Denn dein Sinn wartet nicht irgendwo dort draußen. Er ist längst in dir. Er will nicht gefunden, sondern **erinnert** werden.

Ohne Richtung bleibt jede Bewegung leer. Ohne Sinn wird selbst der größte Erfolg bedeutungslos. Ohne Verbindung zu deinem Herzen verlierst du dich, auch wenn du scheinbar alles erreichst. **Aber wenn du lernst, deinem inneren Kompass zu folgen, verändert sich alles.** Dann wird dein Leben nicht nur reicher, tiefer, wahrhaftiger – es wird zu dem, was es von Anfang an sein sollte: ein Ausdruck deiner Seele, ein Beitrag zur Welt, ein Tanz mit dem Leben selbst. Und genau dort beginnt deine Reise – nicht irgendwo, sondern **hier. Jetzt. In dir.**

Deine Vision erkennen

Es gibt einen Moment im Leben, in dem ein leises Ziehen in deiner Brust entsteht – ein sehnsüchtiger Ruf, der dich auffordert, innezuhalten und genauer hinzusehen. Vielleicht spürst du ihn nur flüchtig, in einem stillen Augenblick zwischen zwei Atemzügen, vielleicht auch laut und drängend, wie ein Sturm, der alles aufrütteln will. Dieses Ziehen ist kein Zufall. Es ist der erste Hinweis auf deine tiefere Bestimmung – auf deine Vision. Die Vision, die in dir lebt, auch wenn du sie noch nicht in Worte fassen kannst. Sie ist kein Ziel im klassischen Sinne, kein Karriereziel, keine perfekte Lebensplanung. Sie ist das, was deinem Dasein Sinn gibt. Sie ist der Ausdruck deines innersten Wesens, deiner ureigenen Wahrheit. Und sie ist untrennbar mit deinem Herzen verbunden.

Doch was bedeutet es eigentlich, eine Vision zu erkennen? Und warum ist sie so wesentlich für ein Leben in Selbstliebe? Vielleicht glaubst du, du müsstest Großes leisten, um eine Vision zu haben. Vielleicht denkst du, Visionen seien nur etwas für spirituelle Lehrerinnen, für Künstler, für Idealistinnen oder Unternehmer. Doch das ist ein Irrtum. Jeder Mensch trägt eine Vision in sich – auch du. Sie ist wie ein inneres Licht, das dich leitet, wenn du dich erinnerst, wie es sich anfühlt, ganz du selbst zu sein. Deine Vision zu erkennen, heißt nicht, dir etwas einreden zu müssen. Es bedeutet, dich an etwas zu erinnern, das schon immer in dir war. Es geht um ein Nach-Hause-Kommen zu dem, was du wirklich willst – jenseits aller Erwartungen, Rollen und Masken.

Viele Menschen suchen ihre Vision im Außen. Sie hoffen, dass ein Beruf, ein Partner, eine Aufgabe oder ein Status ihnen das Gefühl von Sinn schenkt. Doch echte Erfüllung entsteht nicht durch äußere Umstände – sie wächst aus dir heraus. Eine Vision, die dich nährt, entsteht aus deinem Innersten. Sie ergibt sich nicht aus dem Vergleich mit anderen oder aus gesellschaftlichen Erwartungen. Sie wächst aus deinem gelebten Schmerz, aus deiner Freude, aus deiner Sehnsucht, aus dem, was dich zutiefst bewegt. Und genau deshalb ist sie einzigartig. Deine Vision ist so individuell wie dein Fingerabdruck. Niemand sonst kann dir sagen, wie sie aussieht. Aber du kannst lernen, ihr zuzuhören. Du kannst lernen, ihre Sprache zu verstehen – die Sprache deines Herzens.

Oft wird die Suche nach der eigenen Vision als etwas Linear-Denkbares missverstanden. Ein Ziel, das man sich setzt und dann konsequent verfolgt. Doch deine Vision ist kein Projekt. Sie ist ein lebendiger Prozess. Sie entwickelt sich mit dir, sie wächst, verändert sich, wird tiefer, klarer, kraftvoller – je mehr du dich selbst kennenlernst. Es ist ein Tanz zwischen Innen und Außen, ein ständiges Lauschen, ein ehrliches Hinsehen. Manchmal zeigt sie sich in Bildern, in Träumen, in unerklärlichen Gefühlen von „Ja, das bin ich". Manchmal ist sie ein zarter Impuls, der kaum hörbar flüstert: „Folge mir." Und manchmal ist sie das, was dich nicht schlafen lässt – weil es sich falsch anfühlt, nicht zu tun, wofür du wirklich hier bist.

Doch wie kannst du beginnen, deine Vision zu erkennen? Der erste Schritt ist, dir zu erlauben, ehrlich zu dir selbst zu sein. Was bewegt dich wirklich? Welche Themen lassen dein Herz schneller schlagen? Was hat dich schon als Kind berührt? Welche Ungerechtigkeiten regen dich auf? Bei welchen Tätigkeiten vergisst du die Zeit? Was lässt dich aufblühen, wenn du darüber sprichst? Und bei welchen Gedanken spürst du ein inneres Leuchten, auch wenn sie Angst machen? Die Antworten auf diese Fragen liegen oft nicht an der Oberfläche. Sie verlangen, dass du tief in dich hineinhörst, dass du dir Raum gibst für Ehrlichkeit und Verletzlichkeit. Denn deine Vision zeigt sich dort, wo du den Mut hast, deine Sehnsucht zu fühlen. Sehnsucht ist kein Mangel. Sie ist die Stimme deiner Seele, die dich ruft.

Manchmal ist es notwendig, Ballast loszulassen, um deine Vision zu erkennen. Erwartungen anderer, alte Glaubenssätze wie „Ich darf das nicht", „Ich kann das nicht" oder „Das ist doch unrealistisch" können wie Schleier über deiner inneren Wahrheit liegen. Sie halten dich davon ab, klar zu sehen. Doch je mehr du lernst, diese alten Stimmen zu entlarven, desto freier wird dein Blick für das, was wirklich aus dir spricht. Deine Vision ist keine Illusion. Sie ist keine kindische Träumerei. Sie ist deine Wahrheit. Und sie verdient es, ernst genommen zu werden.

Vielleicht fühlt sich der Gedanke an eine Vision zunächst überfordernd an. Du musst nicht sofort ein fertiges Bild haben. Du musst nicht alle Details kennen. Es reicht, wenn du den ersten Funken wahrnimmst. Wenn du bereit bist, ihm zu folgen. Deine Vision zeigt sich oft nicht auf einen Schlag. Sie ist ein Weg, der sich im Gehen offenbart. Manchmal zeigt sie sich im Tun, nicht im Denken. Indem du ausprobierst, was dich ruft, indem du dich zeigst, indem du dich traust, kleine Schritte zu gehen. Du musst keine riesigen Sprünge machen. Es reicht, dass du beginnst, dich ernst zu nehmen. Deine Träume, deine Werte, deine Sehnsucht – all das ist nicht banal. Es ist heilig.

Ein Teil dieses Prozesses ist es auch, dir selbst zu verzeihen, dass du so lange weggeschaut hast. Vielleicht hast du deine Träume verraten, aus Angst, abgelehnt zu werden. Vielleicht hast du dich angepasst, aus dem Wunsch nach Sicherheit. Vielleicht hast du dich selbst klein gemacht, um anderen zu gefallen. All das ist menschlich. Und es ist nie zu spät, dich wieder dir selbst zuzuwenden. Deine Vision wartet nicht darauf, dass du perfekt bist. Sie wartet darauf, dass du ehrlich bist. Und mutig. Mutig genug, wieder zu träumen. Wieder zu fühlen. Wieder zu hoffen. Wieder zu glauben, dass dein Leben einen tieferen Sinn haben darf.

In der Tiefe bedeutet die eigene Vision zu erkennen auch, Verantwortung zu übernehmen. Verantwortung für dein innerstes Wissen. Für deine Talente. Für deine Einzigartigkeit. Es geht nicht darum, dich zu überfordern oder dich zu zwingen, Großes zu leisten. Sondern darum, zu erkennen, dass dein Dasein nicht zufällig ist. Dass du eine Aufgabe hast, die nur du erfüllen kannst – einfach dadurch, dass du du selbst bist. Deine Vision ist nicht an Leistung gebunden, sondern an Authentizität. Sie will dich nicht zu jemand anderem machen. Sie will, dass du aufhörst, dich zu verstecken. Dass du deine Gaben lebst, dass du deine Geschichte teilst, dass du dich in dieser Welt zeigst – so, wie du wirklich bist.

Oft zeigt sich die eigene Vision im Schmerz. Gerade dort, wo du am meisten verletzt wurdest, liegt oft deine größte Kraft. Aus dem, was du selbst durchlebt hast, wächst Mitgefühl, Verständnis, Tiefe. Vielleicht ist deine Vision genau dort verwurzelt – in deiner eigenen Geschichte. Vielleicht willst du anderen helfen, weil du selbst Heilung erfahren hast. Vielleicht willst du etwas verändern, weil du selbst Ohnmacht gespürt hast. Vielleicht willst du lieben, weil du selbst gelitten hast. Das ist keine Schwäche – das ist die Quelle deiner Stärke. Und genau dort liegt der Kern deiner Vision.

Manchmal ist es hilfreich, deine Vision in Worte zu fassen. Nicht als festes Mantra, sondern als lebendige Beschreibung dessen, was dich ruft. Du kannst dir vorstellen, du würdest dich selbst in zehn Jahren besuchen. Was siehst du? Was tust du? Wie lebst du? Was erfüllt dich? Oder du schreibst einen Brief an dein zukünftiges Ich, in dem du beschreibst, was du dir von Herzen wünschst. Diese Bilder sind keine Fantasien – sie sind Tore zu deinem Inneren. Sie helfen dir, deine Sehnsucht ernst zu nehmen und ihr eine Form zu geben. Sie erinnern dich daran, dass du schöpferisch bist – und dass du dein Leben bewusst gestalten darfst.

Der Weg zur eigenen Vision ist auch ein Weg zurück zum Vertrauen. Vertrauen in dich selbst. Vertrauen in dein Herz. Vertrauen in den Fluss des Lebens. Du musst nicht alles wissen. Du musst nicht alles kontrollieren. Es reicht, dass du beginnst, zu fühlen. Und zu folgen. Schritt für Schritt. Dein Herz kennt den Weg. Es hat dich schon so weit gebracht. Jetzt darfst du beginnen, ihm wirklich zu vertrauen. Nicht weil es laut schreit, sondern weil es leise und klar ist. Weil es dich kennt. Weil es dich liebt.

Und so ist die Vision kein Ziel, sondern eine innere Haltung. Eine bewusste Entscheidung, dich selbst nicht mehr zu verraten. Eine Einladung, deinem tiefsten

Wesenskern Ausdruck zu verleihen. Nicht irgendwann. Sondern jetzt. In jedem Moment, in dem du Ja sagst zu dir selbst. In jedem Atemzug, in dem du dich erinnerst: *Ich bin hier, um echt zu sein. Und das genügt.*

Wenn du deine Vision erkennst, erkennst du dich selbst. Und das ist der größte Akt der Selbstliebe.

Werte als Wegweiser

Wenn du beginnst, dich auf die Suche nach deiner persönlichen Vision und deinem Lebenssinn zu machen, dann wirst du früher oder später an einen entscheidenden Punkt kommen: die Frage nach deinen Werten. Werte sind wie ein innerer Kompass. Sie sind keine starren Regeln, die dir sagen, was du zu tun hast, sondern vielmehr leise, kraftvolle Stimmen in deinem Inneren, die dir zeigen, was dir wirklich wichtig ist. Sie sind Ausdruck deiner tiefsten Überzeugungen und Sehnsüchte – und sie tragen die einzigartige Melodie deines Herzens in sich.

In einer Welt, die oft von äußeren Erwartungen, Rollenbildern, Konsum und Leistung bestimmt wird, fällt es uns manchmal schwer, den eigenen inneren Maßstab überhaupt noch zu spüren. Wir orientieren uns an dem, was "man" tut, was Erfolg verspricht, was anerkannt ist. Doch dabei verlieren wir uns selbst, entfremden uns von dem, was uns wirklich nährt und erfüllt. Wir tun Dinge, die nicht mit dem übereinstimmen, was wir im Innersten fühlen. Und irgendwann merken wir: Irgendetwas fehlt.

Genau hier beginnt die Reise zu deinen Werten.

Werte sind keine Ziele. Sie sind auch keine Regeln oder moralischen Dogmen. Ein Wert ist vielmehr eine Qualität, eine Ausrichtung, ein Gefühl, mit dem du dich durch dein Leben bewegst. Ein Mensch, der den Wert *Freiheit* in sich trägt, wird sich in Strukturen, die ihn einengen, auf Dauer krank und leer fühlen. Eine Person, deren Herz für *Verbundenheit* schlägt, wird in einem kalten, distanzierten Umfeld verkümmern. Und jemand, der *Wahrhaftigkeit* als inneren Wert lebt, wird in einem Umfeld, das Lügen und Fassaden kultiviert, immer wieder innerlich aufschreien.

Deine Werte sind die leisen Stimmen deiner Seele. Sie zeigen dir, wofür dein Herz wirklich schlägt.

Doch wie findest du sie? Wie kannst du sie erkennen – und ihnen einen festen Platz in deinem Leben geben?

Der Weg nach innen

Die Entdeckung deiner Werte beginnt nicht im Außen. Sie beginnt im stillen Raum in dir, dort, wo du wirklich fühlst, was dich bewegt. Vielleicht kennst du diesen Raum schon: Es ist der Ort, an dem du Tränen in den Augen hast, weil dich etwas tief berührt. Der Moment, in dem du spürst, dass etwas *nicht stimmt* – obwohl alles „gut" aussieht. Oder jene innere Wärme, dieses Strahlen, wenn du ganz du selbst sein darfst.

Deine Werte sprechen nicht in lauten Parolen. Sie flüstern. Sie zeigen sich in deinen Sehnsüchten, deinen Verletzungen, in dem, was dich inspiriert oder wütend macht. Nimm dir Zeit, diese innere Landschaft zu erkunden. Stelle dir Fragen wie:

- Was berührt mich zutiefst – im Positiven wie im Negativen?
- Welche Menschen bewundere ich – und warum?
- Was hat mir in schweren Zeiten Kraft gegeben?
- Was war mir als Kind schon wichtig?
- Wann fühlte ich mich wirklich lebendig?

Diese Fragen führen dich nicht direkt zu einer Liste fertiger Werte, sondern öffnen einen Erfahrungsraum, in dem du deine innere Wahrheit immer deutlicher spüren kannst.

Die Sprache deiner Werte verstehen lernen

Ein Wert ist nicht immer auf den ersten Blick sichtbar. Manchmal zeigt er sich als Reibung: Du fühlst dich in einer Situation unwohl, aber kannst es nicht genau benennen. Vielleicht wird dir erst später klar: Es war der fehlende Respekt, die Unehrlichkeit, die Oberflächlichkeit, die dich verletzt hat. Und plötzlich erkennst du: *Respekt, Ehrlichkeit, Tiefe* – das sind deine Werte.

Manchmal drückt sich ein Wert auch durch deine Begeisterung aus. Du blühst auf, wenn du kreativ sein kannst, dich entfalten darfst, eigene Wege gehen kannst. Du fühlst dich verbunden, wenn du anderen helfen kannst, wenn du Teil eines größeren Ganzen bist. Dann sind *Kreativität, Selbstbestimmung* oder *Mitgefühl* vielleicht deine Werte.

Es lohnt sich, die Sprache deiner Werte zu lernen – sie ist individuell, vielschichtig und nicht immer eindeutig. Aber sie ist echt. Und sie wird dir helfen, klarer zu erkennen, was dir im Leben wirklich wichtig ist.

Werte im Alltag leben

Sich der eigenen Werte bewusst zu werden, ist ein erster wichtiger Schritt. Doch wahre Kraft entfalten sie erst, wenn du beginnst, sie auch wirklich zu leben.

Das bedeutet nicht, dass du dein ganzes Leben umkrempeln musst. Es bedeutet vielmehr, in den kleinen und großen Entscheidungen deines Alltags innezuhalten und dich zu fragen: *Entspricht das, was ich tue, noch dem, was mir wirklich wichtig ist?*

Vielleicht sagst du einen Jobtermin ab, weil dir *Familie* gerade wichtiger ist. Vielleicht führst du ein schwieriges Gespräch, weil *Ehrlichkeit* für dich zählt. Vielleicht sagst du „Nein", wo du früher aus Pflichtgefühl „Ja" gesagt hättest, weil du deinen Wert *Selbstfürsorge* erkannt hast.

Je mehr du deine Werte verkörperst, desto klarer und authentischer wirst du. Du wirst nicht mehr so leicht von äußeren Meinungen verunsichert, weil du innerlich weißt, worauf du bauen kannst. Du wirst dich selbst mit mehr Respekt und Achtung behandeln – und das wird sich auch in deinem Umfeld spiegeln.

Werte zu leben ist ein täglicher Akt der Selbstliebe.

Es braucht Mut, Klarheit, manchmal auch Standhaftigkeit – aber es lohnt sich. Denn du lebst dann nicht mehr das Leben, das andere für dich vorgesehen haben. Du lebst dein eigenes.

Die Verbindung von Werten und Vision

Wenn du dir deiner Werte bewusst geworden bist, wird auch deine Vision klarer. Denn deine Vision ist nicht etwas, das du dir willkürlich „ausdenkst". Sie ist Ausdruck deiner tiefsten Wahrheit – und diese Wahrheit wird von deinen Werten getragen.

Eine Vision ohne Werte ist leer, ein schönes Bild ohne Fundament. Sie wird dich nicht nähren, nicht tragen, nicht erfüllen. Doch eine Vision, die aus deinen Werten geboren ist, wird zu einem kraftvollen Magneten, der dich in Bewegung setzt.

Stell dir vor, dein Herz schlägt für *Gerechtigkeit, Freiheit* und *Empathie*. Dann wird deine Vision vielleicht darin liegen, Menschen zu begleiten, sich aus Abhängigkeiten zu befreien. Oder Strukturen zu schaffen, die fairer und menschlicher sind. Oder eine Gemeinschaft aufzubauen, in der alle sich gesehen und wertgeschätzt fühlen.

Deine Werte sind der Boden, aus dem deine Vision wächst. Wenn du dich auf sie stützt, wirst du auch in schwierigen Zeiten nicht den Halt verlieren. Denn du weißt, *warum* du tust, was du tust.

Die Gefahr fremder Werte

In unserer Gesellschaft werden uns viele Werte vermittelt – bewusst und unbewusst. Leistung, Effizienz, Konkurrenz, Status, Schönheit, Kontrolle, Unabhängigkeit. Einige davon sind durchaus nützlich, andere können uns enorm unter Druck setzen oder uns von uns selbst entfremden.

Wenn du dich bei der Frage nach deinen Werten ertappst, wie du innerlich „sollte", „muss" oder „man" sagst, dann lohnt sich ein zweiter Blick. Ist es wirklich dein eigener Wert – oder ein fremder Maßstab, den du übernommen hast?

Werte, die nicht zu dir gehören, fühlen sich oft schwer und leer an. Sie motivieren dich nicht wirklich, sondern treiben dich an. Sie erzeugen Schuldgefühle, wenn du ihnen nicht gerecht wirst. Oder sie lassen dich unruhig und rastlos zurück, selbst wenn du sie erreichst.

Wahre Werte befreien. Falsche Werte binden.

Deshalb ist es so wichtig, dass du deine eigenen Werte findest – nicht die, die andere dir beigebracht haben. Und dass du den Mut findest, dich von jenen zu lösen, die dir nicht guttun.

Dein Herz kennt den Weg

Du musst keine perfekte Liste deiner Werte erstellen. Es geht nicht darum, ein hübsches Konzept zu formulieren, das in ein Coaching-Profil passt. Es geht darum, dich ehrlich zu fragen: *Wofür schlägt mein Herz?*

Wenn du in deinem Leben mehr Klarheit, mehr Tiefe und mehr Sinn erfahren möchtest, dann beginne, deinen Werten Raum zu geben. Höre auf dein Herz, wenn es dir sagt: *Das fühlt sich richtig an.* Oder wenn es leise flüstert: *Hier bin ich nicht mehr zu Hause.*

Dein Herz kennt den Weg.

Deine Werte sind seine Sprache.

Und wenn du lernst, ihnen zu vertrauen, wirst du nicht nur deinen Weg finden – du wirst ihn mit Liebe, Kraft und Tiefe gehen.

Berufung leben

Es gibt kaum ein Wort, das so sehr nach Sehnsucht klingt wie das Wort *Berufung*. Es berührt etwas in uns, das sich tief, wahrhaftig und bedeutungsvoll anfühlt. Es trägt den Ruf in sich – einen inneren Ruf, der dich auffordert, deinem einzigartigen Weg zu folgen. Deine Berufung ist nicht nur das, was du „gut kannst" oder was „gebraucht wird", sondern das, was dich im Innersten erfüllt, antreibt und lebendig macht. Es ist der Ausdruck dessen, wofür du gemeint bist – nicht im religiösen Sinn, sondern auf der Ebene deiner tiefsten Essenz.

In einer Welt, die so oft auf Funktionieren, Leistung und Anpassung ausgerichtet ist, scheint das Leben der eigenen Berufung fast wie ein unerreichbarer Luxus. Aber das ist ein Irrtum. Denn die Berufung zu leben ist kein Ziel für einige wenige Glückliche, sondern ein natürlicher Weg, der jedem Menschen offensteht – wenn wir den Mut haben, ihm zu folgen. Es ist der Weg, auf dem sich Selbstliebe und innerer Sinn begegnen, auf dem deine Vision Form annimmt und du in tiefer Verbindung mit dir selbst und der Welt trittst.

Was ist Berufung wirklich?

Oft wird Berufung mit Beruf verwechselt – dabei ist der Beruf nur *eine* mögliche Ausdrucksform der Berufung. Du kannst deine Berufung im Rahmen deiner Arbeit leben, musst es aber nicht zwingend. Vielmehr ist Berufung ein inneres Gefühl von Stimmigkeit, eine tief empfundene Richtigkeit in dem, was du tust und wie du bist. Es ist das Gefühl: *Das bin ich. Hier gehöre ich hin.*

Berufung bedeutet, dass dein Sein und dein Tun in Einklang stehen. Dass du nicht gegen dich selbst lebst, sondern aus dir selbst heraus. Dass du das, was in dir angelegt ist – deine Gaben, deine Leidenschaften, deine Werte – auf eine Weise zum Ausdruck bringst, die dir selbst und anderen dient.

Berufung ist der Ausdruck deiner innersten Wahrheit im gelebten Leben.

Es ist nicht immer ein lauter, dramatischer Weg. Oft beginnt er leise, im Inneren, mit einem leichten Ziehen, einer Sehnsucht, einem Gedanken, der dich nicht mehr loslässt. Vielleicht ist es der Wunsch, etwas zu verändern. Etwas zu heilen. Etwas zu schaffen. Etwas zu bewahren. Und dieses Etwas hat immer mit dir selbst zu tun – mit deiner Geschichte, deinen Wunden, deinen Träumen, deiner Einzigartigkeit.

Wie du deine Berufung erkennst

Viele Menschen fragen sich: *Wie finde ich meine Berufung?* Dabei ist diese Frage oft falsch gestellt. Denn deine Berufung ist nicht irgendwo im Außen versteckt – sie ist längst in dir. Sie will nicht „gefunden", sondern *erkannt* werden.

Sie zeigt sich in deinem Alltag, in dem, was dich tief bewegt. Sie offenbart sich in Momenten, in denen du ganz bei dir bist. Sie spricht durch deine Träume, deine Verletzlichkeit, deine Begabungen, deine Intuition.

Um sie zu erkennen, brauchst du vor allem eins: *Raum in dir selbst.*

Raum für Stille, für Introspektion, für Ehrlichkeit. Du darfst dir Fragen stellen wie:

- Wann fühle ich mich wirklich lebendig?

- Was fällt mir so leicht, dass ich es kaum als „Arbeit" empfinde?

- Was würde ich auch tun, wenn ich kein Geld dafür bekäme?

- Welche Menschen oder Geschichten inspirieren mich zutiefst?

- Wofür habe ich schon immer ein feines Gespür gehabt?

- Welche Erfahrungen haben mich tief geprägt – und was ist daraus in mir gewachsen?

Diese Fragen sind keine Checkliste. Sie sind Einladungen, deiner inneren Stimme zuzuhören. Und je aufmerksamer du wirst, desto deutlicher wirst du spüren: Da ist etwas, das sich zeigen will. Etwas, das vielleicht noch keine klare Form hat – aber eine unübersehbare Kraft.

Der Mut, der dazugehört

Die eigene Berufung zu leben, ist kein einfacher, geradliniger Weg. Er fordert dich. Er stellt dich vor Entscheidungen. Manchmal fordert er sogar, Dinge loszulassen, die du lange für richtig gehalten hast – sichere Jobs, alte Rollenbilder, vertraute Bequemlichkeiten.

Doch wenn du ihr folgst, wirst du eine andere Form von Sicherheit gewinnen: die Sicherheit, dir selbst treu zu sein.

Denn nichts ist schmerzhafter, als an dir selbst vorbeizuleben. Als Jahre zu investieren in etwas, das nicht deinem Innersten entspricht. Als dich ständig zu verbiegen, weil du glaubst, „das muss halt so sein".

Wahre Selbstliebe zeigt sich darin, dass du den Mut findest, das zu leben, was in dir lebendig ist.

Es wird Menschen geben, die dich nicht verstehen. Die dich zurückhalten wollen. Die dich an deine Pflicht erinnern. Doch du bist niemandem einen Beweis schuldig – außer dir selbst.

Der Weg der Berufung ist ein Weg der Integrität. Du stehst zu dir. Du nimmst dich selbst ernst. Du anerkennst, dass du einen Platz hast auf dieser Welt – nicht weil du etwas leisten musst, sondern weil dein Dasein selbst ein Geschenk ist.

Berufung und Alltag: Kein Widerspruch

Viele Menschen glauben, sie müssten ihr ganzes Leben umkrempeln, um ihre Berufung zu leben. Aber Berufung ist kein entfernter Traum, kein alternatives Leben, das du nur in einer idealen Zukunft führen kannst. Berufung ist das, was du *heute* in deinem Leben verwirklichen kannst – Schritt für Schritt, in deinem Tempo.

Vielleicht bist du Mutter, Lehrer, Angestellte, Künstler, Pflegerin, Coach, Handwerker, Rentnerin, Unternehmer, Schülerin. Es spielt keine Rolle. Denn deine Berufung zeigt sich darin, *wie* du lebst, nicht *was* du tust.

Wenn du mit Mitgefühl und Achtsamkeit präsent bist, wenn du deinem Innersten Raum gibst und danach handelst, dann lebst du bereits in deiner Berufung. Wenn du dich von deiner Freude leiten lässt, wenn du deiner Kreativität Ausdruck verleihst, wenn du mit deiner Gabe anderen dienst, dann bist du auf deinem Weg.

Es braucht keine große Bühne. Es braucht deine Echtheit.

Und manchmal zeigt sich Berufung auch im Kleinen – in einem Gespräch, das du führst, in einem Text, den du schreibst, in einem Garten, den du pflegst. Du bist in deiner Berufung, wenn du dich mit deinem Herzen verbindest und dieses Herz in Handlung verwandelst.

Die innere Transformation

Je mehr du deine Berufung lebst, desto mehr wirst du dich verändern. Nicht weil du jemand anders wirst, sondern weil du beginnst, das loszulassen, was du *nicht bist*.

Du wirst mutiger. Klarer. Verbundener.

Du lernst, Grenzen zu setzen – weil du deine Zeit und Energie schützen willst. Du lernst, Nein zu sagen – weil du spürst, was nicht mehr stimmig ist. Du lernst, Ja zu sagen – zu dir selbst, zu deiner Tiefe, zu deiner Essenz.

Berufung leben bedeutet auch, dich deinen Ängsten zu stellen. Der Angst, zu versagen. Der Angst, nicht gut genug zu sein. Der Angst, abgelehnt zu werden.

Aber jede dieser Ängste ist ein Tor. Ein Tor zu mehr Freiheit. Mehr Selbstvertrauen. Mehr Liebe.

Denn Berufung ist ein Akt der Selbstliebe in seiner kraftvollsten Form.

Berufung ist Beziehung

Deine Berufung ist nicht nur für dich da. Sie ist auch ein Geschenk an die Welt.

Wenn du in deiner Berufung lebst, dann wirkt das. Du inspirierst andere. Du bist ein lebendiges Beispiel dafür, dass es möglich ist, dem Herzen zu folgen. Du wirst zur Einladung für andere, es dir gleichzutun.

Deine Berufung schafft Beziehung – zu dir selbst, zu anderen, zur Welt. Sie verbindet. Sie heilt. Sie transformiert.

Und sie schenkt dir einen tiefen, stillen Frieden. Denn du weißt: *Ich lebe nicht gegen mich, sondern aus mir heraus.*

Das ist der größte Dienst, den du dir und anderen erweisen kannst.

Berufung ist nicht das Ziel – sie ist der Weg

Viele Menschen glauben, sie müssten ihre Berufung „finden", um endlich „anzukommen". Doch Berufung ist kein statischer Punkt. Sie ist ein Prozess. Ein lebendiger Weg.

Sie verändert sich mit dir. Wächst mit dir. Vertieft sich.

Was heute deine Berufung ist, kann sich morgen wandeln – nicht, weil es falsch war, sondern weil du dich weiterentwickelst. Und genau das ist der Sinn: dass du nicht stehenbleibst, sondern immer wieder neu lauschst, was dein Herz dir sagt.

Berufung leben bedeutet, dich selbst als lebendigen Organismus zu begreifen – voller Bewegung, Wandel, Wachstum.

Es bedeutet, deine Geschichte zu ehren, deine Gaben zu entfalten, deinen Schmerz zu integrieren und daraus etwas zu erschaffen, das größer ist als du selbst.

Es ist der Weg, auf dem Selbstliebe zur gelebten Kraft wird.

Und genau deshalb ist es so entscheidend, dass du dich auf diesen Weg machst. Nicht morgen. Nicht irgendwann. Sondern heute – in kleinen Schritten, mit offenem Herzen und dem Wissen:

Deine Berufung ist bereits da.
Sie wartet nur darauf, dass du ihr folgst.

Fazit: Die Spur deines Herzens

Wenn du dir erlaubst, wirklich hinzusehen, hinzuhören und hinzuspüren, wirst du feststellen: Dein Herz hat dir die ganze Zeit über etwas zu sagen versucht. Leise vielleicht, behutsam und geduldig. Doch immer klar. In diesem Kapitel bist du dieser Stimme gefolgt – Schritt für Schritt, durch die Landschaft deiner Sehnsüchte, deiner inneren Ausrichtung, deiner tiefsten Motivation. Du hast dich erinnert, was Vision eigentlich bedeutet: nicht ein gedankliches Konstrukt, das du dir zurechtlegst, sondern ein inneres Bild, das dich ruft. Eine Richtung, die nicht von außen diktiert wird, sondern aus deinem Inneren wächst.

Du hast erkannt, dass du bereits alles in dir trägst, was du brauchst, um deinem Leben Sinn zu verleihen – nicht durch äußere Erfüllung, sondern durch inneres Ankommen. Du musst nichts beweisen, nichts erreichen, um wertvoll zu sein. Der Wert deines Daseins liegt in deinem bloßen Sein. Und genau dort beginnt die Reise zur eigenen Vision: in dem Moment, in dem du dir selbst erlaubst, auf deine innere Wahrheit zu hören.

Du hast gesehen, dass Werte keine abstrakten Ideale sind, sondern lebendige Ausdrucksformen deines Wesens. Sie sind nicht etwas, das du besitzen musst, sondern etwas, das durch dich in die Welt kommt. *Freiheit, Ehrlichkeit, Mitgefühl, Tiefe, Kreativität* – all das sind nicht nur Begriffe, sondern Möglichkeiten, dich selbst zu leben. Wenn du dich deinen Werten zuwendest, beginnst du, aus dir selbst heraus zu handeln. Dann wird dein Alltag zum Spiegel deines Inneren.

Und du hast begonnen zu begreifen, dass Berufung nicht das ist, was du „tun sollst", sondern das, was du *bist*, wenn du in Übereinstimmung mit deinem Herzen lebst. Deine Berufung ist keine Aufgabe, die auf dich wartet. Sie ist eine Art zu leben. Eine Haltung. Ein Weg, dein Dasein in Einklang mit deiner Seele zu bringen. Es geht nicht darum, „anzukommen", sondern darum, zu gehen – und dabei immer wieder zu dir zurückzukehren.

Sich selbst zu lieben heißt auch, sich selbst zu folgen. Nicht blinden Impulsen oder äußeren Stimmen, sondern dem leisen, aber klaren Ruf deines Inneren. Wenn du dich auf diesen Ruf einlässt, beginnst du, deinem Leben Richtung zu geben – nicht durch Kontrolle, sondern durch Vertrauen. Nicht durch Planung, sondern durch Verbundenheit.

Vielleicht fühlt sich der Weg manchmal unsicher an. Vielleicht erscheint er dir wie ein Sprung ins Ungewisse. Doch genau in diesem Sprung liegt die Freiheit. Denn was könnte erfüllender sein, als nicht länger ein Leben zu führen, das dir nicht entspricht? Was könnte kraftvoller sein, als aus deinem Innersten heraus zu leben?

Die Suche nach Vision, Werten und Berufung ist kein einmaliges Projekt. Sie ist ein Lebensweg. Ein zyklischer Prozess, der sich vertieft, je mehr du dich dir selbst öffnest. Mit jedem Schritt wirst du klarer, ehrlicher, lebendiger. Mit jedem Schritt wirst du freier.

Wenn du beginnst, dein Herz zum Navigator deines Lebens zu machen, wirst du nicht nur dich selbst verändern – du wirst auch die Welt um dich herum verwandeln. Denn ein Mensch, der sich selbst liebt und seine innere Wahrheit lebt, wird zur Inspiration für andere.

Und so bleibt dir am Ende dieses Kapitels vielleicht nur eine einzige, aber alles entscheidende Frage:

Wofür schlägt mein Herz – und bin ich bereit, ihm zu folgen?

Denn dort, wo dein Herz schlägt, liegt der Anfang von allem. Dort beginnt deine Vision. Dort erwachen deine Werte zum Leben. Dort entfaltet sich deine Berufung. Und dort – genau dort – beginnt auch deine tiefste Form der Selbstliebe.

- Du bist hier, um du selbst zu sein.
- Du bist hier, um dein Licht leuchten zu lassen.
- Du bist hier, um deinem Herzen zu vertrauen.

Und du bist bereit.

Kapitel 11: Alltag in Selbstliebe

Ein liebevoller Umgang mit dir selbst – jeden Tag

Einleitung: Wie du Selbstliebe in den kleinen Dingen des Lebens lebst

Selbstliebe ist kein großes Ziel, das du irgendwann in der Ferne erreichst, wenn du endlich „gut genug" bist, wenn du alle Blockaden gelöst, all deine Wunden geheilt und dein Leben perfektioniert hast. Selbstliebe ist auch kein Ausnahmezustand, den du nur in Retreats, Therapiesitzungen oder besonders erleuchteten Momenten erfährst. Selbstliebe ist ein täglicher Akt. Sie lebt im Kleinen. Im Alltäglichen. In dem, was oft übersehen wird, obwohl es das Fundament deines Lebens bildet.

Die kleinen Dinge sind es, die dein Herz nähren – oder es auf Dauer erschöpfen. Wie du morgens aufwachst. Wie du mit dir sprichst, wenn du einen Fehler machst. Wie du mit deiner Müdigkeit, deinem Hunger, deiner Freude oder deiner Unsicherheit umgehst. Es sind diese unzähligen scheinbar belanglosen Augenblicke, in denen du dich entweder für dich entscheidest – oder gegen dich.

Wahre Selbstliebe beginnt nicht im Großen. Sie beginnt genau hier: in deinem gelebten Alltag.

Vielleicht hast du lange geglaubt, du müsstest erst etwas Besonderes leisten, um dich selbst lieben zu dürfen. Vielleicht hat dir niemand beigebracht, wie sich liebevolle Selbstzuwendung anfühlt. Vielleicht hast du dich immer wieder übergangen, um zu funktionieren, zu gefallen oder Erwartungen zu erfüllen. Dann ist es umso wichtiger, dich jetzt mit einem neuen Blick dir selbst zuzuwenden. Nicht kritisch. Nicht fordernd. Sondern mit einer tiefen Bereitschaft, zu lernen, dich selbst mit derselben Zärtlichkeit zu behandeln, die du anderen schenkst.

Selbstliebe im Alltag ist kein Idealzustand, sondern eine Praxis. Eine Entscheidung, die du jeden Tag aufs Neue treffen kannst. Sie bedeutet nicht, dass du dich immer gut fühlst. Sie bedeutet auch nicht, dass du alles richtig machst. Vielmehr bedeutet sie, dass du dir selbst in allem, was du bist und fühlst, liebevoll begegnest. Dass du lernst, dich ernst zu nehmen, dich anzunehmen – gerade dann, wenn du fällst, wenn du zweifelst, wenn du erschöpft bist.

Es geht darum, achtsam zu werden für die Art und Weise, wie du mit dir sprichst. Darum, zu erkennen, wo du dich selbst klein machst, abwertest oder verlierst.

Und es geht darum, neue Spuren zu legen: Spuren von Mitgefühl, Fürsorge, Freundlichkeit. Spuren, die dich zu dir selbst zurückführen.

Im Alltag Selbstliebe zu leben bedeutet, dich nicht länger als etwas zu behandeln, das „repariert" oder „optimiert" werden muss. Es bedeutet, in den einfachen Momenten präsent zu sein – beim Essen, beim Gehen, beim Atmen – und dich dabei als wertvoll und wichtig zu erfahren. Es bedeutet, dir Pausen zu erlauben, ohne sie rechtfertigen zu müssen. Es bedeutet, Nein zu sagen, wenn dein Körper oder deine Seele überfordert sind. Es bedeutet, Ja zu sagen zu dir – nicht erst, wenn du perfekt bist, sondern genau jetzt, in deiner Unvollkommenheit.

Diese alltägliche Form der Selbstliebe ist vielleicht leise, aber sie ist transformierend. Denn sie berührt dich dort, wo du am verletzlichsten bist: in deinem täglichen Erleben, in deinem Umgang mit dir selbst. Wenn du beginnst, diese kleinen Momente mit Bewusstheit und Wärme zu füllen, verändert sich alles. Nicht sofort. Aber stetig.

Du wirst merken, wie du ruhiger wirst. Klarer. Sanfter. Du wirst weniger abhängig von äußerer Bestätigung, weil du dich innerlich genährt fühlst. Du wirst weniger hart mit dir selbst, weil du begreifst, dass du ein Mensch bist – und kein Projekt.

Selbstliebe im Alltag ist ein ständiger Prozess des Heimkommens.

Du kehrst immer wieder zu dir zurück, egal, wie weit du dich entfernt hast. Und jedes Mal, wenn du dir selbst mit Freundlichkeit begegnest, stärkst du das Band zwischen dir und deinem Innersten.

In diesem Kapitel wirst du lernen, wie du Selbstliebe konkret in deinem Alltag leben kannst. Wie du mit dir sprichst. Wie du Entscheidungen triffst. Wie du mit Erschöpfung, Stress, Unzufriedenheit oder innerem Druck umgehst. Du wirst sehen, wie viel Kraft in einfachen Ritualen, in kleinen Gesten, in stillen Momenten liegt. Und du wirst erkennen: Du brauchst keine äußeren Bedingungen, um dich selbst liebevoll zu begleiten.

Was du brauchst, ist deine Bereitschaft, hinzuschauen. Und dein Herz, das dich erinnert:

Du bist es wert. Jetzt. Jeden Tag. In allem, was du tust – und in allem, was du bist.

Achtsamkeit im Alltag

Achtsamkeit ist eines der stillsten und zugleich kraftvollsten Geschenke, die du dir selbst machen kannst. In einer Welt, die ständig in Bewegung ist, in der Ablenkung zur Norm geworden ist und das Tempo des Lebens selten Raum für Stille lässt, ist es eine zutiefst liebevolle Geste, wenn du dir selbst sagst: *Ich bin hier. Ich bin da. Ich bin wach.* Achtsamkeit ist nicht nur eine spirituelle Praxis oder eine Methode zur Stressreduktion – sie ist eine Form von radikaler Präsenz. Und damit ein wesentlicher Ausdruck gelebter Selbstliebe.

Selbstliebe zeigt sich nicht nur in großen Gesten oder in besonders achtsamen Lebensphasen. Sie offenbart sich besonders dann, wenn du im Alltag bewusst mit dir bist. Wenn du nicht automatisch funktionierst, sondern innehältst, fühlst, beobachtest. Wenn du in den kleinen Dingen des Tages einen Spiegel findest für das, was du brauchst, was du fühlst und was dir guttut. Achtsamkeit ist die Brücke zwischen deinem inneren Erleben und der äußeren Welt. Sie macht dich empfänglich – für dich selbst und für das Leben.

Viele Menschen verbinden Achtsamkeit mit Meditation, mit formeller Praxis, mit bestimmten Ritualen. Und ja, all das kann Teil davon sein. Doch Achtsamkeit ist viel mehr als das. Es ist ein Bewusstseinszustand, den du in jedem Moment kultivieren kannst – beim Zähneputzen, beim Essen, beim Arbeiten, beim Spazierengehen, beim Zuhören, beim Atmen. Achtsamkeit ist nicht an bestimmte Umstände gebunden. Sie ist ein innerer Zustand der Offenheit und des liebevollen Gewahrseins.

Achtsamkeit bedeutet, dich selbst nicht zu übergehen. Es heißt, dich wahrzunehmen – nicht nur oberflächlich, sondern tief. Es heißt, deinem Körper zuzuhören, deinen Gedanken Raum zu geben, deine Emotionen nicht zu verdrängen, sondern mit ihnen in Beziehung zu treten. Und genau das ist gelebte Selbstliebe: dich nicht wegzudrücken, nicht zu ignorieren, nicht zu funktionieren, obwohl etwas in dir nach Aufmerksamkeit ruft.

Achtsamkeit als liebevolle Zuwendung

Wenn du achtsam bist, veränderst du deinen inneren Umgangston. Du wirst sanfter. Du hörst auf, automatisch zu bewerten. Du erlaubst dir, einfach da zu sein – mit dem, was ist. Ob Freude oder Traurigkeit, Klarheit oder Verwirrung, Kraft oder Erschöpfung – in der Achtsamkeit bekommt alles seinen Platz.

Das ist ein zutiefst heilender Akt, weil er deinem Innersten signalisiert: *Ich sehe dich. Ich bin da.* Du musst nichts leisten, nichts verbessern, nichts unterdrücken. Du darfst sein.

Und aus genau dieser Haltung erwächst Veränderung – nicht aus Druck, sondern aus Verbundenheit.

Diese Art der liebevollen Präsenz verändert deinen Alltag grundlegend. Du wirst wacher für deine Bedürfnisse, für deine Grenzen, für deine Gefühle. Du spürst, wann du eine Pause brauchst. Wann du Wasser trinken solltest. Wann du einfach einmal tief atmen musst.

Achtsamkeit führt dich immer wieder zurück zu dir selbst – zu deinem Körper, deinem Atem, deinem Empfinden. Sie holt dich heraus aus dem Autopiloten und bringt dich in die einzige Zeit, die du wirklich bewohnen kannst: den gegenwärtigen Moment.

Der Atem als Anker

Ein einfacher und wirkungsvoller Weg, Achtsamkeit in deinem Alltag zu verankern, ist dein Atem. Dein Atem ist immer da. Er begleitet dich durch jeden Augenblick deines Lebens – und doch nehmen wir ihn so selten bewusst wahr. Dabei ist er ein direkter Zugang zu deinem innersten Empfinden.

Indem du deinen Atem beobachtest – ganz ohne ihn verändern zu wollen – öffnest du einen Raum der Stille in dir. Du spürst: *Ich bin lebendig. Ich bin hier.*

Immer wenn du dich verloren fühlst, überfordert, gehetzt oder abgeschnitten von dir selbst, kannst du zu deinem Atem zurückkehren. Eine bewusste Einatmung. Eine bewusste Ausatmung. Und schon bist du wieder mit dir verbunden.

Diese Rückkehr zum Atem ist keine Flucht aus dem Alltag. Sie ist eine Rückverbindung mitten im Alltag. Du brauchst keine besonderen Bedingungen, keinen stillen Raum, keine Meditationskissen. Alles, was du brauchst, ist deine Bereitschaft, einen Moment innezuhalten und dich selbst zu spüren.

Achtsamkeit in Routinen und Gewohnheiten

Ein kraftvoller Weg, Achtsamkeit in dein tägliches Leben zu integrieren, ist, deine bestehenden Routinen bewusst zu gestalten. Jede Gewohnheit, jeder alltägliche Vorgang kann zu einem Moment der Selbstliebe werden – wenn du ihn mit Bewusstsein füllst.

Statt morgens mechanisch den Kaffee herunterzuspülen, kannst du den ersten Schluck wirklich schmecken. Statt beim Duschen gedanklich schon beim nächsten Termin zu sein, kannst du das warme Wasser auf deiner Haut wahrnehmen. Statt dich beim Zähneputzen im Spiegel kritisch zu betrachten, kannst du dir ein liebevolles Lächeln schenken.

Diese scheinbar kleinen Veränderungen haben eine große Wirkung. Sie machen dein Leben langsamer, klarer, liebevoller. Und sie schenken dir das Gefühl, in deinem eigenen Leben wirklich *anwesend* zu sein.

Achtsamkeit in der Routine ist keine Einschränkung – sie ist eine Einladung. Eine Einladung, dich in deinem gelebten Alltag nicht zu verlieren, sondern dich darin wiederzufinden.

Umgang mit Gedanken und Emotionen

Achtsamkeit bedeutet nicht, keine Gedanken oder Gefühle zu haben. Es bedeutet, ihnen mit Freundlichkeit und Neugier zu begegnen, ohne dich mit ihnen zu identifizieren.

Du bist nicht deine Gedanken. Du bist nicht deine Ängste. Du bist nicht deine alten Muster.

Achtsamkeit hilft dir, einen liebevollen inneren Abstand zu entwickeln. Du lernst, deine Gedanken zu beobachten, ohne ihnen automatisch zu glauben. Du lernst, deine Gefühle wahrzunehmen, ohne dich von ihnen überrollen zu lassen.

Das ist eine zutiefst befreiende Erfahrung. Denn sie gibt dir die Macht zurück. Du wirst nicht mehr von deinem Inneren getrieben – du beginnst, es bewusst zu lenken.

Wenn du wütend bist, kannst du innehalten und dir erlauben, diese Wut zu spüren, ohne dich von ihr steuern zu lassen. Wenn du traurig bist, kannst du dir selbst Mitgefühl schenken, ohne dich darin zu verlieren. Wenn du unsicher bist, kannst du dich selbst liebevoll halten.

Diese innere Haltung ist keine Flucht, sondern ein Akt von tiefer Selbstverantwortung und Achtsamkeit.

Der Körper als Spiegel

Dein Körper ist der direkteste Spiegel deines inneren Erlebens. Wenn du lernst, ihm achtsam zu lauschen, wird er dir unendlich viel über dich selbst erzählen.

Achtsamkeit im Alltag bedeutet, deine Körpersignale nicht länger zu ignorieren. Müdigkeit, Verspannung, Appetit, Herzklopfen, ein Kloß im Hals – all das sind Botschaften. Wenn du ihnen mit Neugier und Offenheit begegnest, kannst du lernen, dich selbst tiefer zu verstehen.

Es bedeutet auch, dich nicht gegen deinen Körper zu wenden, wenn er nicht „funktioniert". Sondern ihm zuzuhören, ihn zu unterstützen, ihn zu ehren. Dein Körper ist kein Gegner – er ist dein engster Verbündeter auf dem Weg der Selbstliebe.

Achtsamkeit in Beziehungen

Auch deine zwischenmenschlichen Beziehungen profitieren zutiefst davon, wenn du achtsam bist. Denn Achtsamkeit in dir selbst schafft Raum für echte Verbindung mit anderen.

Wenn du präsent bist, kannst du besser zuhören. Du kannst zwischen den Worten hören. Du kannst sehen, was der andere vielleicht nicht sagt – und gleichzeitig klarer spüren, was du selbst brauchst.

Achtsamkeit hilft dir, Grenzen zu setzen, ohne dich schuldig zu fühlen. Sie hilft dir, authentisch zu kommunizieren, ohne dich zu verstellen. Sie macht dich empfänglicher für Liebe – und zugleich klarer darin, dich selbst zu schützen.

Achtsamkeit in Beziehungen bedeutet nicht, perfekt zu sein. Sie bedeutet, wach zu sein. Und das ist ein zutiefst liebevoller Akt – für dich und für dein Gegenüber.

Achtsamkeit als tägliche Praxis der Selbstliebe

All diese Aspekte zeigen: Achtsamkeit ist gelebte Selbstliebe im alleralltäglichsten Sinne. Es geht nicht darum, in jedem Moment perfekt präsent zu sein. Es geht darum, immer wieder zu dir zurückzukehren.

Jeder Moment, in dem du innehältst, in dem du bewusst atmest, in dem du dir selbst zuhörst, ist ein Moment der Liebe. Ein Moment, in dem du dich selbst erkennst – nicht als Aufgabe, nicht als Projekt, sondern als lebendiges, fühlendes, liebenswertes Wesen.

Achtsamkeit ist der stille Ort in dir, an dem du dir selbst begegnest.

Und je öfter du diesen Ort aufsuchst, desto tiefer wird deine Verbindung zu dir.

Du beginnst, dich selbst nicht nur zu „kennen", sondern zu *spüren*.
Du beginnst, dich selbst nicht nur zu „verstehen", sondern zu *halten*.
Du beginnst, dich selbst nicht nur zu „akzeptieren", sondern zu *lieben*.

In diesem Raum wächst etwas, das keine äußeren Umstände zerstören können: deine innere Heimat.

Und genau das ist der Kern von Achtsamkeit im Alltag – und damit ein zentraler Weg, wie du Selbstliebe nicht nur denkst, sondern wirklich *lebst*. Jeden Tag. In jeder Handlung. In jedem Atemzug. In jedem stillen Moment, in dem du dir selbst begegnest und sagst:

Ich bin hier. Und ich bin wichtig.

Selbstreflexion und Wachstum

Wirkliche Selbstliebe lebt nicht von bloßer Akzeptanz, sondern von einer tiefen Bereitschaft, dich selbst immer wieder zu erkennen, zu hinterfragen, zu wachsen. Liebe bedeutet nicht Stillstand – sie bedeutet Hingabe an das, was du bist, und Vertrauen in das, was du werden kannst. Deshalb ist Selbstreflexion ein so kraftvoller Bestandteil gelebter Selbstliebe. Sie schenkt dir nicht nur Einsicht in dein Denken, Fühlen und Handeln, sondern öffnet dir Wege der Veränderung, die wirklich aus dir selbst heraus entstehen.

Selbstreflexion ist kein bewertender Blick auf dich, kein Sezieren deiner Schwächen oder eine Methode zur Selbstoptimierung. Sie ist ein liebevoller Spiegel, der dir zeigt, wo du stehst, wohin du gehst – und ob du auf deinem Weg wirklich *bei dir* bist. Sie lädt dich ein, innezuhalten, dich selbst zu befragen und mit der Tiefe deiner Wahrheit in Kontakt zu kommen.

Wachstum entsteht nicht, weil du mit dir unzufrieden bist – sondern weil du dich selbst genug liebst, um dich zu entfalten.

Dieser Abschnitt möchte dir zeigen, wie du Selbstreflexion zu einem festen Bestandteil deines Alltags machst, wie du mit dir in einen ehrlichen, sanften und klaren inneren Dialog treten kannst – und wie du daraus eine Kraft entwickelst, die dich Schritt für Schritt näher zu dir selbst bringt.

Die Bedeutung von Selbstreflexion für gelebte Selbstliebe

Selbstreflexion ist das bewusste Zurücktreten von deinen Gedanken, Gefühlen, Entscheidungen und Verhaltensmustern, um sie aus einer beobachtenden und nicht-urteilenden Perspektive zu betrachten. Es ist die Fähigkeit, dich selbst zu beobachten, ohne dich zu verurteilen.

In einer Welt, die auf Reizüberflutung, Ablenkung und Reaktion basiert, ist diese Fähigkeit ein Akt tiefer Selbstzuwendung. Denn du nimmst dir Zeit, dich selbst wirklich wahrzunehmen. Du gibst deinem inneren Erleben Raum. Du fragst nicht, was andere von dir erwarten – sondern was du selbst brauchst, willst, glaubst.

Selbstreflexion erlaubt es dir, aus dem Autopiloten auszusteigen. Du beginnst, bewusster zu handeln, weil du verstehst, *warum* du auf bestimmte Weise fühlst, denkst oder reagierst. Und in diesem Erkennen liegt der Schlüssel zur Veränderung – nicht aus Druck, sondern aus Bewusstsein.

Wenn du dich selbst verstehst, kannst du dir selbst mit mehr Mitgefühl begegnen. Du wirst nicht mehr Opfer deiner inneren Dynamiken, sondern Gestalterin deines eigenen Weges.

Fragen, die dich dir selbst näher bringen

Eine der kraftvollsten Formen der Selbstreflexion ist das Stellen von offenen, ehrlichen Fragen an dich selbst – ohne sofort nach einer perfekten Antwort zu suchen. Es geht nicht darum, immer alles zu wissen. Es geht darum, mit dir in Kontakt zu bleiben.

Stelle dir regelmäßig Fragen wie:

- Was habe ich heute gefühlt – und warum?
- Wo habe ich mich heute übergangen – und was hätte ich gebraucht?
- Welche Reaktion von mir hat mich überrascht – und was steckt dahinter?
- Was war heute schön – und was hat mir daran gutgetan?
- Wovor bin ich heute geflüchtet – und was wollte ich vielleicht nicht fühlen?
- Was wünsche ich mir gerade – tief in mir?

Diese Fragen helfen dir, die Schleier zu lüften, unter denen dein wahres Erleben oft verborgen liegt. Du lernst, dich zu durchdringen – und in dieser Durchdringung wächst deine Fähigkeit, dich selbst liebevoll zu führen.

Selbstreflexion ist keine Kontrolle, sondern ein Angebot. Ein Raum, in dem du ehrlich mit dir sein darfst. Ein inneres Gespräch, das getragen ist von dem Wunsch, dir selbst näher zu kommen.

Journaling als Werkzeug der Selbsterkenntnis

Eine besonders wirkungsvolle Praxis, um Selbstreflexion in deinem Alltag zu verankern, ist das Schreiben. Das sogenannte Journaling – das freie, persönliche Schreiben über dein Erleben – ist ein intimer Dialog mit dir selbst.

Hier darf alles Platz haben: deine Freude, deine Unsicherheiten, deine Gedankenflüsse, deine Zweifel, deine Sehnsucht. Im Schreiben entsteht Klarheit, weil du gezwungen wirst, deinem Inneren Sprache zu verleihen. Und diese Sprache wird zu einem Spiegel – manchmal zärtlich, manchmal konfrontierend, aber immer ehrlich.

Ein tägliches, auch kurzes Schreiben kann dir helfen, dich zu erden. Du kannst morgens mit ein paar bewussten Sätzen starten: *Wie fühle ich mich? Was bewegt mich gerade? Was brauche ich heute?* Oder abends einen liebevollen Rückblick halten: *Was war heute herausfordernd? Was hat mich berührt? Was habe ich über mich gelernt?*

Im Laufe der Zeit entsteht so ein gelebter Raum deiner inneren Entwicklung. Du wirst Muster erkennen. Du wirst Wachstumsschritte sehen. Und du wirst – vielleicht zum ersten Mal – mit Staunen feststellen, wie sehr du dich veränderst, wenn du beginnst, dich selbst zu sehen.

Der Umgang mit innerer Kritik

Ein unvermeidlicher Aspekt der Selbstreflexion ist die Begegnung mit deinem inneren Kritiker. Diese Stimme in dir, die dich anzweifelt, abwertet, kleinmacht. Viele Menschen scheuen deshalb den Blick nach innen – aus Angst, dort nur Fehler, Schwächen oder Mangel zu finden

Doch gerade hier liegt eine große Chance. Denn der innere Kritiker ist nicht dein Feind. Er ist eine alte Schutzstrategie, ein Teil von dir, der einst versucht hat, dich vor Schmerz, Ablehnung oder Versagen zu bewahren.

Wenn du beginnst, ihn zu erkennen, zu hinterfragen, ihn nicht mehr automatisch zu glauben, sondern ihm mit Mitgefühl zu begegnen, verlierst du dich nicht in seiner Härte – sondern du integrierst ihn in eine größere innere Wahrheit.

Ein liebevoller Umgang mit dem inneren Kritiker beginnt mit der Unterscheidung: *Ist das die Stimme meiner Angst – oder die Stimme meiner Wahrheit?* Und er setzt sich fort in der Entscheidung: *Ich darf mich weiterentwickeln, ohne mich zu verurteilen.*

Selbstreflexion heißt nicht, dich in deinen Fehlern zu wälzen. Sie heißt, dich in deinen Lernfeldern zu erkennen – und dir selbst einen Weg zu eröffnen, auf dem du wachsen darfst.

Wachstum als natürlicher Ausdruck von Selbstliebe

Wenn du beginnst, dich selbst tiefer zu reflektieren, wird sich in dir ganz natürlich ein Wunsch nach Entwicklung zeigen. Nicht, weil du nicht „genug" bist – sondern weil du spürst, wie viel in dir angelegt ist. Wachstum ist kein Zeichen von Mangel, sondern von Lebendigkeit.

Du wirst merken, wie du bewusster wirst in deinen Entscheidungen. Du wirst dich zunehmend lösen von alten Mustern, die dir nicht mehr dienen. Du wirst dich selbst ernst nehmen – in deiner Sehnsucht, deiner Würde, deinem Potenzial.

Wachstum bedeutet, dass du dir erlaubst, dich zu verändern, ohne dich dafür zu beschämen. Es bedeutet, Fehler als Erfahrungen zu sehen. Rückschritte als Lernschritte. Krisen als Katalysatoren.

Selbstreflexion schenkt dir das Vertrauen, dass du dich selbst halten kannst – auch dann, wenn du dich veränderst. Sie erlaubt dir, nicht perfekt sein zu müssen, um auf dem richtigen Weg zu sein.

Wachstum ist nicht das Ziel – es ist der Ausdruck deiner lebendigen Verbindung zu dir selbst.

Selbstreflexion in Verbindung mit anderen

Auch in deinen Beziehungen kann Selbstreflexion eine kraftvolle Rolle spielen. Wenn du lernst, dich selbst besser zu verstehen, wirst du auch deine Muster im Kontakt mit anderen klarer sehen. Du erkennst, wann du dich verbiegst, wann du dich zurückziehst, wann du dich verlierst – und warum.

Diese Erkenntnisse sind kein Vorwurf an dich, sondern ein Wegweiser. Du beginnst, bewusster zu kommunizieren. Ehrlicher zu sein. Verletzlicher. Klarer.

Und du wirst gleichzeitig verständnisvoller für dein Gegenüber – denn je mehr du deine eigenen inneren Bewegungen kennst, desto weniger musst du andere für dein eigenes Erleben verantwortlich machen.

Selbstreflexion in Beziehungen ist ein Geschenk – an dich selbst und an den Menschen, mit dem du in Kontakt bist. Sie ermöglicht echte Nähe, weil sie dich aus der Projektion in die Präsenz führt.

Die tägliche Praxis: Wie du Selbstreflexion leben kannst

Selbstreflexion muss nicht kompliziert oder zeitaufwändig sein. Sie beginnt mit kleinen Momenten, mit bewusster Aufmerksamkeit, mit einfachen Fragen.

Du kannst dir morgens beim Aufstehen eine Minute nehmen, um in dich hineinzuspüren. Du kannst dir abends ein paar Gedanken notieren. Du kannst dir im Alltag kurze Pausen gönnen, in denen du dich fragst: *Bin ich gerade bei mir?*

Du kannst Gespräche mit dir selbst führen, im Kopf oder laut. Du kannst reflektierende Spaziergänge machen. Du kannst dich regelmäßig fragen: *Lebe ich gerade das, was mir entspricht?*

Es geht nicht um eine perfekte Technik. Es geht um die Haltung dahinter. Um die Entscheidung, dich selbst nicht aus den Augen zu verlieren.

Selbstreflexion ist gelebte Selbstliebe in Bewegung.

Und sie führt dich immer wieder zu dem, was du bist: ein Mensch auf dem Weg – nicht fehlerfrei, aber echt. Nicht abgeschlossen, aber wach. Nicht vollkommen, aber voller Tiefe.

Wenn du beginnst, dich selbst mit offenen Augen zu betrachten, wirst du entdecken, dass in dir nicht nur Fragen, sondern auch Antworten wohnen. Nicht nur Unsicherheiten, sondern auch Weisheit. Nicht nur Schmerz, sondern auch Kraft.

Und dann wirst du wachsen – nicht weil du musst, sondern weil du willst. Weil du dir selbst ein Leben schenken möchtest, das dir entspricht. Ein Leben, in dem du dich nicht ständig neu erfinden musst, sondern in dem du dich *entfalten* darfst.

Genau das ist Selbstreflexion in ihrer tiefsten Form: der stille, beharrliche Weg zu dir selbst – in Liebe, in Ehrlichkeit und in stetigem, lebendigem Wachstum.

Dankbarkeit als Haltung

Dankbarkeit ist mehr als ein kurzer Gedanke, mehr als ein höfliches „Danke", das wir im Alltag dahinsagen. Sie ist auch mehr als ein flüchtiger Moment, in dem wir etwas Schönes erkennen. Wirkliche, gelebte Dankbarkeit ist eine tiefe innere Haltung, eine bewusste Ausrichtung deiner Aufmerksamkeit – auf das, was da ist, statt auf das, was fehlt. Sie ist eine Form von gelebter Präsenz, ein stilles Ja zum Leben in seiner Unvollkommenheit. Und sie ist – vielleicht mehr als alles andere – ein Ausdruck gelebter Selbstliebe.

Wenn du Dankbarkeit kultivierst, öffnest du dich selbst für die Fülle deines Lebens. Nicht, weil alles perfekt ist, sondern weil du dich entscheidest, das zu sehen, was dich nährt, was dich trägt, was dich wachsen lässt. Dankbarkeit bedeutet, *nicht* auf das zu warten, was noch kommen soll, sondern das anzuerkennen, was bereits da ist.

Sie ist keine Flucht vor der Realität, sondern eine radikale Form der Verbundenheit mit ihr.

In einer Welt, die ständig nach Mehr strebt – nach schneller, besser, höher, schöner – ist Dankbarkeit ein revolutionärer Akt. Sie lädt dich ein, den Blick zu senken, zu verweilen, dich berühren zu lassen. Und sie bringt dich zurück zu dem, was in deinem Leben schon jetzt wertvoll ist.

Die Kraft der Wahrnehmung

Der Alltag kann schnell zu einer grauen Masse verschwimmen, in der sich Tage aneinanderreihen, ohne dass du wirklich *da* bist. Du funktionierst, du reagierst, du erledigst. Und dabei verlierst du aus dem Blick, was dir eigentlich Halt gibt: die kleinen, stillen Momente, in denen das Leben auf seine zarte Weise zu dir spricht.

Dankbarkeit ist eine Entscheidung, diese Momente *nicht* zu übersehen. Es ist der Entschluss, deine Wahrnehmung zu verfeinern – nicht, um oberflächlich positiv zu denken, sondern um die Tiefe im Gewöhnlichen wiederzuentdecken.

Wenn du morgens die erste Tasse Tee oder Kaffee genießt und für einen kurzen Moment die Wärme in deinen Händen spürst. Wenn du den Wind auf deinem Gesicht fühlst oder das Licht, das durch das Fenster fällt, als schön empfindest. Wenn du ein Lächeln bekommst – oder gibst. All das sind Gelegenheiten zur Dankbarkeit.

Nicht, weil sie spektakulär sind. Sondern weil sie real sind. Weil sie dich zurückholen in diesen einen Moment, der zählt: *jetzt.*

Dankbarkeit beginnt bei dir

Oft denken wir bei Dankbarkeit zuerst an äußere Dinge: Menschen, Umstände, Glück. Doch der vielleicht wichtigste Schritt ist, Dankbarkeit in Beziehung zu dir selbst zu bringen.

Wie oft nimmst du wahr, was du *für dich selbst* tust? Wie oft siehst du deine eigene Kraft, deine Geduld, deinen Mut?

Dankbarkeit als Selbstliebe bedeutet, dich selbst als wertvoll zu erkennen – nicht trotz deiner Fehler, sondern gerade in deiner Unvollkommenheit. Es bedeutet, dir selbst zu danken:

- Für das Durchhalten in schwierigen Zeiten.
- Für den Mut, hinzuschauen.
- Für die Entscheidungen, die du getroffen hast, obwohl sie schwer waren.
- Für das liebevolle Bemühen, dir selbst ein Zuhause zu sein.

Diese Form der Dankbarkeit ist nicht narzisstisch. Sie ist heilend. Sie bedeutet: *Ich sehe mich.* Ich anerkenne, dass ich nicht perfekt bin – aber dass ich jeden Tag mein Bestes gebe, auf meine ganz eigene Weise.

Wenn du beginnst, dir selbst mit dieser Haltung zu begegnen, verändert sich deine gesamte innere Landschaft. Du wirst milder. Und diese Milde öffnet Räume, in denen du nicht nur leben, sondern auch aufblühen kannst.

Der Wandel des Blicks

Dankbarkeit verändert nicht die äußeren Umstände – sie verändert *deinen Blick* auf sie. Und dieser veränderte Blick macht dich fähig, das Leben nicht mehr als Gegner zu sehen, sondern als Lehrer, als Begleiter, als Geschenk.

Das bedeutet nicht, dass du alles gutheißen musst. Es heißt nicht, dass Schmerz, Verlust oder Ungerechtigkeit ignoriert werden sollen. Aber selbst inmitten von Herausforderungen kannst du lernen, *etwas* zu finden, das dich stärkt.

Vielleicht ist es der Mensch, der dich hält, wenn du selbst nicht mehr weiterweißt. Vielleicht ist es die eigene Kraft, die du gerade erst entdeckst. Vielleicht ist es das Lernen, das in der Krise liegt – auch wenn du es jetzt noch nicht greifen kannst.

Dankbarkeit bedeutet nicht Verdrängung. Sie bedeutet Transformation.

Du entscheidest dich, dich nicht auf das zu fixieren, was fehlt, sondern auf das, was da ist – und darauf, was daraus erwachsen kann.

Die Praxis der Dankbarkeit im Alltag

Dankbarkeit als Haltung beginnt mit kleinen Gesten. Sie ist keine große spirituelle Disziplin, sondern eine tägliche Praxis, die aus Wiederholung, Achtsamkeit und Herz entsteht.

Du kannst beginnen, jeden Tag drei Dinge zu benennen, für die du dankbar bist. Nicht nur die offensichtlichen, sondern auch die subtilen. Vielleicht die frische Luft am Morgen. Die Stille. Eine berührende Nachricht.

Oder du führst ein Dankbarkeitstagebuch, in das du jeden Abend schreibst, was dich bewegt hat. Vielleicht nimmst du dir auch am Ende eines schwierigen Tages bewusst vor, eine Sache zu finden, für die du *trotz allem* dankbar sein kannst.

Mit der Zeit wirst du merken, wie sich dein Fokus verändert. Dein Geist wird darin geschult, auch in scheinbar dunklen Momenten Licht zu finden. Und dein Herz wird offener – für dich selbst und für andere.

Dankbarkeit und Verbindung

Dankbarkeit schafft Verbindung – zu dir selbst, zu anderen, zum Leben. Wenn du dankbar bist, trittst du in Beziehung. Du bist nicht mehr isoliert in deinem Erleben, sondern eingebunden in ein größeres Ganzes.

Du siehst, was dich trägt. Was dich nährt. Was dich berührt.

Und du wirst auch anderen gegenüber weicher. Du siehst plötzlich nicht nur, was fehlt, sondern was gegeben wird. Vielleicht bemerkst du den liebevollen Blick einer Kollegin, den Humor deines Kindes, die Geduld deines Partners, die Freundlichkeit eines Fremden.

Du erkennst, dass du nicht allein bist – auch dann nicht, wenn es sich manchmal so anfühlt.

Dankbarkeit bringt dich ins Herz – nicht durch große Worte, sondern durch stille Gegenwart.

Dankbarkeit in schwierigen Zeiten

Gerade in den Momenten, in denen das Leben schwer ist, scheint Dankbarkeit fast zynisch. Doch gerade dann ist sie am wertvollsten. Nicht als Pflicht, nicht als Zwang, sondern als leiser Weg, der dich mit deiner inneren Kraft verbindet.

Du musst nicht sofort dankbar sein für das, was weh tut. Aber vielleicht kannst du etwas finden, das dich trägt *trotzdem*.

Vielleicht ist es dein Atem. Dein Bett. Eine Berührung. Dein Lieblingslied.

Dankbarkeit in dunklen Zeiten ist ein zartes Pflänzchen – es braucht Schutz, Zeit und viel Mitgefühl. Aber es kann Wurzeln schlagen. Und irgendwann wirst du spüren: Da ist etwas in mir, das lebt, das nicht kaputtgeht, das selbst in der Ohnmacht sagt: *Ich bin hier.*

Dankbarkeit als spirituelle Kraft

Wenn du beginnst, Dankbarkeit als Haltung zu leben, öffnet sich in dir eine spirituelle Dimension. Du beginnst zu spüren, dass das Leben nicht nur ein Abfolge von Ereignissen ist, sondern ein vielschichtiges, bedeutungsvolles Gewebe, das dich umgibt und durchdringt.

Du beginnst, das Leben zu ehren – nicht nur dann, wenn es dir wohlgesonnen ist, sondern als Ganzes. In seiner Wildheit. In seiner Zärtlichkeit. In seiner Tiefe.

Dankbarkeit wird dann zu einer Art Gebet – nicht an eine bestimmte Instanz, sondern an das Leben selbst. Eine stille, tägliche Verneigung vor dem Wunder, dass du hier bist.

Und genau hier, in dieser Haltung, beginnt die tiefste Form von Selbstliebe: die Liebe zum Leben selbst – durch dich.

Dankbarkeit macht dich lebendig

Wenn du mit Dankbarkeit durchs Leben gehst, wirst du lebendiger. Du wirst empfänglicher für das Schöne. Du wirst resilienter gegenüber dem Schweren. Und du wirst dir selbst näher – weil du erkennst, wie reich du in Wahrheit bist.

Nicht im materiellen Sinne. Sondern im Inneren.

Dankbarkeit macht dein Herz weit. Und aus diesem weiten Herzen kannst du leben – nicht als Ideal, sondern als tägliche Praxis.

Du kannst lernen, dir selbst zu danken. Dem Leben zu danken. Und immer wieder zu sagen:

Ich sehe, was ist. Ich nehme es an. Und ich wähle, es zu ehren.

So wird Dankbarkeit zur Haltung – und dein Alltag zu einem Ort, an dem Selbstliebe nicht nur gedacht, sondern wirklich gelebt wird. Täglich. Echt. Still. Und voller Tiefe.

Fazit: Die stille Rückkehr zu dir selbst

Selbstliebe ist kein ferner Ort, kein Ziel, das du eines Tages erreichst, wenn du genug gelernt, genug geleistet, genug geheilt hast. Selbstliebe ist ein Weg. Ein Weg, der dich Tag für Tag zurück zu dir selbst führt – nicht in großen Schritten, sondern in kleinen, zarten, oft unscheinbaren Gesten. Es ist ein Weg durch deinen Alltag, durch dein Leben, durch dein innerstes Empfinden. Und jeder Moment, in dem du dich entscheidest, dich selbst mit Freundlichkeit, Achtsamkeit, Ehrlichkeit und Dankbarkeit zu begegnen, ist ein Schritt auf diesem Weg.

In diesem Kapitel hast du erfahren, dass Selbstliebe nicht in außergewöhnlichen Situationen entsteht, sondern in der Art und Weise, wie du dein Leben lebst. Wie du atmest, fühlst, denkst, sprichst, entscheidest. Wie du mit dir umgehst, wenn es leicht ist – und vor allem dann, wenn es schwer wird.

Du hast gesehen, dass du Selbstliebe im Alltag leben kannst, wenn du beginnst, dich selbst wahrzunehmen – nicht als Objekt, das optimiert werden muss, sondern als lebendiges Wesen, das gesehen, verstanden und gehalten werden will.

Achtsamkeit hilft dir, in den gegenwärtigen Moment zurückzukehren. Sie holt dich aus dem Lärm der Welt in die Stille deines Herzens. Dort, wo du dich selbst wirklich spürst.

Selbstreflexion schenkt dir Tiefe. Sie macht dich zur Forscherin deiner selbst, zur Verbündeten deiner Entwicklung. Sie lädt dich ein, ehrlich zu sein, mutig zu hinterfragen und liebevoll zu wachsen – nicht, um anders zu werden, sondern um immer mehr bei dir anzukommen.

Dankbarkeit schließlich öffnet dein Herz für das, was da ist. Sie erinnert dich daran, dass du bereits jetzt genug bist. Dass dein Leben – mit all seinen Höhen und Tiefen – ein Geschenk ist, das du ehren darfst. Und dass du selbst dieses Geschenk bist.

Wenn du beginnst, all das in deinen Alltag zu weben – nicht perfekt, sondern bewusst –, entsteht ein neues Lebensgefühl. Du wirst ruhiger, weil du dich nicht mehr selbst antreiben musst. Du wirst klarer, weil du dich besser verstehst. Du wirst sanfter, weil du dir selbst näherkommst.

Du wirst erkennen, dass Selbstliebe kein Ausnahmezustand ist, sondern ein täglicher Akt. Ein wiederholtes, stilles Versprechen an dich selbst: *Ich bleibe bei mir.*

Und selbst wenn du dich verlierst, wenn du zweifelst, fällst, kämpfst – du kannst immer zurückkehren. Immer. Denn Selbstliebe kennt keinen Punkt, an dem sie dich aufgibt. Sie wartet geduldig auf deine Rückkehr.

In den kleinen Dingen.
Im Alltag.
Im Jetzt.

- Jeder Atemzug kann ein Neuanfang sein.
- Jede Entscheidung ein Zeichen deiner Liebe zu dir selbst.
- Jeder Tag eine Gelegenheit, dir selbst treu zu sein.

Und so geh weiter – nicht schneller, nicht besser, nicht perfekter, sondern echter. Mit dir. Für dich. In deinem Tempo.

Denn du bist der wichtigste Mensch in deinem Leben. Und du bist es wert, dir selbst ein Zuhause zu sein. Jeden Tag. Von Herzen.

Kapitel 12: Dein neues Leben

Mit offenem Herzen deinen Weg gehen

Einleitung: Wie du die Reise fortsetzt – mit Liebe, Vertrauen und Mut

Es gibt im Leben diese leisen, kostbaren Momente, in denen du plötzlich spürst: Etwas hat sich verändert. Nicht laut, nicht dramatisch, nicht zwingend sichtbar für andere – aber tief in dir. Du spürst, dass du nicht mehr dieselbe bist wie zuvor. Dass du dich berührt hast. Dass du dir begegnet bist. Dass du begonnen hast, dich selbst zu lieben – nicht als Idee, sondern als gelebte Realität.

Dieser Moment ist keine Endstation. Er ist ein neuer Anfang. Die Reise, auf die du dich begeben hast, endet nicht hier. Sie vertieft sich. Sie weitet sich. Sie will jetzt weitergelebt werden – im Alltag, in deinen Entscheidungen, in deinen Beziehungen, in deinem Innersten.

Es ist die Reise zurück zu dir – und gleichzeitig die Reise hinaus in die Welt, mit offenem Herzen.

Du hast in den Kapiteln zuvor gelernt, dich selbst zu sehen, zu verstehen, zu halten. Du hast begonnen, deine Vergangenheit mit Mitgefühl zu betrachten, deine Muster zu erkennen, deine Bedürfnisse ernst zu nehmen. Du hast erfahren, wie es ist, dir selbst nahe zu sein – nicht nur in der Stille, sondern auch im Lärm des Alltags. Du hast gelernt, deiner inneren Stimme zu lauschen, deinem Körper zu vertrauen, deinem Herzen Raum zu geben.

Und nun stehst du an einem Punkt, an dem es darum geht, all das nicht nur zu wissen, sondern zu *leben*. Denn Selbstliebe ist kein abgeschlossenes Kapitel. Sie ist ein fortwährender Prozess. Eine tägliche Entscheidung. Ein gelebter Ausdruck deiner Verbundenheit mit dir selbst.

Diese Reise fortzusetzen bedeutet, dich selbst tiefer kennenzulernen. Es bedeutet, nicht zurückzuweichen, wenn das Leben dich herausfordert, sondern dich mit Liebe zu halten. Es bedeutet, nicht aufzugeben, wenn Zweifel kommen, sondern dich mit Vertrauen auszurichten. Und es bedeutet, mutig zu sein – nicht im Sinne von Stärke oder Unerschütterlichkeit, sondern im Sinne von Wahrhaftigkeit.

Mut heißt nicht, keine Angst zu haben. Mut heißt, der Stimme deines Herzens zu folgen – selbst wenn sie leise ist.

Wenn du beginnst, mit diesem Mut zu leben, wirst du ein Leben erschaffen, das dir entspricht. Kein perfektes Leben. Kein Leben ohne Schmerz. Aber ein Leben, das dich nährt, das dich spiegelt, das dich wachsen lässt. Ein Leben, das du aus deinem Innersten heraus gestaltest – in deinem Tempo, in deiner Tiefe, mit deinem ganzen Sein.

Jetzt ist die Zeit, zu vertrauen. Dir selbst. Dem Leben. Deinem Weg. Jetzt ist die Zeit, das, was du erkannt hast, in Handlung zu verwandeln. Jetzt ist die Zeit, dich nicht länger zurückzuhalten – sondern dich zu zeigen.

Mit deiner Verletzlichkeit.
Mit deiner Stärke.
Mit deiner Liebe.

Und mit dem Wissen: *Du bist auf deinem Weg.*
Nicht, weil du alles weißt, sondern weil du bereit bist, zu lernen.
Nicht, weil du angekommen bist, sondern weil du losgehst.
Nicht, weil du perfekt bist, sondern weil du **echt** bist.

Dies ist der Anfang deines neuen Lebens. Nicht irgendwann – sondern jetzt. Mit jedem Atemzug. Mit jedem Schritt. Mit jedem liebevollen Ja zu dir selbst.

Rückblick und Integration

Es gibt einen Punkt auf jeder Reise, an dem du innehältst. Nicht, weil du stehen bleibst, sondern weil du spürst, wie viel du bereits gegangen bist. Du drehst dich nicht um, um zurückzugehen – du blickst zurück, um zu verstehen, zu würdigen, zu integrieren. Genau das ist jetzt dein Moment. Die Reise, die du mit diesem Buch begonnen hast, war keine äußere. Sie war eine Bewegung nach innen. Und in dieser inneren Landschaft ist viel geschehen. Vielleicht mehr, als du jetzt in Worte fassen kannst.

Rückblick bedeutet nicht, dich festzuhalten an dem, was war. Rückblick bedeutet, bewusst zu erkennen, wie sehr du dich gewandelt hast. Es ist ein Blick, der nicht vergleicht, nicht bewertet, sondern anerkennt. Es ist ein Blick, der sagt: *Ich bin gewachsen. Ich habe mich berührt. Ich bin mir begegnet.*

Und genau daraus entsteht Integration. Denn nichts ist kraftvoller, als dich selbst als Wandlung zu erfahren.

Was du gesehen und erkannt hast

Wenn du ehrlich bist, weißt du: Der Weg zu dir selbst war nicht nur sanft. Es gab Momente, die dich herausgefordert haben. Gedanken, die unbequem waren. Gefühle, die lange verschlossen waren. Du hast dich erinnert, hinterfragt, gefühlt. Du hast gelernt, dich nicht mehr vor dir selbst zu verstecken. Und das ist ein tiefgreifender Akt von Mut und Liebe.

Du hast begonnen, dich selbst zu erkennen – nicht als Konzept, nicht als Rolle, sondern als lebendiges Wesen mit Geschichte, Tiefe und Würde. Du hast dich gefragt, wer du wirklich bist, und damit etwas in Bewegung gebracht, das nicht mehr rückgängig zu machen ist: dein Erwachen zu dir selbst.

Du hast verstanden, dass Selbstliebe nicht darin liegt, immer nur zu gefallen oder perfekt zu sein, sondern in der Fähigkeit, dir selbst treu zu bleiben – auch, wenn es unbequem wird.

Du hast alte Wunden berührt, nicht, um dich in ihnen zu verlieren, sondern um Heilung einzuladen. Du hast Verantwortung übernommen für dein Fühlen, dein Denken, dein Handeln. Und du hast begonnen, dich selbst nicht mehr als Objekt der Kritik, sondern als Subjekt der Würde zu sehen.

Diese Erkenntnisse mögen leise gewesen sein. Vielleicht haben sie sich nicht in einem Moment offenbart, sondern in vielen kleinen. Aber sie sind da. Und sie verändern alles.

Was du integriert hast

Integration bedeutet, das Erlebte nicht nur zu verstehen, sondern zu verkörpern. Es bedeutet, deine Erkenntnisse mitzunehmen – nicht nur als schöne Gedanken, sondern als gelebte Haltung.

Du beginnst, dich anders zu verhalten, weil du anders *fühlst*. Du triffst Entscheidungen, die deinem Innersten entsprechen. Du erkennst schneller, wenn du dich verlierst – und kehrst früher zu dir zurück.

Vielleicht merkst du, wie du milder wirst – mit dir selbst und mit anderen. Wie du liebevoller Grenzen setzt, weil du spürst, dass deine Bedürfnisse zählen. Wie du achtsamer wirst im Alltag, weil du verstanden hast, dass jede Geste, jeder Gedanke, jede Reaktion Ausdruck deiner inneren Beziehung ist.

Diese Veränderungen sind subtil, aber sie sind echt. Sie zeigen sich in deinem Umgang mit dir selbst, in deiner Sprache, in deinem Körpergefühl, in deiner Präsenz.

Du bist nicht mehr dieselbe. Nicht, weil du dich verändert hast – sondern weil du begonnen hast, du selbst zu sein.

Die Kunst des bewussten Rückblicks

Ein bewusster Rückblick ist kein nostalgisches Zurückschauen. Es ist ein aktiver, klarer und liebevoller Akt der Integration.

Du kannst dir Zeit nehmen, dein eigenes Wachstum zu würdigen. Was hast du in dir bewegt? Was hat dich am meisten berührt? Wo hast du dich selbst überrascht? Was hast du losgelassen – und was hast du zurückgeholt in dein Leben?

Vielleicht magst du schreiben. Vielleicht brauchst du Stille. Vielleicht möchtest du mit jemandem teilen, was du erlebt hast. All das sind Wege, dich selbst tiefer zu verankern.

Bewusst zurückzublicken ist ein Zeichen von Reife. Es zeigt, dass du Verantwortung übernimmst – nicht nur für dein Tun, sondern für dein Sein. Und es schenkt dir Klarheit darüber, was du mitnehmen willst in das, was jetzt vor dir liegt.

Was bleiben darf – und was gehen darf

Auf deiner Reise hast du nicht nur neue Erkenntnisse gewonnen, sondern auch alte Muster, Rollen und Überzeugungen losgelassen.

Vielleicht war es das Bedürfnis, es allen recht zu machen.
Vielleicht war es der innere Kritiker, der nie zufrieden war.
Vielleicht war es die Angst, nicht zu genügen.

Was auch immer es war – du hast begonnen, dich davon zu lösen. Nicht mit Kampf, sondern mit Klarheit. Nicht mit Widerstand, sondern mit Bewusstsein.

Und gleichzeitig hast du Neues eingeladen: Vertrauen. Mitgefühl. Selbstrespekt. Klarheit.

Jetzt ist der Moment, dich zu fragen: *Was darf bleiben?* Was will ich weiter nähren, weiter pflegen, weiter leben? Und was darf gehen – nicht aus Ablehnung, sondern aus Liebe zu mir selbst?

Diese Fragen sind keine To-do-Liste. Sie sind eine innere Haltung. Eine Art, mit dir selbst in Beziehung zu bleiben.

Dein Alltag als Spiegel deiner inneren Arbeit

Integration zeigt sich nicht nur in deinen Gedanken – sie zeigt sich in deinem Alltag.

Wie du auf dich achtest.
Wie du sprichst – mit dir und mit anderen.
Wie du dich kleidest, bewegst, entscheidest.
Wie du auf dich reagierst, wenn du scheiterst.

All das ist Ausdruck deiner inneren Arbeit.

Integration bedeutet, dass deine innere Veränderung in deinem äußeren Leben sichtbar wird. Nicht in großen Gesten – sondern in den kleinen, wiederholten Akten der Liebe zu dir selbst.

Vielleicht erlaubst du dir mehr Pausen.
Vielleicht sagst du öfter Nein.
Vielleicht beginnst du, dich in deiner Wohnung so einzurichten, dass du dich wirklich zu Hause fühlst.
Vielleicht wirst du klarer in deinen Beziehungen, weil du dich selbst nicht mehr verlierst.

Das alles ist gelebte Integration. Es ist der Moment, in dem sich inneres Erkennen in äußeres Leben verwandelt.

Rückblick ist Würdigung – Integration ist Verkörperung

Wenn du zurückblickst, dann ehrst du den Weg, den du gegangen bist. Du erkennst, wie viel Kraft in dir liegt. Wie viel Mut. Wie viel Liebe. Und du begreifst: *Ich bin fähig, mich selbst zu führen.*

Wenn du integrierst, dann machst du aus dieser Erkenntnis einen Lebensstil. Du beginnst, dich nicht nur zu verstehen, sondern dir selbst auch zu *vertrauen.*

Das ist der tiefste Ausdruck von Selbstliebe: Nicht nur dich selbst anzunehmen, sondern dir selbst ein Leben zu erschaffen, das dir entspricht.

Ein Leben, in dem du nicht mehr nur auf äußere Sicherheit baust – sondern auf deine innere Wahrheit. Ein Leben, in dem du nicht mehr gegen dich lebst – sondern aus dir heraus. Ein Leben, in dem du nicht mehr suchst, um dich zu verlieren – sondern um dich zu *finden.*

Und all das beginnt jetzt. Mit dir. Mit deinem Ja zu dir selbst. Mit dem Bewusst-sein, dass du auf deinem Weg bist – nicht perfekt, aber wach. Nicht abge-schlossen, aber verbunden. Nicht vollkommen, aber **ganz**.

Du bist gereift.
Du bist gewachsen.
Du bist bereit.

Und du darfst stolz auf dich sein. Denn du hast dich selbst nicht aufgegeben – du hast dich gewählt.

Das ist der Anfang von allem. Und es ist der kraftvollste Rückblick, den du dir schenken kannst: *Ich bin da. Ich bin ich. Und ich gehe weiter.*

Dein Herz als Kompass

Es gibt in dir einen Ort, der sich nie irrt. Einen Ort, der still bleibt, auch wenn alles laut wird. Einen Ort, der dich kennt, auch wenn du dich selbst verlierst. Es ist nicht dein Verstand. Es ist nicht dein Wissen. Es ist nicht das, was du gelernt, geplant oder analysiert hast. Es ist dein Herz.

Dein Herz kennt deinen Weg, lange bevor du ihn verstehst. Es weiß, was dir entspricht, was dich heilt, was dich nährt. Es spricht nicht in Argumenten, sondern in Regungen. In Wärme. In Enge. In einem Ja oder einem Nein, das du tief in deinem Körper spürst, auch wenn dein Kopf es noch nicht erklären kann.

Dein Herz ist kein sentimentaler Ort. Es ist ein weiser, kraftvoller, klarer Kompass. Und wenn du lernst, es wirklich zu hören, dann wirst du dich nicht mehr ständig im Außen verlieren. Dann wirst du einen inneren Orientierungs-punkt haben, der dich auch durch das Unbekannte trägt.

Dein Herz lügt nicht. Dein Herz will dich nicht kleinhalten. Dein Herz will, dass du lebst.

In diesem Abschnitt geht es um diesen inneren Kompass – darum, wie du ihn findest, ihm vertraust, ihm folgst. Es geht darum, dein Leben nicht mehr länger aus Angst oder Pflicht zu gestalten, sondern aus Verbundenheit. Es geht darum, das Rationale und das Intuitive zu verbinden. Und es geht darum, dich selbst zur Priorität zu machen – nicht egoistisch, sondern ehrlich.

Was es bedeutet, aus dem Herzen zu leben

Aus dem Herzen zu leben bedeutet nicht, impulsiv oder naiv zu handeln. Es bedeutet auch nicht, die Realität zu ignorieren oder nur den angenehmen Gefühlen zu folgen. Aus dem Herzen zu leben heißt, in Übereinstimmung mit deiner inneren Wahrheit zu handeln – selbst dann, wenn es unbequem ist.

Das Herz trifft keine Entscheidungen, um zu gefallen. Es will keine Anpassung. Es will Echtheit. Und Echtheit bedeutet manchmal, Nein zu sagen, wo andere ein Ja erwarten. Es bedeutet, dich selbst nicht zu verraten, um dazuzugehören. Es bedeutet, unbequeme Schritte zu gehen, weil du spürst, dass sie dich auf deinen Weg führen.

Wenn du dein Herz als Kompass benutzt, wirst du klarer – nicht sofort, aber auf Dauer. Denn du beginnst, dich selbst zu achten. Du hörst auf, dich zu verbiegen. Du hörst auf, dich zu verurteilen. Und du fängst an, dir selbst zu vertrauen.

Diese Art zu leben ist kein einfacher Weg – aber ein wahrhaftiger. Und in der Wahrhaftigkeit liegt der tiefste Frieden.

Die Sprache des Herzens verstehen lernen

Dein Herz spricht nicht in Worten. Es spricht in Empfindungen. In Sehnsucht. In Stille. In Schmerz. In Freude. In diesem unbestimmten Gefühl, dass etwas *richtig* oder *falsch* ist – auch wenn du es nicht logisch erklären kannst.

Vielleicht hast du diesen inneren Kompass lange ignoriert. Vielleicht wurde dir beigebracht, dass Gefühl kein verlässlicher Ratgeber ist. Vielleicht hast du gelernt, dich selbst zu misstrauen, weil du verletzt wurdest, ausgelacht, nicht ernst genommen.

Doch jetzt ist die Zeit, dich selbst zurückzuerobern. Und das beginnt damit, dem zu vertrauen, was du in deinem Inneren längst weißt.

Es hilft, achtsam zu werden für feine Signale:

- Wo fühlt sich dein Körper weit und offen an? Wo eng und verkrampft?

- Welche Gedanken machen dich ruhig? Welche ängstlich?

- Welche Situationen geben dir Energie – und welche rauben sie dir?

- Wann spürst du ein echtes inneres Ja – und wann ein zögerndes Vielleicht, das in Wahrheit ein Nein ist?

Dein Herz gibt dir ständig Hinweise. Je mehr du ihnen Aufmerksamkeit schenkst, desto deutlicher werden sie.

Intuition ist die Stimme deines Herzens. Und sie wird lauter, je leiser du wirst.

Der Mut, Entscheidungen mit dem Herzen zu treffen

Dein Herz weiß, was du brauchst – aber es sagt dir nicht immer, was bequem ist. Manchmal wird es dich auffordern, Gewohntes zu verlassen. Menschen loszulassen. Sicherheiten zu hinterfragen. Es wird dich in Räume führen, in denen du wachsen musst.

Doch genau darin liegt der Zauber: Wenn du deinem Herzen folgst, wirst du nicht kleiner, sondern größer. Nicht unsicherer, sondern klarer. Nicht abhängiger, sondern freier.

Vielleicht hast du Angst, falsch zu entscheiden. Doch Wahrheit ist nie falsch. Eine Entscheidung aus dem Herzen heraus wird dich niemals an einen Ort führen, an dem du dich selbst verlierst. Sie wird dich zu dir selbst zurückbringen – auch wenn der Weg dorthin unklar oder steinig ist.

Mut bedeutet nicht, keine Angst zu haben. Mut bedeutet, trotz der Angst das zu tun, was dich lebendig macht.

Wenn du dich an dein Herz erinnerst, wirst du den Mut finden. Weil du dann nicht mehr gegen dich gehst – sondern mit dir.

Kopf und Herz in Einklang bringen

Dein Herz ist dein Kompass, ja. Aber dein Verstand ist dein Werkzeug. Du brauchst beides. Du brauchst die Weisheit deines Herzens – und die Klarheit deines Denkens.

Es geht nicht darum, nur noch emotional zu leben. Es geht darum, das Rationale nicht über das Intuitive zu stellen – sondern beide in Einklang zu bringen.

Der Kopf plant, strukturiert, analysiert. Das Herz spürt, fühlt, erkennt intuitiv. Wenn beide zusammenwirken, entsteht etwas Neues: eine tiefe, geerdete Klarheit.

Lerne, deinem Herzen zuzuhören – und dann deinem Verstand die Aufgabe zu geben, daraus einen gangbaren Weg zu formen.

Lerne, in dich hineinzuhören, bevor du etwas entscheidest. Und dann prüfe mit deinem Verstand, was es dafür braucht, um es umzusetzen.

Das Herz zeigt dir die Richtung – der Kopf hilft dir, sie zu gehen.

Diese Balance ist eine Kunst – und sie beginnt mit deiner Entscheidung, beide Anteile zu ehren.

Was dein Herz dir schenken will

Wenn du deinem Herzen folgst, verändert sich dein Leben nicht sofort – aber es verändert sich auf tiefgreifende Weise. Du wirst dich selbst ernst nehmen. Du wirst dich weniger vergleichen. Du wirst dich in der Tiefe sicherer fühlen, weil du nicht mehr dauernd im Außen suchst, was du nur in dir selbst finden kannst.

Dein Herz schenkt dir:

- Tiefe innere Klarheit

- Echtheit in Beziehungen

- Mut zur Veränderung

- Vertrauen in dich selbst

- Verbindung zu deiner Intuition

- Frieden in deinem Innersten

Du wirst erkennen, dass du dich selbst führen kannst – nicht durch Kontrolle, sondern durch Verbundenheit. Du wirst spüren, dass du getragen bist – nicht von äußeren Sicherheiten, sondern von deiner inneren Wahrheit.

Du wirst dich nicht mehr selbst verlieren müssen, um dazuzugehören. Denn du gehörst dir selbst.

Und das ist die tiefste Freiheit, die es gibt.

Dein Herz als verlässlicher Wegweiser

Vielleicht wirst du zweifeln. Vielleicht wirst du Momente erleben, in denen du wieder in alte Muster fällst, in denen du dich selbst vergisst. Das ist menschlich.

Aber du hast jetzt etwas, das du vorher nicht hattest: deinen Kompass. Dein Herz.

Du kannst jederzeit zurückkehren. In dich hineinspüren. Nach innen lauschen. Dich selbst wiederfinden.

Es braucht Übung, Vertrauen, Geduld. Aber du wirst lernen, dich selbst zu lesen – wie eine Landkarte, auf der du den Weg nach Hause immer wieder findest.

Und mit jedem Mal wird es leichter. Tiefer. Wahrhaftiger.

Du wirst dich nicht mehr fragen: *Was will die Welt von mir?*
Sondern: *Was will mein Herz?*

Und das wird dein Leben verändern – nicht weil du plötzlich alles weißt, sondern weil du gelernt hast, dich selbst zu fragen.

Dein Herz ist nicht laut – aber es ist klar.

Wenn du beginnst, ihm zu vertrauen, wirst du nicht mehr auf äußere Autorität angewiesen sein. Du wirst du selbst sein – in jeder Entscheidung, in jedem Schritt, in jedem Tag deines Lebens.

Und das ist der Weg, auf dem Selbstliebe lebendig wird.

Mit deinem Herzen als Kompass.
Mit deinem Vertrauen als Motor.
Mit deiner Wahrheit als Ziel.

Inspiration für die Zukunft

Die Zukunft ist ein weites, offenes Feld. Sie liegt nicht vor dir wie ein festgelegter Pfad, den du nur noch ablaufen musst, sondern wie eine lebendige Landschaft, die du selbst mitgestaltest – mit jedem Gedanken, jedem Gefühl, jeder Entscheidung. Du kannst nicht kontrollieren, was dir begegnet. Aber du kannst entscheiden, *wie* du dem begegnest. Und genau darin liegt die Kraft: zu wissen, dass du Schöpferin deines Weges bist. Nicht im Sinne einer ständigen Selbstoptimierung, sondern im Sinne einer liebevollen, bewussten, wachsenden Gestaltung deines Lebens – aus dem Herzen heraus.

Wenn du auf deinem bisherigen Weg gelernt hast, dich selbst zu lieben, dann bist du bereit, aus dieser Liebe heraus in die Welt zu treten. Nicht als jemand, der alle Antworten kennt, sondern als jemand, der den Mut hat, Fragen zu stellen. Nicht als jemand, der alles im Griff hat, sondern als jemand, der bereit ist, sich führen zu lassen – von dem, was tief innen wahr ist.

Inspiration für die Zukunft bedeutet nicht, Pläne zu machen, die dich wieder in starre Formen pressen. Es bedeutet, dich zu öffnen. Für Möglichkeiten. Für Richtungen. Für neue Sichtweisen. Es bedeutet, dein Herz zum Ausgangspunkt deiner Vision zu machen – nicht deine Angst.

Du bist mehr als das, was war

Egal, wie dein Leben bisher verlaufen ist, egal, wie viele Fehler du gemacht hast, wie viele Umwege du gegangen bist oder wie oft du gefallen bist – deine Vergangenheit definiert nicht deine Zukunft. Sie ist Teil deiner Geschichte, ja. Sie hat dich geprägt, geformt, verletzt, gestärkt. Aber sie ist nicht das Maß für das, was noch kommen darf.

Du bist nicht dein Schmerz. Du bist nicht deine Zweifel. Du bist nicht deine Prägungen. Du bist ein Wesen in ständiger Wandlung – fähig zu lernen, zu wachsen, zu wählen.

Inspiration für die Zukunft heißt: Du darfst neu denken. Neu fühlen. Neu glauben. Neu leben.

Und du darfst das auf deine Weise tun – frei von Dogmen, frei von Erwartungen, frei von alten Mustern.

Visionen, die aus dem Herzen kommen

Wenn du darüber nachdenkst, wie deine Zukunft aussehen soll, dann beginne nicht mit dem Außen. Beginne mit deinem Inneren. Nicht mit Zielen, sondern mit Gefühlen. Nicht mit To-do-Listen, sondern mit Sehnsucht.

Frage dich:

- *Wie möchte ich mich fühlen?*
- *Was soll mein Leben ausdrücken?*
- *Womit möchte ich meine Zeit füllen?*
- *Welche Menschen möchte ich um mich haben?*
- *Was möchte ich beitragen?*

Diese Fragen führen dich zu einer Vision, die nicht auf Mangel basiert, sondern auf Fülle. Nicht auf Angst, sondern auf Liebe. Nicht auf Anpassung, sondern auf Authentizität.

Wenn du lernst, deiner Sehnsucht zu vertrauen, wird sie zur Wegweiserin. Denn Sehnsucht zeigt dir nicht, was dir fehlt – sondern was in dir angelegt ist, aber noch gelebt werden will.

Deine Vision ist kein Ziel. Sie ist eine Richtung. Und sie darf sich verändern, mit dir, mit dem Leben, mit dem, was du entdeckst.

Das Leben als kreativer Raum

Stell dir vor, dein Leben wäre ein leerer Raum. Keine Erwartungen. Keine Vorgaben. Keine Rollen. Nur du – mit deinem Herzen, deinem Körper, deinen Gedanken, deiner Geschichte.

Was würdest du erschaffen? Was würdest du beginnen? Was würdest du lassen?

Inspiration für die Zukunft beginnt genau hier – in diesem leeren Raum. Und je mehr du dich traust, ihn zu betreten, desto mehr wirst du spüren: Du bist frei.

Frei, zu gestalten. Frei, zu entscheiden. Frei, dich neu zu erfinden.

Du musst nicht alles wissen. Du musst nicht perfekt vorbereitet sein. Alles, was du brauchst, ist bereits in dir: die Fähigkeit zu spüren, zu wählen, zu folgen.

Dein Leben ist kein fertiges Produkt. Es ist ein kreativer Prozess. Ein lebendiges Werden. Und du bist nicht Zuschauerin – du bist Mitschöpferin.

Verankerung in deinen Werten

Die Zukunft ist nicht planbar. Aber du kannst dich in ihr verankern – durch das, was dir wirklich wichtig ist.

Deine Werte sind dein innerer Boden. Sie geben dir Richtung, wenn du Entscheidungen treffen musst. Sie geben dir Halt, wenn du schwankst. Sie geben dir Klarheit, wenn du dich fragst, ob du auf dem richtigen Weg bist.

Wenn du weißt, was dir heilig ist – Freiheit, Wahrhaftigkeit, Liebe, Integrität, Tiefe, Verbundenheit – dann kannst du dich immer wieder daran ausrichten.

Du kannst dich fragen: *Entspricht diese Entscheidung meinem Herzen? Entspricht sie meinen Werten? Bringt sie mich mir näher – oder entfernt sie mich von mir selbst?*

Diese Fragen machen dich unabhängig. Denn dann brauchst du keine äußeren Maßstäbe mehr. Du hast deine eigenen.

Inspiration für die Zukunft heißt auch: dein inneres Fundament zu kennen und darauf zu bauen.

Beziehung zur Welt neu denken

Du bist nicht allein auf dieser Reise. Und je mehr du bei dir selbst ankommst, desto mehr wirst du auch spüren, wie du mit der Welt verbunden bist.

Selbstliebe führt dich nicht in Isolation. Sie macht dich beziehungsfähig.

Wenn du dich selbst ernst nimmst, wirst du auch andere in ihrer Tiefe wahrnehmen. Wenn du dich selbst achtest, wirst du Grenzen setzen – und echte Nähe ermöglichen. Wenn du deinem Herzen folgst, wirst du zum Leuchtturm für andere, die noch nach ihrem eigenen Weg suchen.

Deine Inspiration für die Zukunft darf deshalb auch kollektiv sein. Sie darf die Frage beinhalten: *Was möchte ich beitragen? Welche Spuren will ich hinterlassen? Welche Form von Welt möchte ich mitgestalten – durch mein Sein, mein Wirken, meine Art, zu leben?*

Das muss nichts Großes sein. Vielleicht reicht es, ein Mensch zu sein, der mit sich im Reinen ist – denn das verändert alles.

Die Kraft des Jetzt als Sprungbrett

Oft denken wir, die Zukunft beginnt morgen. Nächste Woche. Wenn wir „soweit" sind. Wenn wir „bereit" sind.

Aber das ist eine Illusion.

Deine Zukunft beginnt jetzt.

Jetzt – mit diesem Gedanken.
Jetzt – mit dieser Entscheidung.
Jetzt – mit diesem kleinen Schritt in eine neue Richtung.

Du musst nicht wissen, wohin alles führt. Du musst nur bereit sein, dich zu bewegen – geführt von deinem Herzen, getragen von deinem Vertrauen.

Denn jedes Jetzt, das du bewusst lebst, ist ein Samen für deine Zukunft.

Wenn du dich heute für Achtsamkeit entscheidest, wirst du morgen inneren Frieden ernten.
Wenn du dich heute für Ehrlichkeit entscheidest, wirst du morgen in Klarheit leben.
Wenn du dich heute für Mut entscheidest, wirst du morgen wachsen.

Inspiration für die Zukunft heißt also nicht, dich an ein großes Ziel zu ketten. Es heißt, in jedem Moment die Version von dir zu wählen, die dich deinem tiefsten Sein näherbringt.

Die Zukunft als Liebeserklärung an dich selbst

Vielleicht ist das die schönste Vorstellung: Deine Zukunft ist nicht nur eine Reihe von Ereignissen. Sie ist eine Liebeserklärung an dich selbst.

Ein Raum, in dem du dir erlaubst, du zu sein.
Ein Weg, den du nicht mehr gegen dich gehst – sondern mit dir.
Ein Leben, das du nicht nur überlebst – sondern das du *lebst*.

Mit Freude. Mit Tiefe. Mit Sinn. Mit Herz.

Wenn du das verinnerlichst, wirst du keine Angst mehr vor der Zukunft haben. Du wirst neugierig. Bereit. Offen.

Du wirst wissen: Alles, was kommt, ist Teil deines Weges. Und du wirst spüren: Ich bin nicht allein. Ich habe mich. Mein Herz. Meine Kraft.

Inspiration für die Zukunft ist der Entschluss, dir selbst treu zu bleiben – egal, was kommt.

Und genau darin liegt das größte Geschenk: Nicht die Zukunft verändert dich. *Du veränderst die Zukunft – in dem Moment, in dem du dich für dich entscheidest.*

Immer wieder.
Jeden Tag.
Von innen heraus.

Fazit: Der Beginn von allem

Dies ist kein Ende. Dies ist ein Anfang. Vielleicht nicht so, wie du es erwartet hast – nicht als Abschluss mit klarer Antwort, nicht als Schlusspunkt, hinter dem nichts mehr kommt. Sondern als Schwelle. Als sanftes Innehalten, bevor du einen weiteren Schritt tust. Tiefer. Wahrhaftiger. Bewusster. Und mit offenem Herzen.

Du hast in diesem Buch eine Reise unternommen, die dich nicht nur mit Worten, sondern mit dir selbst verbunden hat. Du bist durch deine Gedanken gereist, durch deine Gefühle, durch deine alten Wunden, durch dein Herz. Du hast gelernt, dich selbst zu sehen, zu halten, zu verstehen. Und das bedeutet: Du bist aufgewacht. Nicht plötzlich, nicht perfekt – aber stetig.

Selbstliebe ist nicht das Ziel dieser Reise. Sie ist der Weg.

Ein Weg, der dich getragen hat und weiter tragen wird. In Momenten der Klarheit ebenso wie in Momenten des Zweifels. In der Weite ebenso wie in der Enge. In der Stille ebenso wie im Lärm des Alltags.

Mit jedem Kapitel, das du gelesen hast, hast du dir selbst ein Stück näher sein dürfen. Du hast dich erinnert, wer du bist – hinter den Rollen, den Geschichten, den Erwartungen. Und du hast die ersten Schritte getan in ein Leben, das nicht länger an Bedingungen geknüpft ist, sondern in einem einzigen, radikalen Ja zu dir selbst gegründet ist.

Jetzt ist der Moment, innezuhalten und zu atmen. Nicht um abzuschließen, sondern um anzuerkennen: *Ich bin gegangen. Ich bin gewachsen. Ich bin bereit.*

Du bist nicht mehr dieselbe, die zu Beginn dieses Buches aufgebrochen ist. Du bist nicht mehr auf der Suche nach dir – du bist bei dir angekommen. Und genau deshalb darfst du jetzt weitergehen.

🌱 Du darfst lieben – ohne dich selbst zu verlieren.
🌱 Du darfst zweifeln – ohne dich in Frage zu stellen.
🌱 Du darfst wachsen – ohne dich selbst zu überfordern.
🌱 Du darfst bleiben – bei dir. In dir. Mit dir.

Dein neues Leben beginnt nicht an einem bestimmten Tag. Es beginnt in jedem Moment, in dem du dich entscheidest, dir selbst treu zu sein. Es beginnt, wenn du das, was du gelernt hast, nicht nur weißt – sondern lebst. Wenn du dich selbst nicht mehr verlässt, auch wenn das Leben laut wird. Wenn du zu deiner Wahrheit stehst, auch wenn andere sie nicht verstehen. Wenn du deiner Intuition folgst, auch wenn der Weg unsicher erscheint.

Das neue Leben, das du jetzt betrittst, wird kein makelloses sein. Aber es wird dein eigenes sein. Es wird getragen sein von Liebe – nicht als Gefühl, sondern als Haltung. Von Vertrauen – nicht als Abwesenheit von Angst, sondern als Bereitschaft, dich trotz der Angst zu öffnen. Und von Mut – nicht als Heldentat, sondern als stille Entscheidung, dich selbst niemals wieder zu verraten.

Du musst nicht perfekt sein. Du musst nicht „fertig" sein. Du darfst immer wieder neu beginnen. Du darfst vergessen und dich erinnern. Stolpern und weitergehen.

Denn du hast etwas in dir gefunden, das dir niemand nehmen kann: dein Herz.

Es schlägt in dir.
Es spricht zu dir.
Es führt dich.

Und du hast gelernt, ihm zu vertrauen.

✦ Möge dein neues Leben ein Spiegel deiner innersten Wahrheit sein.
✦ Möge es erfüllt sein von der stillen Kraft, du selbst zu sein.
✦ Mögest du mit jedem Tag mehr zu dem Menschen werden, der du gemeint bist – nicht für andere, sondern für dich.

✦ Und mögest du nie vergessen: Du bist der Anfang. Du bist der Weg. Du bist das Ziel.

Mit offenem Herzen. In Liebe. Und ganz bei dir.

Herz über Kopf

Wie du lernst, dich selbst zu lieben und deinem Herzen zu folgen

Abschluss: Du bist der Weg

Wenn du dieses Buch nun in deinen Händen hältst – vielleicht mit einem stillen Lächeln, vielleicht mit Tränen, vielleicht einfach nur mit einem tiefen Atemzug –, dann hast du eine Reise hinter dir, die nicht von außen sichtbar, aber innerlich zutiefst bedeutend war. Du hast dich getraut, dir selbst zu begegnen. Du hast dein Herz berührt. Du hast dich erinnert, dass du da bist – nicht, um perfekt zu sein, sondern um **du selbst** zu sein.

Ich möchte dir hier, am Ende dieser Seiten – das zugleich ein Anfang ist –, noch einmal auf Augenhöhe begegnen. Ich möchte mit dir zurückblicken auf das, was du entdeckt, gefühlt, verstanden und verändert hast. Und ich möchte dich ermutigen, das, was in dir gewachsen ist, weiterzutragen. In dein Leben. In deine Beziehungen. In die Welt.

In **Kapitel 1** hast du dich gefragt: *Wer bin ich wirklich?* Du hast begonnen, dein Selbstbild zu hinterfragen, die Differenz zwischen Innen und Außen zu erkennen und dich mutig in deiner Tiefe zu erforschen. Du hast verstanden: Selbstliebe beginnt nicht mit Veränderung – sie beginnt mit **Bewusstsein**.

Kapitel 2 hat dich eingeladen, deiner inneren Stimme zu lauschen. Du hast dich mit deiner Intuition verbunden, den Unterschied zwischen Angst und innerem Wissen erkundet und gelernt, wieder zu hören, was in dir flüstert: *Dein Herz spricht – hörst du zu?*

In **Kapitel 3** wurdest du zur Heilerin deiner eigenen Geschichte. Du hast dich deinen Wunden zugewendet, hast gelernt zu vergeben – dir selbst und anderen – und begonnen, emotionale Blockaden zu lösen. Du hast erkannt: Heilung ist möglich – und sie beginnt mit Mitgefühl.

Kapitel 4 hat dir gezeigt, dass Selbstfürsorge keine oberflächliche Praxis ist, sondern ein tiefgreifender Akt von Liebe zu dir selbst. Du hast deinen Körper, deinen Geist und deine Seele in Einklang gebracht, gelernt, Grenzen zu setzen und Rituale für deinen Alltag entwickelt.

Im **Kapitel 5** hast du deinem inneren Kritiker ins Gesicht geblickt. Du hast seine Herkunft verstanden, ihn entmachtet und Selbstmitgefühl kultiviert. Du hast begonnen, Frieden zu schließen mit deiner inneren Stimme – und Raum zu schaffen für Ermutigung statt Abwertung.

Kapitel 6 hat dich daran erinnert, wie kostbar du bist. Unabhängig von Leistung, Erfolg oder Anerkennung. Du hast deinen Selbstwert neu definiert, deine Würde wiederentdeckt und gelernt, mit Zweifeln umzugehen – nicht durch Vermeidung, sondern durch liebevolle Annahme.

In **Kapitel 7** hast du gelernt, Entscheidungen nicht nur mit dem Kopf, sondern auch mit dem Herzen zu treffen. Du hast dich deiner Herzintelligenz zugewandt, Entscheidungsprozesse hinterfragt und den Mut zur Veränderung entfacht.

Kapitel 8 hat deine Beziehungen beleuchtet – nicht als Ort der Bedürftigkeit, sondern als Ausdruck deiner Selbstliebe. Du hast verstanden, dass wahre Nähe bei dir selbst beginnt, dass Liebe ohne Abhängigkeit möglich ist, und dass Beziehungen dir immer auch einen Spiegel schenken.

In **Kapitel 9** hast du Kontrolle losgelassen. Du hast gelernt, dem Leben zu vertrauen, dich hinzugeben, zu fließen – statt festzuhalten. Spiritualität wurde für dich keine Theorie, sondern ein Gefühl der Verbundenheit mit dir, mit dem Leben, mit allem, was ist.

Kapitel 10 hat dich eingeladen, Visionen zu entwickeln. Du hast deine Werte entdeckt, deinen Lebenssinn gespürt und den Mut gefunden, deine Berufung zu leben – nicht als äußeres Ziel, sondern als innere Ausrichtung.

Kapitel 11 hat gezeigt, dass Selbstliebe nicht nur in besonderen Momenten lebt, sondern im Alltag. In Achtsamkeit. In Selbstreflexion. In Dankbarkeit. Du hast erfahren, wie du mit dir in Kontakt bleiben kannst – auch, wenn es laut, chaotisch oder schwierig wird.

Und in **Kapitel 12** hast du begonnen, dein neues Leben zu betreten. Du hast Rückblick gehalten, integriert, dich an dein Herz als Kompass erinnert und Inspiration für die Zukunft gesammelt.

All das bist du.
All das darf weiterwirken.
All das darf jetzt gelebt werden – in deinem ganz eigenen Tempo, mit deiner ganz eigenen Wahrheit.

Ich wünsche mir von Herzen, dass dieses Buch dir mehr war als ein Lesestoff. Ich wünsche mir, dass es dich berührt hat. Dass es dir Räume eröffnet hat, in denen du dir selbst begegnen konntest. Dass du – vielleicht zum ersten Mal oder vielleicht endlich wieder – gespürt hast:

Du bist nicht falsch. Du bist nicht zu viel. Du bist nicht verloren.
Du bist genau richtig.
Du bist ganz.
Du bist auf deinem Weg.

Und du darfst dir selbst glauben.
Du darfst dich selbst lieben.
Du darfst deinem Herzen folgen.

Wenn du auch nur ein einziges Mal während dieser Reise innegehalten hast, um dich selbst zu fühlen, dann hast du das Wesen dieses Buches verstanden. Wenn du dir selbst ein neues Ja geschenkt hast, dann war alles, was du gelesen hast, mehr als Worte. Es war ein Aufbruch.

Ich danke dir – zutiefst – für dein Vertrauen. Für deinen Mut. Für dein Herz. Du hast dich eingelassen. Und das allein ist ein Zeichen dafür, dass du dich selbst liebst – mehr, als du vielleicht glaubst.

Gehe weiter.
Bleibe wach.
Bleibe weich.
Und erinnere dich immer wieder:

🕊️ *Du bist der Anfang.*
🕊️ *Du bist der Weg.*
🕊️ *Du bist das Ziel.*

Mit Liebe,
aus vollem Herzen –
für dich.

Deine
Christin Löhner